Emil Witte

Aus einer deutschen Botschaft

Zehn Jahre Deutsch-Amerikanischer Diplomatie

EHV
HISTORY

Emil Witte

Aus einer deutschen Botschaft

Zehn Jahre Deutsch-Amerikanischer Diplomatie

ISBN/EAN: 9783955644338

Auflage: 1

Erscheinungsjahr: 2013

Erscheinungsort: Bremen, Deutschland

EHV
HISTORY

Aus einer
Deutschen Botschaft.

Zehn Jahre Deutsch-Amerikanischer Diplomatie.

Von

Emil Witte,

Botschaftsrat a. D.

Leipzig.
Zeitbilder-Verlag
1907.

Vorwort.

Bis zum spanisch-amerikanischen Kriege ein buen retiro für verdiente europäische Diplomaten, die Anspruch auf ein behagliches Ruheplätzlein besaßen, ist das schöne Washington seit Beginn der imperialistischen Ära der Vereinigten Staaten plötzlich ein Haupt- und Sturmzentrum der Weltpolitik geworden und die Mächte der Alten Welt tragen der veränderten Sachlage Rechnung, indem sie nur noch ihre tüchtigsten, mit allen Fragen der internationalen Politik wie des Welthandels gleich wohlvertrauten Männer mit der Wahrnehmung ihrer Interessen am Sitze der amerikanischen Bundesregierung betrauen.

Wie in allen Gebieten des öffentlichen Lebens, so bekundet sich das rücksichtslose Draufgängertum, dem die nordamerikanische Republik ihre dominierende Weltmachtstellung verdankt, auch in dem Verkehr mit den Vertretern der Alten Welt, den Diplomaten in Frack und Kniehosen, die, ehe sie sich akklimatisieren und den richtigen Wertmesser für die „Hemdärmel"- oder „Rauhreiter"-Methoden ihrer amerikanischen Kollegen gewinnen, häufig ein bitteres Lehrgeld entrichten müssen.

Es war mir beschieden, in der kritischen Zeit, die dem

Abschlusse des spanisch-amerikanischen Friedens folgte, im
Dienste der Deutschen Botschaft zu Washington mit zahlreichen wichtigen Missionen betraut zu werden, und in meiner
Eigenschaft als Vertrauensmann des Botschafters für die
Angelegenheiten der Presse überraschende Einblicke in das
geheime Getriebe hinter den Kulissen der deutschen und
amerikanischen Diplomatie zu gewinnen, sowie Kenntnis
von den verwerflichen Machenschaften einer Coterie dunkler
Ehrenmänner zu erhalten, die aus eigennützigen Gründen
eine ernste Störung des guten Einvernehmens zwischen den
Vereinigten Staaten und dem Deutschen Reiche herbeizuführen suchen.

Zum ersten Male erfährt die Öffentlichkeit aus den
Blättern dieses Buches die nackte ungeschminkte Wahrheit über
die Beziehungen zwischen den beiden Ländern, die zu unterdrücken und zu vertuschen auf beiden Seiten des Ozeans ein
ebenso mächtiger wie korrupter Preßapparat aufgeboten
worden ist.

Wem wäre es in Deutschland z. B. wohl bekannt, daß
die vielgerühmte Amerikafahrt des Prinzen Heinrich, die
nach offiziöser Darstellung wesentlich zur Pflege und Erhaltung der freundschaftlichen Beziehungen zwischen dem Deutschen Reiche und den Vereinigten Staaten beigetragen hat,
in der Tat mit einem absichtlich herbeigeführten diplomatischen
Zwischenfalle endete, der einen tötlichen Affront für die Ehre
der Deutschen Nation bedeutete, und der einen weniger beschämenden Ausgang genommen hätte, wenn an Stelle des
Fürsten Bülow ein Mann wie Bismarck Deutscher Reichskanzler gewesen wäre?

Wem wäre es wohl bekannt, daß der Deutsche Botschafter, Dr. von Holleben, die amerikanische Bundeshauptstadt unter Umständen verlassen mußte, so schimpflich und so demütigend, wie sie in der Geschichte keines anderen Landes ein Seitenstück finden — und das, um einem Manne Platz zu machen, dessen vornehmstes, wenn nicht ausschließliches Verdienst in der persönlichen Freundschaft besteht, die ihn mit dem jetzigen Rauhreiter-Präsidenten der Vereinigten Staaten verbindet, — einem Manne, dessen diplomatischen Fähigkeiten von allen deutschen Zeitungen bisher nur der „Simplizissimus" in seiner berühmt gewordenen Zeichnung gerecht geworden ist?!

Wem wäre es wohl bekannt, daß nach und trotz diesen entmutigenden Erfahrungen der Deutsche Kaiser und die Deutschen Bundesfürsten mit den einst als Renegaten verachteten nach Amerika ausgewanderten Deutschen Wechselbeziehungen angeknüpft haben, die zwar vom Reichs- und alldeutschen Standpunkte aus höchst löblich zu nennen sein mögen, die aber von den amtlichen Kreisen Amerikas mit ganz anderen Augen betrachtet werden?

Wer den Gang der Ereignisse seit Beginn des spanisch-amerikanischen Krieges unbefangenen Auges verfolgt hat, wird sich nicht der Einsicht verschließen können, daß eine noch weitere Fortsetzung dieser Politik der Irreführung der öffentlichen Meinung und des Verschweigens der Wahrheit bittere Frucht tragen und daß die beiden stammverwandten Völker eines schönen Tages die Suppe auszulöffeln haben werden, die ihnen aus selbstsüchtigen unlauteren Gründen eingebrockt wird.

Es ist mir nicht leicht geworden, dieses Buch, das die

Summe meiner Beobachtungen, Erfahrungen und Erlebnisse im Dienste der Kaiserlich Deutschen Botschaft zu Washington enthält, zu schreiben und der Welt zu übergeben. Ich nenne in demselben Dinge und Personen mit rücksichtsloser Offenheit bei ihren richtigen Namen, von der Tatsache ausgehend, daß eine Gefahr, wenn man sie kennt, zur Hälfte schon beseitigt ist. —

Mögen das Deutsche und das Amerikanische Volk die Wahrheit vernehmen und jenen dunklen Ehrenmännern, die beide Länder in einen unheilvollen Krieg hetzen wollen, das Handwerk legen, ehe es zu spät ist.

Charlottenburg, Tegeler Weg 103.
    Im September 1907.

Emil Witte.

I.

Der 12. März 1902. — Was dem Philadelphier „North American" aus der Bundeshauptstadt gemeldet wird. — „Hat Washington von Hollebens Abberufung verlangt?" — Die New-Yorker Blätter erscheinen in Sonderausgaben. — Der General-Direktor der „Associated Press" ersucht mich um eine Äußerung für die Presse. — Ich lasse um den Besuch Dr. Mantlers, Chefs des Wolff'schen Telegraphenbureaus, bitten. — „Keep a stiff upper lip!"

Es war in der Stadt New-York und etwa um die Mittagsstunde des 12. März des Jahres 1902, als die elektrische Glocke in dem Vorzimmer meiner Wohnung stark zu läuten begann. Gleich darauf stand ein Herr vor mir, der mir eine Karte überreichte, auf der ich den Namen „Mr. Egan, Spezial-Korrespondent der „Associated Press", las. Mit einiger Befangenheit, wie mir schien, zog mein Besucher eine noch ganz nach Druckerschwärze duftende Extra-Ausgabe der „New York World" aus der Tasche seines Überrockes und sagte, indem er mit dem Finger auf eine durch Fettdruck stark in die Augen fallende Stelle des Blattes wies:

„Ich habe Ihnen eine Empfehlung unseres General-Direktors, des Herrn Melville E. Stone, auszurichten, und er läßt Sie bitten, ihm doch Ihre Ansicht über diese Meldung zur Veröffentlichung durch die „Associated Press" mitzuteilen."

Neugierig nahm ich das Blatt zur Hand und begann zu lesen. Kaum traute ich meinen Augen! Was ich da in Riesen-lettern und in Sperrdruck vor mir sah, war gleichbedeutend mit einer Kriegserklärung an das Deutsche Reich!! Ich gebe die Meldung, die von dem offiziösen deutschen Draht und den in New-York lebenden Korrespondenten deutscher Blätter geflissentlich unterdrückt wurde, nachstehend in ihrem englischen Wortlaut wie in deutscher Übersetzung wieder:

N. Y. (Evening) World, 5. Edition Wednesday, March 12. 1902.

Has Washington asked von Holleben's recall?

Report that the German Ambassador has received his Passports and ordered to leave the Country in forty-eight hours.

Philadelphia, Pa., March 12.—

The „North American" to-day publishes the following special despatch from its Washington correspondent:

Not since the historic De Lome incident, which had its part in the beginning of the Spanish-American war, has Washington been so stirred as by the rumor to-night that one of the foreign Ambassadors has been informed that he must leave the country.

Though only a rumor, and though denied formally but without enthusiasm at the State Department, the impression persists, and is embellished with details.

Von Holleben said to be the man.

Ambassador Von Holleben, of Germany, is the foreign representative who is said to have displeased the United States Government so seriously that he has received his passports. According to report the incident will not lead to a rupture in the relations between the two countries. A gentleman, who is in a position to learn at an early moment any important developments said to the North American correspondent to-night:

"An ambassador has received his passports and has been told to leave the country within forty-eight hours. I will not disclose his identity; the whole story will be known in a day or two. The time allowed to him has been extended from forty-eight hours to thirty days."

Intriguing in Corporation Affairs.

"There will be no international complications. The Ambassador has been intriguing in the affairs of some corporations, and it is probable that an apology will be tendered by his government in due time, thus closing the incident."

These statements were repeated to Secretary of State Hay to-night, and he was asked whether it was true that Ambassador Von Holleben had been invited to return to Germany. The Secretary denied it.

It was told by another official that Von Holleben had intended returning with Prince Henry, but had deferred his departure thirty days.

In deutscher Übersetzung:

New-York Evening World, Mittwoch, 12. März 1902.

„Hat Washington von Hollebens Abberufung verlangt?"

Bericht, daß der deutsche Botschafter seine Pässe sowie den Befehl empfangen habe, das Land in 48 Stunden zu verlassen.

Philadelphia, Pa., 12. März. — Der heutige „North American" veröffentlicht die folgende Spezial-Depesche seines Washingtoner Korrespondenten: Seit dem historischen De Lome Zwischenfall, der zu dem Beginn des spanisch-amerikanischen Krieges beitrug, ist Washington nicht so in Aufregung versetzt worden, wie heute Abend (11. März) durch das Gerücht, daß einer der ausländischen Botschafter verständigt worden wäre, daß er das Land verlassen müsse.

Obwohl nur ein Gerücht und obwohl formell, jedoch ohne Enthusiasmus, auf dem Staats-Departement in Abrede gestellt, erhält sich die Meldung und es kommen noch Einzelheiten dazu.

Es heißt, daß von Holleben der Mann sei.

Der Deutsche Botschafter von Holleben ist der ausländische Vertreter, von dem es heißt, daß er das Mißfallen der Regierung der Vereinigten Staaten sich so ernstlich zugezogen habe, daß ihm seine Pässe zugestellt worden sind. Dem Berichte zufolge wird der Zwischenfall nicht zu einem Abbruch der Beziehungen zwischen den beiden Ländern führen. Eine Persönlichkeit, die vermöge ihrer Stellung über alle wichtigen Vorgänge rechtzeitig informiert ist, erklärte dem Korrespondenten des „North American" heute Abend:

„Ein Botschafter hat seine Pässe bekommen und ist ersucht worden, das Land in 48 Stunden zu verlassen. Ich will seine Identität nicht verraten, da die ganze Geschichte in ein oder zwei Tagen bekannt sein wird. Die ihm bewilligte Zeit ist von 48 Stunden auf 30 Tage verlängert worden.

Intriguierte in Vereinsangelegenheiten. Es wird zu keinen internationalen Verwicklungen kommen. Der Botschafter hat in den Angelegenheiten einiger Vereine intriguiert und es ist wahrscheinlich, daß seine Regierung zur passenden Zeit Abbitte leisten und so den Zwischenfall schließen werde."

Diese Auslassungen wurden heute Abend dem Staatssekretär Hay wiederholt und man richtete die Frage an ihn, ob es wahr sei, daß Botschafter von Holleben ersucht worden wäre, nach Deutschland zurückzukehren. Der Staatssekretär stellte es in Abrede.

Ein anderer Beamter erklärte, daß von Holleben beabsichtigt hätte, die Vereinigten Staaten zusammen mit Prinz

Heinrich zu verlassen, aber daß er seine Abreise um 30 Tage verschoben hätte."

Um die Bedeutung des vorstehenden Telegramms vollinhaltlich zu würdigen, wolle man sich vor Augen halten, daß seine Veröffentlichung noch keine vollen 24 Stunden nach der Abfahrt des Prinzen Heinrich von Preußen, Bruders des Deutschen Kaisers, der am 11. März die Rückreise nach Deutschland angetreten hatte, erfolgte. Es war ein tödlicher Insult, der dem Deutschen Kaiser durch diese Meldung zugefügt wurde, eine Provokation ohne Gleichen, die sicherlich schlimme Folgen für die guten Beziehungen zwischen dem Deutschen Reiche und den Vereinigten Staaten von Amerika nach sich ziehen mußte.

Ich gab das Blatt Herrn Egan zurück, der mich neugierig und fragend anschaute. Eine künstlich geheuchelte Gleichgültigkeit zur Schau tragend, von der ich in Wahrheit nichts empfand, erwiderte ich:

"Ich bin überrascht, daß Herr Melville E. Stone sich meiner erinnert. Darf ich fragen, ehe ich Ihnen eine Antwort gebe, wie er in den Besitz meiner Adresse gelangt ist?"

Herr Egan zog die Augenbrauen in die Höhe und sann einen Augenblick nach.

"Ich begehe wohl keine Indiskretion, wenn ich es Ihnen sage. Herr Melville E. Stone hat Ihre Adresse aus Washington bekommen."

"Erlauben Sie mir noch eine Frage, Herr Egan. Wann haben Sie zuletzt Dr. Mantler gesehen?"

Dr. Mantler ist der General-Direktor des halbamtlichen Wolff'schen Telegraphenbureaus in Berlin, der im Gefolge des Prinzen Heinrich dessen Amerikafahrt mitgemacht hatte und sich nach der Abfahrt des Prinzen noch kurze Zeit in New-York aufhielt.

"Ich sah Dr. Mantler, ehe ich zu Ihnen kam!"

"Dann bitte ich Sie, Herrn Melville Stone mit einer

Empfehlung von mir auszurichten, daß ich mich einstweilen über die Angelegenheit nicht äußern möchte und Herrn Dr. Mantler wollen Sie freundlichst mitteilen, daß ich noch heute seinen Besuch erwarte!"

In Herrn Egans Gesicht erschien plötzlich ein anderer, offener Ausdruck. „Ich will Ihnen sagen," gestand er mir, „daß irgend eine Teufelei im Gange ist, deren Ursprung, Tragweite und Ziel mir aber fremd sind. Es scheint mir, daß man Sie irgendwie in die Affäre hineinziehen will und ich rate Ihnen daher: Keep a stiff upper lip (halten Sie die Ohren steif).

Als Berichterstatter der „Associated Press" habe ich den Prinzen auf der Reise durch das ganze Land begleitet und er hat nicht nur mir, sondern auch allen anderen Zeitungskorrespondenten gut gefallen. Was aber Ihren Botschafter, Herrn von Holleben, anbetrifft — oh, welch' komischer kleiner Mann! Wenn er durch den für die Vertreter der Presse reservierten Waggon des prinzlichen Sonderzuges schritt, erwartete er immer, daß wir uns von unsern Sitzen erheben, stramm stehen und uns vor ihm verneigen sollten, und er wurde puterrot und zornig wie ein Truthahn, wenn wir es nicht taten."

Herr Egan, der später, während des russisch-japanischen Krieges die „Associated Press" in Tokio vertrat, entfernte sich mit einem freundlichen Gruße und dem Versprechen, meine Bestellung sowohl an Herrn Melville E. Stone wie an Dr. Mantler getreulich auszurichten.

Die Stunden schwanden und Dr. Mantler kam — nicht. Die Interessen des Reiches wurden persönlichen Rachegelüsten geopfert und das Unheil nahm seinen Lauf.

Wie nahe das deutsche Volk in jenen schicksalschweren Tagen und Stunden einem Kriege mit den Vereinigten Staaten gewesen, erfährt es erst aus diesen Aufzeichnungen.

II.

„O, diese naiven Amerikaner!" Naive Auffassung deutscher Diplomaten hinsichtlich amerikanischer Naivität. — Ankündigung der Amerikafahrt des Prinzen Heinrich. — Betonung der alten „historischen Freundschaft" zwischen dem
deutschen und dem amerikanischen Volke. — Schwere Erkrankung des ältesten Sohnes des Präsidenten. — Der Prinz
kommt, obwohl Washington abwinkt. — Sein Triumphzug
durch die Vereinigten Staaten. — „Lieb' Vaterland magst
ruhig sein." — Was berichtete der Chef des Bundesgeheimdienstes nach Washington? — Ein Unwetter zieht herauf. —
Die kaiserliche Yacht „Hohenzollern" dampft vor dem festgesetzten Termine aus dem Hafen von New-York.

„Diese Amerikaner sind doch fürchterlich
naiv; es gibt keinen Köder, den sie nicht
gierig verschlucken, wenn man ihn ihnen
nur mit freundlichem Lächeln und gehörig
verzuckert vorsetzt!"

Dieser Satz, den ich in der Zeit, da ich die Ehre hatte,
der Deutschen Botschaft in Washington für die Angelegenheiten der Presse attachiert zu sein, häufig aus dem Munde
eines Vertrauten des Herrn von Holleben vernahm, ist charakteristisch für die Auffassung, die man in den Kreisen der deutschen Diplomatie gegenüber den Staatsmännern der Neuen
Welt hegte und die zu so vielen verhängnißvollen Irrtümern
führte. Nach einer Reihe böser Zwischenfälle — es sei nur
an die Dewey-Diederichs-Episode in der Bai von Manila, an

die unglückselige Samoa-Affäre, an das Coghlan-Intermezzo
(Hoch der Kaiser!) und das Venezuela-Imbroglio erinnert —
besann sich die Berliner Diplomatie plötzlich auf die alte „historische Freundschaft", die Preußen seit den Tagen Friedrichs
des Großen mit den Vereinigten Staaten verknüpfe, und
beteuerte, daß die Nordamerikanische Republik keinen treueren
und aufrichtigeren Freund als das Deutsche Reich hätte.
Und um der Welt im Allgemeinen und der Regierung der
Vereinigten Staaten im Besonderen einen sichtlichen Beweis dieser historischen Freundschaft zu geben, wurde die
Amerikafahrt des Prinzen Heinrich angekündigt.

Verwundert rieb man sich in der amtlichen amerikanischen
Welt die Augen. Das Telegramm, welches die erste Kunde
von dem kommenden Besuche des Prinzen enthielt, wirkte
wie ein Blitz aus heiterem Himmel. Die „gelbe" Presse führte
im ganzen Lande gerade einen wütenden Kriegstanz gegen
Deutschland auf, dem man finstere Anschläge auf die Monroe
Doktrin unterschob, und in Washington wiesen die Touristen-
schwärme, die täglich an der Deutschen Botschaft vorüber-
kamen, mit Fingern auf die hinter den vergitterten Fenstern
sichtbaren Beamten, wobei die Führer meist sagten: „Das
sind die Vertreter jener Macht, mit·der wir unsern nächsten
Krieg haben, und die wir verhauen werden, wie wir Spanien
verhauen haben."

Konnte es befremden, daß das amtliche Washington
nicht so recht an die über Nacht wieder entdeckte historische
Freundschaft zwischen Deutschland und den Vereinigten
Staaten glauben wollte und dem Amerikabesuche des Prinzen
Heinrich andere Motive als die bekanntgewordenen unter-
schob? Es machte die Probe aufs Exempel, indem es die
schwere Erkrankung des ältesten Sohnes des Präsidenten,
Theodore Roosevelt jr., zum Anlaß nahm, um das folgende
Telegramm auszugeben, welches ich genau so wiederhole,
wie es in der „N.·Y.·Staatszeitung" erschien:

Besuch in Frage.

Ein Aufschub der Reise des Prinzen Heinrich möglich.
Nur eine entschiedene Wendung zum Bessern in dem Befinden des Sohnes des Präsidenten kann einen Aufschub des geplanten Besuchs verhindern.

Washington, 10. Febr. Wenn im Befinden von Theo= dore Roosevelt jr. vor dem Ende dieser Woche nicht eine entschiedene Wendung zum Bessern eintritt, ist es wahr= scheinlich, daß Prinz Heinrich von Preußen sich genötigt sehen wird, seinen Besuch in den Ver. Staaten auf eine spätere Zeit dieses Jahres zu verschieben.

Prompt kam darauf von Berlin die gekabelte Antwort, daß, selbst wenn das Schlimmste in dem Befinden des jungen Roosevelt eintreten sollte, kein Anlaß vorliegen würde, die Reise des Prinzen zu verschieben, da diese nicht dem Präsi= denten, sondern der deutschen Bevölkerung des Landes gelte.

Wie sehr man im Weißen Hause und in den benachbarten Ministerien von dieser Antwort entzückt war, läßt sich denken.

Dann kam der Prinz. Der amerikanische Kongreß hatte den Betrag von 30 000 Dollars für seinen Empfang bewilligt, und als Gast der amerikanischen Nation reiste er im Fluge durch das Land. Die Deutschen erhoben sich wie ein Mann, um ihn zu begrüßen. Wo sich der Prinz zeigte, bildeten die Vereine gedienter alter deutscher Krieger Spalier, die deutschen Fahnen wurden geschwenkt und „Fest steht und treu die Wacht am Rhein", sowie „Deutschland, Deutschland über Alles" gesungen.

Der Prinz überzeugte sich aus eigener Anschauung und konnte seinem kaiserlichen Bruder berichten, daß er sich in einem Lande befand, in dem ein Drittel der Bevölkerung deutscher Geburt oder deutscher Abstammung und fest entschlossen ist, unter allen Umständen treu zu Deutschland zu stehen. Er

fah und überzeugte sich von der Wahrheit des Ausspruches,
den einst Dr. von Holleben in kritischer Zeit einem Journalisten gegenüber getan hatte, daß nämlich jeder Krieg zwischen
Deutschland und Amerika den Charakter eines B ü r g e r -
k r i e g e s tragen würde. Aber wie Prinz Heinrich und Herr
von Holleben Zeugen jener imposanten Massendemonstra-
tionen der Deutschen in Amerika waren, so war es auch J o h n
E. W i l k i e, der aus dem Zeitungsstand hervorgegangene
Chef des Bundesgeheimdienstes, der mit einer Anzahl luchs-
äugiger Agenten den ganzen Triumphzug des Prinzen mit-
machte, und dessen Berichte an den Präsidenten wie an das
Staatsdepartement jedenfalls nicht weniger interessant und
vielsagend als die des fürstlichen Gastes der amerikanischen
Nation an den Deutschen Kaiser und die des Herrn von Holleben an das Auswärtige Amt in Berlin gewesen sind.

Ein drohendes Unwetter zog sich zusammen und entlud
sich in dem Augenblicke, in dem der Prinz der amerikanischen
Küste den Rücken wandte. Wie ich von absolut zuverlässiger
Seite gehört habe, war es ursprünglich beabsichtigt, den
Holleben-Zwischenfall noch w ä h r e n d d e r A n w e s e n -
h e i t d e s P r i n z e n in den Vereinigten Staaten zu in-
szenieren. Das wäre der Krieg gewesen, doch machten sich
zum Glück für beide Nationen im letzten Augenblicke mächtige
Einflüsse mit Erfolg geltend, die das geplante R a u h r e i t e r -
s t ü c k l e i n wenn auch nicht ganz zu verhindern, so doch
wenigstens um einige Tage hinauszuschieben vermochten.

Wer bisher noch nicht gewußt hat, weshalb die Kaiserliche Yacht „Hohenzollern" einige Tage v o r d e m bestimmten T e r m i n plötzlich die Anker lichtete und
ohne alle weiteren Formalitäten zum Hafen von New-York
hinausdampfte, mag hier die Erklärung für jenen seltsamen
Vorgang finden. „Wir sind in erster und in letzter Reihe dem
Volke verantwortlich", sagte mir bei einer früheren Gelegenheit der amerikanische Unterstaatssekretär David J. Hill

in Washington, „und wird die Wut des Volkes einmal ent-
facht, so gibt es für uns kein Zurück mehr."

Eine gütige Vorsehung fügte es, daß
der kaiserlichen Yacht „Hohenzollern" das
Schicksal der „Maine" im Hafen von Havana
erspart blieb.

Auch „amerikanische Naivität" hat, wie man sieht, ihre
Grenzen.

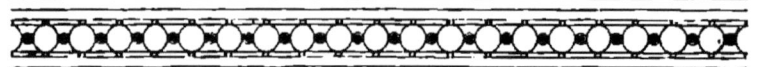

III.

Wie es kam, daß das Washingtoner Telegramm über die Abberufung Herrn von Hollebens im Philadelphier „North American" erschien. — Auf Anraten Dr. Franz Schneiders, des Pariser Korrespondenten der „Kölnischen Zeitung", entschließe ich mich, die Geschichte meiner Verbindung mit der Botschaft niederzuschreiben. — Habent sua fata libelli! — Ein Artikel in der Wiener „Deutschen Zeitung" und seine Folgen. — Hetze der deutschen Presse gegen Amerika. — Plan zur Herausgabe einer „Korrespondenz Washington". — Ein Empfehlungsbrief des amerikanischen Geschäftsträgers in Wien. — Ich treffe in Berlin mit Botschafter von Holleben und dem Chefredakteur der „Norddeutschen Allgemeinen Zeitung" Dr. Lauser zusammen. — Eine Ansicht des amerikanischen Geschäftsträgers in Berlin. — Meine Ankunft in Washington. —

Der „Philadelphia North American", welcher am Morgen nach der Abfahrt des Prinzen Heinrich von Amerika zuerst und ausschließlich die Nachricht gebracht hatte, daß Herr von Holleben seine Pässe empfangen hätte und ersucht worden sei, die Vereinigten Staaten in 48 Stunden zu verlassen, ist eine der angesehensten und bedeutendsten Tageszeitungen der Vereinigten Staaten, gehört dem millionenreichen John Wanamaker, der unter Präsident Mc. Kinley's Administration General-Postmeister gewesen war und unterhält die e n g st e n Beziehungen zu den jetzigen leitenden Staatsmännern in Washington. Das erklärt wohl, wie es kam, daß jenes ominöse

Telegramm aus der amerikanischen Bundeshauptstadt Auf=
nahme in seine Spalten fand und daß dem Gene=
ral=Direktor der „Associated Press", Herrn Melville E.
Stone in New=York, gleichzeitig „von Washington" meine
Adresse mit dem Ersuchen mitgeteilt wurde, mich zu einer
Äußerung über die Meldung des Philadelphier Blattes
zu veranlassen.

Wie aber kam es, daß die Machthaber in Washington
meine Adresse kannten und mich mit der von ihnen ausge=
gangenen Depesche in Zusammenhang brachten?

Die Antwort auf diese Frage bildet einen bemerkens=
werten Beitrag zur Geheimgeschichte unserer Tage, und mit
Rücksicht auf das gewaltige Interesse, welches die große Öffent=
lichkeit an der Aufdeckung jener dunklen Vorgänge besitzt,
will ich nicht zaudern, hier die Wahrheit zu Papier zu bringen,
und zwar die volle Wahrheit, die ganze Wahrheit und nichts
als die Wahrheit.

Habent sua fata libelli!

Als ich im Jahre 1900 zum Besuch der Weltausstellung
in Paris weilte, traf ich mit Dr. Franz Schneider von der
„Kölnischen Zeitung" zusammen, der nacheinander in sechs
verschiedenen europäischen Hauptstädten Berichterstatter der
rheinischen Wetterfahne gewesen und mit dem ich von London
aus bekannt war. Er riet mir dringend dazu, meine Erinner=
ungen niederzuschreiben, solange sie noch frisch in meinem
Gedächtnis wären und meinte, daß sie als Beiträge zur Zeit=
geschichte von großem Werte seien. Ich folgte seinem Rate,
griff zur Feder und hielt meine Erinnerungen an die Zeit
fest, in der ich im Dienste des deutschen Reiches für die Pflege
der guten Beziehungen zwischen den beiden Ländern in der
amerikanischen Presse eintrat, ohne mir dabei träumen zu
lassen, welche folgenschwere, ja fast tragische Rolle dem kleinen
unscheinbaren Manuskript vom Schicksal beschieden war. Ich
vollendete es, erleichterte durch die Arbeit mein bedrücktes

Herz und schloß es in meinen Koffer, wo es liegen blieb, — bis Washington Besitz davon ergriff. Ich kann nichts besseres tun, als das ganze Manuskript hier vollinhaltlich wiederzugeben, da es die Erklärung der späteren Vorgänge enthält und Licht über die Machenschaften verbreitet, die schließlich zu dem melodramatischen Finale der Amerikafahrt des Prinzen Heinrich führten.

Der Chef des amerikanischen Bundesgeheimdienstes, John E. Wilkie in Washington, hat das Manuskript wie ich allen Grund zu glauben habe, zur Kenntnis der Mitglieder des Senats-und Hauskomitees für auswärtige Angelegenheiten und noch höherer Stellen gebracht, und dadurch die Aktion gegen Herrn von Holleben veranlaßt!

* * *

Es gibt schicksalschwere Augenblicke im Menschenleben, die sich, mit allen ihren Begleitumständen unauslöschlich dem Gedächtnis einprägen. Ein solcher Augenblick war mir am Samstag Nachmittag, den 23. April 1898, beschieden, und ich erinnere mich heute, nach so vielen Jahren, jeder Einzelheit noch so klar und deutlich, als ob es gestern gewesen wäre. Ich gehörte damals der Schriftleitung der nationalen Wiener „Deutschen Zeitung" an, die mich an die Spitze ihres Ressorts für auswärtige Angelegenheiten gestellt hatte. Als einziger Nicht-Österreicher in der Redaktion hatte ich in meiner redaktionellen Tätigkeit vielfach mit der offenen und versteckten Antipathie meiner mehr oder minder geschätzten Kollegen zu kämpfen, die nie über den Dunstkreis der schönen Kaiserstadt an der blauen Donau hinausgekommen und in ihren Ansichten, soweit sie außerösterreichische Verhältnisse betrafen, daher recht beschränkt, wenn nicht engherzig und philiströs, waren. Es bildete sich ein scharfer Gegensatz heraus, der an

dem Nachmittage jenes historisch denkwürdigen Tages zu einem
Aufeinanderplatzen der widerstreitenden Geister führte.

Da die eingelaufenen Telegramme des K. K. Telegraphen-
Korrespondenz-Bureaus keinen Zweifel mehr darüber ließen,
daß der seit der Explosion der „Maine" im Hafen von Havana
drohende Krieg unvermeidlich geworden war, ja tatsächlich
schon angefangen hatte, wenn auch die amtliche Kriegserklärung noch nicht vorlag, so bildete der spanisch-amerikanische
Konflikt das logische Thema für den fälligen Leitartikel, und
die Aufgabe, ihn zu schreiben, fiel mir zu. Ich war schon
ziemlich weit mit meiner Arbeit vorgeschritten, als der Herausgeber des Blattes, Dr. Theodor Wähner, ein wohlwollender,
aber etwas bornierter Mann, erschien. Nun entspann sich das
folgende dramatische Zwiegespräch:

Dr. Wähner: „Nun, meine Herren, worüber schreiben
wir denn heute?"

Ich: „Herr Doktor, der Krieg ist da und ich habe bereits
einen Artikel in Arbeit."

Dr. Wähner: „Aber natürlich dürfen wir den Amerikanern nicht gestatten, ihre Flotte nach Europa zu schicken und
die spanischen Häfen zu beschießen."

Ich: „Sie sind heute bei gutem Humor, Herr Doktor,
aber ernstlich gesprochen, ich erkläre in meinem Artikel, daß
unsere Sympathien Amerika gehören."

Dr. Wähner: „Sie können das unmöglich ernst meinen
und wollen Ihren Scherz mit mir treiben, nicht wahr?"

Ich: „Fällt mir nicht im Mindesten ein. Ich habe, wie
Sie wissen, in Amerika gelebt, kenne die Verhältnisse und
kann nicht gegen Amerika schreiben."

Dr. Wähner: „Das geht auf keinen Fall! Die Königin-
Regentin von Spanien ist eine österreichische Erzherzogin, die
Österreicher sind ein katholisches Volk wie die Spanier und
stehen in ihrer Gesamtheit auf Seiten der Glaubensgenossen,
außerdem ist Amerika eine Republik, und als monarchisch

regiertes Land, als loyale Staatsbürger, können wir nicht mit einer Republik sympathisieren. Also — es bleibt dabei! Wir sind für Spanien und gegen Amerika!"

Ich: „Ich bedaure Ihren Standpunkt nicht teilen zu können und muß Sie daher bitten, einen andern Redakteur zu suchen, um solche Leitartikel zu schreiben."

Mit diesen Worten zerriß ich den von mir begonnenen Artikel, warf ihn in den Papierkorb, griff nach Hut und Stock und schickte mich an, das Zimmer zu verlassen, als Dr. Wähner mir nacheilte und mich ersuchte, meinen Standpunkt in einer Redaktionskonferenz zu vertreten. Es kam zu einer stür- mischen Auseinandersetzung, die damit endete, daß mir freie Hand gegeben wurde, so zu schreiben, wie ich es für gut befand. Zum Schluß ließ Dr. Wähner, der gern einen guten Tropfen trank, eine Flasche Hennessy-Kognak auffahren, wir rauchten eine Friedens-Zigarre und die Harmonie war wieder her- gestellt. Ich ging auf meinen Platz zurück, holte aus dem Papierkorb das zerrissene Manuskript hervor, klebte die ein- zelnen Teile fein säuberlich nebeneinander und beendete dann, noch immer in heftiger Aufregung, meinen Artikel.

Er erschien in der Sonntagsausgabe der „Deutschen Zei- tung" vom 24. April 1898 und sei nachstehend im Wortlaut wiedergegeben, nicht nur, weil er die damals in den deutschen Ländern Europas herrschende amerika-feindliche Stimmung vortrefflich beleuchtet, sondern mehr noch, weil er politische Konsequenzen ersten Ranges nach sich zog, so die ernste Gefahr eines Krieges zwischen Amerika und Deutschland und den in den Annalen der deut- schen Diplomatie beispiellosen Fall des kaiserlichen Botschafters in Washington! Ich gestehe un- umwunden, daß, hätte ich in die Zukunft schauen können, mein Artikel nicht das Licht der Welt erblickt hätte. Er lautete:

Für oder wider Amerika?

Wien, 23. April 1898.

Unsere Leser wissen, daß es das Verdienst der „Deut=
schen Zeitung" ist, zuerst auf die schmachvollen Vorgänge
bei dem Mordprozeß von Lattimer in Pennsylvanien hin=
gewiesen und energisch das Eintreten der Regierung für
die gemordeten und verwundeten Angehörigen unserer Mo=
narchie gefordert zu haben. Es wäre das eigentlich die
Pflicht der sozialdemokratischen und slavisch=ungarischen Presse
gewesen, da die Opfer des Gemetzels von Hazleton durch=
wegs slavische und magyarische Arbeiter waren; aber wie
so oft mußte auch in diesem Falle der Deutsche die Pflicht
des Magyaren und Slaven erfüllen, denn diese rührten
keine Feder für ihre im Auslande meuchlings niedergeschossenen
Brüder. Es wird unseren Lesern ferner erinnerlich sein,
daß wir im Anschluß an den Prozeß von Lattimer wie an
den Jahresbericht der Deutschen Gesellschaft von New=York
auf das Entschiedenste von jeder Auswanderung nach den
Vereinigten Staaten abrieten und Südamerika als geeignetes
Auswanderungsfeld in Vorschlag brachten, wo die dorthin
auswandernden Deutschen dem Deutschtum erhalten bleiben,
während sie in den Vereinigten Staaten Gefahr laufen, ihr
Deutschtum zu verlieren. Wenn wir heute auf diese Tat=
sachen zurückkommen, so geschieht es nur, um ausdrücklich
zu betonen, daß Niemand uns eine parteiische Voreinge=
nommenheit für die nordamerikanische Republik vorwerfen
kann. Dasselbe Gerechtigkeitsgefühl aber, das uns veran=
laßte, für die gemordeten Slaven und Magyaren einzutreten,
das uns im Vorjahre bewog, die Sache Kretas und Griechen=
lands hochzuhalten, zwingt uns heute, wo zwischen den
Vereinigten Staaten und Spanien der Krieg ausgebrochen
ist, unseren Standpunkt offen und ehrlich darzulegen. Wir
tun das auf die Gefahr hin, wiederum mit unserer Ansicht
allein dazustehen, und uns wiederum den Zorn angeblich

nationaler Blätter, die für die unveräußerlichen Menschen=
rechte eines jeden Volkes einzutreten vorgeben, zuzuziehen.

Eine der traurigsten und widerwärtigsten Erscheinungen
des öffentlichen Lebens, das politische Pharisäer= und Heuch=
lertum, feiert aus Anlaß des Krieges wieder einmal förm=
liche Orgien. Unbeschadet ihrer politischen Richtung haben
sich die Blätter fast aller europäischen Staaten zu einer
Hetze schlimmster Art gegen die nordamerikanische Republik
zusammengefunden. Vereint schlagen liberale, konservative
und klerikale, philo= und antisemitische wie „nationale“
Organe auf den armen Onkel Sam los, dessen Politik als
„nackte, brutale Eroberungspolitik niedrigster Art, als schnö=
dester Rechtsbruch, als gemeinste Beutegier“ und so fort
gebrandmarkt wird. Sonderbarerweise nehmen aber dieselben
Blätter bezüglich der Auslandspolitik ihrer eigenen Staaten
eine ganz andere Stellung ein, indem sie an diesen ver=
teidigen und für gut befinden, was sie jetzt an den Ver=
einigten Staaten verdammen. Erst vor wenigen Tagen
verlangte ein angesehenes Berliner nationales Blatt, daß
das Deutsche Reich sich die Alleinherrschaft auf den Samoa=
Inseln sichere, weil der deutsche Handel dortselbst in den
letzten Jahren fast gänzlich zusammengeschrumpft sei. Das=
selbe Blatt wirft aber in den schärfsten Ausdrücken der ameri=
kanischen Regierung ihre räuberischen Absichten auf Cuba vor,
obwohl der Wert der Ausfuhr Amerikas nach der „Perle
der Antillen“ ein unvergleichlich höherer als der des
Deutschen Reiches nach Samoa und deshalb auch der
von dem Handel der Vereinigten Staaten erlittene
Schaden ein unvergleichlich größerer ist. In diesem
Augenblick geht die Aufteilung des chinesischen Reiches
in europäische Interessensphären, die sogenannte „Ver=
pachtung der chinesischen Provinzen auf 99 Jahre“ vor
sich, und zwar unter dem lebhaftesten Beifall derselben Presse,
die jetzt gegen die „rechtsbrüchige, beutegierige, brutale

Yankee-Nation" wettert. Nach dem Dafürhalten aller Un-
parteiischen aber ist der Rechtsanspruch der nordamerikanischen Union de facto ein weit größerer als der aller der
Regierungen, die deutsche inbegriffen, zusammengenommen,
die jetzt aus dem Reich der Mitte die fettesten Bissen für
ihren Länderhunger herausschneiden. Die Logik jener Blätter
verlangt aber, daß, was Europa in China zu tun gestattet,
Amerika auf Cuba verboten sei. Der Widersinn dieser
Logik sollte einem Jeden einleuchten. Wollte die nordamerikanische Union Cuba wirklich annektieren, so hätte sie aus
geographischen, politischen, kommerziellen, Humanitäts- und
anderen Gründen das größte Anrecht darauf. Die Union
denkt indes nicht daran, denn wie Präsident McKinley erst
heute dem „Times"-Korrespondenten erklärte, hielten er und
die Regierung der Vereinigten Staaten sich durch ihre feierliche Zusage gebunden, Cuba in keinem Falle zu annektieren.
Eine Annexion Cubas wäre unehrenhaft; Alles wäre nur
eine Sache der Humanität, und sein Ziel wäre die Befreiung Cubas von der spanischen Herrschaft. Cuba solle
eine Republik werden unter dem Schutze Amerikas, aber
er hoffe, daß es nicht lange Zeit nötig sein werde, amerikanische Truppen auf Cuba zu halten. So die Versicherung
des Präsidenten, der sich in dem ganzen bisherigen Verlauf
der Krise als ein kluger, besonnener und vor Allem als ein
ehrenhafter Politiker bewiesen hat. Es liegt durchaus kein
Anlaß vor, seine Worte nicht ernst zu nehmen. Sollten die
Ereignisse sich aber mächtiger erweisen, als der menschliche
Wille, so wäre es unseres Erachtens für Cuba das größte
Glück, wenn es als neuer Stern in die nordamerikanische
Union aufgenommen und unter dem Sternenbanner der
Segnungen des Fortschrittes und der Kultur, die ihm so
lange versagt geblieben, teilhaftig würde.

Unsere Sympathien in diesem Kriege gehören der
Union, die ja so stark von germanischen Elementen durchsetzt

2*

ift, daß New-York nach Berlin und Wien als die größte
deutsche Stadt der Welt gilt. Welche Familie in Öster=
reich oder im Deutschen Reiche hätte nicht teuere Angehörige
oder Freunde, die „drüben" jenseits des großen Wassers
weilen und sich jetzt vielleicht anschicken, ihr Blut für die
Sache ihres Adoptivvaterlandes zu vergießen?! Auch aus
volkswirtschaftlichen Rücksichten sollte man sich wohl in Acht
nehmen, die Vereinigten Staaten vor den Kopf zu stoßen
oder en bagatelle zu behandeln, da sie für unseren schwer
darniederliegenden Exporthandel auf absehbare Zeit noch
immer eines der bedeutendsten und aussichtsvollsten Absatz=
gebiete bilden.

Und noch ein Moment fällt für die Beurteilung unseres
Standpunktes zu den kriegführenden Mächten ins Gewicht.
Die große nordamerikanische Republik ist ein warnendes
Menetekel für alle europäischen Fürsten und Regierungen,
die auf den Absolutismus zusteuern. Ohne Union würde
es heute um die bürgerliche Freiheit in Europa schlecht be=
stellt sein. Wir glauben nicht fehlzugehen, wenn wir an=
nehmen, daß die Sympathien aller Freiheitsfreunde in dem
spanisch-amerikanischen Kriege auf Seiten der Vereinigten
Staaten stehen, die berufen sind, das weltgerichtliche Straf=
urteil an Spanien für seine vielhundertjährige Mißwirtschaft
wie in seinen früheren Kolonien so auf Cuba, zu vollziehen.

Es ist schwer, sich heute einen Begriff von dem Aufsehen
zu machen, das der Artikel in beiden Hemisphären hervorrief.
Er wurde von den Depeschen=Agenturen v o l l i n h a l t l i c h
n a c h A m e r i k a g e k a b e l t und rief dort ebenso freu=
dige Überraschung, wie in den hohen Kreisen Wiens und
Berlins Ärger und Verstimmung hervor. Ich bin kein eitler,
selbstgefälliger Mensch und liebe es nicht, mein eigenes Lob
zu blasen, aber Niemand, der den Artikel kritischen Auges
liest, wird mir bestreiten können, daß ich in jenen bewegten
Tagen der e i n z i g e Journalist war, der die deutsche Presse

vor der Torheit warnte, die Vereinigten Staaten in der Stunde ihrer Gefahr mit Kot zu bewerfen. Meine Stimme blieb die eines Predigers in der Wüste. Hätte man auf sie gelauscht, so würde das deutsche Reich heute als erster und einziger Freund Amerikas groß dastehen, und das widrige Schauspiel demütigenden Nachlaufens und speichelleckerischen Buhlens um die amerikanische Gunst, das die Leiter der deutschen Politik seit dem Schluß des spanisch-amerikanischen Krieges aufführen, wäre der Welt erspart geblieben.

Am Tage nach dem Erscheinen meines Artikels ging dem Herausgeber der „Deutschen Zeitung" ein Dankesschreiben des amerikanischen General-Konsuls in Wien, Carl Bailly Hurst, zu; ich selbst wurde in den nächsten Monaten mit dem Geschäftsträger der amerikanischen Gesandtschaft, Charles B. Herdliska, bekannt, der sich frei und offen gab, zwanglos mit mir über die Verhältnisse auf beiden Seiten des Ozeans plauderte und schließlich den Gedanken in mir erweckte, nach Washington überzusiedeln, um von dort eine Redaktions-Korrespondenz für die Zeitungen in dem deutschen Reiche, Österreich und der Schweiz herauszugeben.

Es hieße über den Rahmen dieser Darstellung hinausgehen, wollte ich auch nur auszugsweise eine Sammlung deutscher Zeitungsstimmen aus den ersten Monaten des Krieges hier wiederzugeben versuchen. Es genüge die einfache Feststellung der unwiderlegbaren Tatsache, daß ein wütender Sturm maßlosen Hasses, unvernünftiger Mißgunst und Eifersucht gegen die Vereinigten Staaten durch den deutschen Blätterwald brauste, und daß es namentlich die der Regierung nahestehenden Blätter waren, die die Amerikahetze am lautesten betrieben. Die unglückselige Dewey-Diederichs-Episode vor Manila, bei der die Schuld auf deutscher Seite lag, wie mir in Washington später Dr. A. von Mumm*) unter vier Augen eingestand, trug dazu bei,

*) Der jetzige deutsche Botschafter in Tokio.

noch mehr Öl ins Feuer zu gießen, und die unfreundliche
Haltung der deutschen fand ihren Widerhall in der ameri=
kanischen Presse, deren Berliner Korrespondenten, an der
Spitze Wolf von Schierbrand als Vertreter der
„Associated Press“, getreulich jede gehässige Zeitungsstimme
als symptomatisch für die Stimmung im deutschen Reiche
nach Amerika kabelten.*) So wurde ein nicht unbedenklicher
Zustand geschaffen, der das Schlimmste für die Zukunft be=
fürchten ließ.

In jene Zeit fiel mein Meinungsaustausch mit dem
amerikanischen Geschäftsträger in Wien, Charles V. Herbliska,
über den Plan der Herausgabe einer Washingtoner Korre=
spondenz für deutsche Zeitungs=Redaktionen. Herr Herbliska
erklärte mir, daß die Administration in Washington einem
solchen Plan durchaus wohlwollend gegenüberstehen würde
und versprach mir ferner, den ganzen Einfluß der Gesandt=
schaft in der amerikanischen Bundeshauptstadt für das Ge=
lingen meines Vorhabens einzusetzen. Wer wollte es mir
wohl verdenken, wenn sich nach und nach der — ich schreibe

---

*) Diese unfreundlichen Zeitungsstimmen aus dem deutschen
Blätterwalde werden von der amerikanischen Presse bei jeder passenden
und unpassenden Gelegenheit wieder zum Abbruck gebracht. Besonders
groß hierin ist der „New-York Herald“, in dessen Spalten ich wiederholt
der nachstehenden Blütenlese aus deutschen Zeitungen begegnete:
Die „Kölnische Zeitung“ schrieb am 22. April 1898: „Unsere
Sympathie gehört Spanien, weil dieses das Völkerrecht repräsentiert“.
— „Kreuzzeitung“ vom 20. April: „Die niedrigsten Motive verursachten
diesen Krieg“. Vom 27. April: „Offene Raubgier führte diesen Krieg
herbei“. — Die „Vossische Zeitung“ vom 8. April: „Das amerikanische
Volk hat nicht das Recht, sich gleichzeitig „die Rolle des Richters und
Diktators“ anzumaßen. Vom 10. April: „Die ganze amerikanische
Republik wurde durch Verletzung der Rechte anderer Völker begründet“.
— „Tägliche Rundschau:“ „Amerikanische Politiker sind Geldsack-Patri=
oten, die sich von den Industrie-Millionären kaufen und verkaufen
lassen. Ihr Gott ist der Mammon und sie verraten ihr eigenes
Land“. —

es auf Grund meiner seitherigen Erfahrungen — naive
Glaube in mir festsetzte, daß ich berufen sei, auf dem selbst-
erwählten Felde mein bescheidenes Teil zu einer Überbrückung
der Gegensätze zwischen den beiden stammverwandten Völkern und zu einer besseren Verständigung, wenigstens in
der Presse, beizutragen! Ich holte die Gutachten der maßgebenden Journalisten in Wien über eine Washingtoner
Korrespondenz ein und begegnete fast überall freundlichen und
aufmunternden Worten. Da das Berliner Auswärtige Amt und
seine Satelliten später meine Glaubwürdigkeit zu erschüttern
versuchten, erscheint es mir angebracht, einige der mir zugegangenen Zustimmungsschreiben in ihrem Wortlaut mitzuteilen.

Herr Moritz Ring, Redakteur des „Neuen Wiener Tagblatt", schrieb mir unter dem Datum des 5. September 1898:

„Sehr geehrter Herr! Die Herausgabe des von Ihnen
projektierten journalistischen Unternehmens in Washington halte
ich für eine durchaus glückliche Idee, deren Lebensfähigkeit
keinem Zweifel unterliegen kann. Der von Ihnen entworfene
Plan wie nicht minder Ihre bisherige publizistische Tätigkeit, sowie Ihre ganze Persönlichkeit können wohl als Bürg-
schaft für das Gelingen des Unternehmens angesehen werden.
Seien Sie überzeugt, daß ich gerne bereit bin, das von
Ihnen in Angriff zu nehmende Werk in den Kreisen meiner
journalistischen Bekannten aufs Beste zu empfehlen."

Ähnlich äußerten sich Dr. Johannes Meißner
Vertreter der „Kölnischen Zeitung", H. Greindl, Vertreter der „Hamburger Nachrichten", Paul Dehn aus
Friedenau bei Berlin, ein dem Auswärtigen Amte nahe-
stehender Journalist, und andere bekannte Männer der Presse.
Von dem amerikanischen Geschäftsträger in Wien erhielt
ich das nachstehende Schreiben, das für sich selbst spricht:

Legation of the United States of America.
Vienna, Austria. September 7. 1898.

Dear Sir,

I have your letter of the 31rst of August, 1898,
informing me of your intention to establish a newspaper
agency in Washington, the Washington Correspondence,
for the supply of the Press in the German Empire.
Austria-Hungary and Switzerland.

I quite agree with you that the present juncture
is highly favorable for such a venture which, if properly
worked, ought certainly to exercise a favorable influence
in the direction of developing in all spheres the existing
friendly relations between the United States and the
German speaking countries of Europe. There can be
no doubt that European public opinion on American
affairs is far from being as enlightened and well-informed
as could be desired, and that your proposed agency
might do great service in the prevention and removal
of prejudices, difficulties and misunderstandings calculated
to damage the interests of the Old World no less
than those of the New.

The good impression produced upon me by your
knowledge of our affairs as well as by your newspaper
articles justifies me in wishing you every success in
your enterprise and in anticipating from it a useful
influence upon public opinion in the sphere to which
it will extend.

I remain
Yours very sincerely
Charles V. Herdliska.
Chargé d'Affaires ad interim
of the United States in Vienna.

(Übersetzung vorstehenden Briefes.)

Wien, Oesterreich, 7. September 1898.

Geehrter Herr!

Ich erhielt Ihren Brief vom 31. August 1898, worin Sie mich von Ihrer Absicht verständigen, in Washington eine Zeitungsnachrichten-Agentur, die „Korrespondenz Washington" zu begründen, um einen Nachrichtendienst für die Presse im deutschen Reiche, Österreich und der Schweiz einzurichten.

Ich stimme mit Ihnen vollständig darin überein, daß die gegenwärtige Zeitlage einem solchen Unternehmen äußerst günstig ist und daß dieses, wenn richtig betrieben, sicherlich nach jeder Richtung hin einen heilsamen Einfluß hinsichtlich der Entwicklung der bereits bestehenden freundschaftlichen Beziehungen zwischen den Vereinigten Staaten und den Deutsch sprechenden Ländern Europas ausüben wird. Es kann keinem Zweifel unterliegen, daß die öffentliche Meinung in Europa über amerikanische Angelegenheiten gar nicht so erleuchtet und gut unterrichtet ist, wie wohl zu wünschen wäre, und daß Ihre geplante Agentur sich durch die Verhütung und Beseitigung von Vorurteilen, Schwierigkeiten und Mißverständnissen, die auf Schädigung der Interessen der alten nicht weniger als der neuen Welt berechnet sind, sehr verdient machen könnte.

Der gute Eindruck, den Ihre Kenntnis unserer Angelegenheiten sowie Ihre Zeitungsartikel bei mir hervorgerufen haben, rechtfertigt es, wenn ich Ihnen zu Ihrem Unternehmen den besten Erfolg wünsche und von ihm einen ersprießlichen Einfluß auf die öffentliche Meinung in allen Richtungen voraussehe, auf die es sich ausdehnen wird.

Ich verbleibe

Ihr aufrichtig ergebener

Charles B. Herdliska,

Geschäftsträger

der Vereinigten Staaten in Wien.

Von Herrn Herbliška empfing ich außerdem ein in den
wärmsten Ausdrücken abgefaßtes Einführungsschreiben an
den Staatssekretär in Washington, den Achtbaren John Hay.
Herr Greindl nahm Veranlassung, sich auf der deutschen Botschaft in Wien über mein Vorhaben zu äußern und teilte mir
später mit, daß der erste Legationsrat, P r i n z L y c h n o w s -
t i , empfehlend über den Plan nach Berlin berichtet habe.

Zu Anfang Oktober 1898 verließ ich mit meiner Familie
Wien und trat, von den besten Hoffnungen beseelt, die Fahrt
nach Washington an. Auf meiner Reise machte ich zuerst in
Berlin Station, wo ich einen Einführungsbrief an den damaligen Chef-Redakteur der „Norddeutschen Allgemeinen
Zeitung“, Herrn W i l h e l m L a u s e r , abgab. Herr
Lauser, der sein ganzes Leben lang ein „patriotisches Reptil“
gewesen ist, d. h. seine Feder bald dieser, bald jener Regierung
zur Verfügung gestellt hat, empfing mich auf das Liebenswürdigste und äußerte sich mit einer geradezu verblüffenden
Offenheit über hohe und höchste Personen. Von dem Botschafter v o n H o l l e b e n erzählte er mir, daß er von
Stuttgart her, wo die Exzellenz früher preußischer Gesandter
gewesen, gut Freund mit ihm sei. „Herr von Holleben kommt
oft zu mir auf die Redaktion,“ fügte er mit lustigem Augen-
zwinkern hinzu, „und wir haben manches Plauderstündchen,
soweit „seine Verhältnisse“ ihm dazu Zeit lassen. Er wohnt
in Berlin stets im Hotel Bristol und ich rate Ihnen entschieden,
ihm während der Dauer Ihres hiesigen Aufenthaltes Ihre
Aufwartung zu machen.“

Im weiteren Verlaufe unserer Unterredung gab ich Herrn
Lauser Kenntnis von meinem Plan, in Washington eine
Korrespondenz herauszugeben. Diese Mitteilung schien ihn
zu verblüffen. Er schwieg einige Augenblicke und richtete
dann unvermittelt die Frage an mich, ob ich Herrn P a u l
H a e d i c k e kenne, der der Redaktion der „Norddeutschen
Allgemeinen Zeitung“ angehöre.

„Nur vom Hörensagen", erwiderte ich und verschwieg dabei, daß ich nicht das Beste von Herrn Haedicke und dessen früheren Aufenthalt in Chicago gehört hatte.

„Haedicke ist ein gescheidter Kopf," bemerkte Herr Lauser, „er hat in der „Kreuzzeitung" Briefe „Aus meinem amerikanischen Exil" veröffentlicht und dadurch das Wohlgefallen der maßgebenden Kreise in der Wilhelmstraße für sich zu erwecken verstanden."

Eine kurze Pause folgte. Dann wandte er sich plötzlich an mich mit den Worten:

„Ihr Plan, eine Korrespondenz in Washington herauszugeben, hat mich einigermaßen überrascht. Ich glaube Ihnen sagen zu dürfen, daß ich seit geraumer Zeit an der Gründung einer Gesellschaft zur Legung eines deutsch-atlantischen Kabels nach Amerika arbeite und daß ich dem Erfolge nahe bin. Ich will hoffen und wünschen, daß sich Ihr Plan mit dem meinen verbinden und sich eine Grundlage finden lassen möge, auf der wir gemeinsam für die gleichen Interessen wirken könnten. Und noch eins: Vergessen Sie nicht, auf dem Auswärtigen Amte vorzusprechen."

Ich entschloß mich, Dr. Lausers Ratschläge zu befolgen. Ich suchte Dr. von Holleben im Hotel Bristol auf und legte ihm kurz meinen Plan vor. „Herr Dr. Lauser hat mir bereits von Ihnen erzählt," so begann er, „es freut mich, daß die Amerikaner solch' Interesse an der Förderung der guten Beziehungen zwischen der alten und der neuen Welt nehmen und ich erkläre mich bereit, Ihr Unternehmen in jeder Weise zu unterstützen. Da ich noch einige Wochen hier bleibe, werde ich Sie einstweilen meinem ersten Sekretär, Baron von Sternburg, avisieren und empfehlen. Kennen Sie übrigens Herrn Reginald Schröder, den Washingtoner Korrespondenten der „New-Yorker Staats-Zeitung"? Das ist ein sehr vielseitiger und verwendbarer Mann, der der Botschaft große Dienste erweist."

Ich entgegnete, daß ich mit diesem Herrn ein oder zweimal zusammengetroffen sei, aber von ihm eigentlich nichts
weiter wisse, als daß er den zweifelhaften Ruhm für sich be-
anspruchen könne, der Totengräber von Frank Leslie's „Deutscher Illustrierter Zeitung" gewesen zu sein.

„Ich sehe, daß Sie gut informiert sind," bemerkte der
Botschafter. „Kennen Sie auch den G r a f e n S e c k e n d o r ff".

„Ist das nicht ein einstiger deutscher Marineoffizier mit
einer ziemlich romantischen Geschichte, der die „New-York
Tribune" in Washington vertritt?" lautete meine Gegen-
frage.

Meine Antwort schien ihn zu überraschen. Er rückte sich
seinen goldenen Kneifer zurecht, musterte mich durchdringend
und sagte dann nach einer Weile, indem er mir die Hand bot:
„Nun, es hat mich sehr gefreut, Sie kennen zu lernen. Also,
auf Wiedersehen in Washington!"

Das Auswärtige Amt zeigte sich, als ich dort vorsprach,
bereits durch Dr. Lauser und Herrn von Holleben über meinen
Plan informiert und versprach, mein Unternehmen im Auge
behalten zu wollen.

Grade um jene Zeit war in London die Veröffentlichung
von B u s c h s „M e m o i r e n" erfolgt. Sie bildeten die
Sensation des Tages und wo immer ich auch vorsprechen
mochte, kam das Gespräch auf die Enthüllungen des einstigen
Bismarck'schen Leibjournalisten. So auch auf der amerikanischen Botschaft, wo ich dem ersten Sekretär, Herrn J a c k s o n
B r i n c k e r h o f f*), einen mir von seinem Wiener Kollegen
mitgegebenen Empfehlungsbrief überreichte. Herr Brinckerhoff war erfreut, meine Bekanntschaft zu machen, wünschte
meinem Unternehmen allen nur denkbaren Erfolg, fügte aber
hinzu, er glaube nicht, daß irgendwelche Buschs auf amerikanischem Boden gedeihen und prosperieren könnten.

---

*) Herr Brinckerhoff ist jetzt Gesandter der Vereinigten Staa-
ten für Griechenland und die Balkanländer.

Es waren aber noch kaum drei Monate seit jener Unter=
redung vergangen und ich fand mich der Deutschen Botschaft
in Washington „für Preßangelegenheiten", wie der landläufige
Ausdruck ist, attachiert und bezog mein Einkommen aus dem
geheimen Dispositionsfonds in Berlin für Dienste, die nicht
sehr von denen verschieden waren, die der verstorbene Moritz
Busch Deutschlands erstem Kanzler geleistet hat.

Wie ich abgehalten wurde, meine ursprüngliche Absicht,
auszuführen, nämlich eine deutsche Zeitungskorrespondenz
herauszugeben, und wie es kam, daß ich mehr als ein Jahr lang
die Rolle eines Moritz Busch in der amerikanischen Bundes=
hauptstadt zu spielen hatte, ergibt sich aus meiner folgenden
Darstellung.

❋ ❋ ❋ ❋ ❋ ❋ ❋ ❋ ❋ ❋ ❋ ❋ ❋ ❋ ❋ ❋

IV.

Auf Wunsch Herrn von Hollebens verfasse ich eine Denkschrift für das Auswärtige Amt in Berlin. — Dilatorische Taktik Seiner Exzellenz. — Die Doppelrolle Paul Haedickes. —
Das Wolff'sche Bureau verwirklicht meinen Plan. —
Herr von Holleben attachiert mich der Botschaft für Preßangelegenheiten. — Allgemeine Instruktionen. — Nur keine persönlichen Angriffe auf den Botschafter! — Wie Herr von Holleben von einem westlichen Journalisten übertölpelt wurde. —
„Uncle Sams American Eagle." — „American German Review". — Meine Mission bei der „New-York Sun". — Vom
guten Ton im Umgang mit der Presse.

In Washington angekommen, entdeckte ich bald, daß
die Hoffnungen und Erwartungen, die mich über den Ozean
geführt hatten, zum mindesten verfrüht waren und daß man
auf meine Kosten eine kleine diplomatische Komödie aufführte,
in der ich die Rolle des Dupierten spielte. Herr von Sternburg empfing mich allerdings, wie ich gern zugebe, auf das
freundschaftlichste, teilte mir jedoch gleichzeitig mit, er habe
kategorische Instruktionen vom Botschafter empfangen, mich
zu ersuchen, in Sachen meiner „Korrespondenz Washington"
keinen Schritt vor Ankunft Seiner Exzellenz zu unternehmen.
Auch Herr von Holleben traf wieder in Washington ein und
ersuchte mich, ihm eine Denkschrift zum Gebrauch des Auswärtigen Amtes in Berlin auszuarbeiten und darin das Programm meiner Korrespondenz zu entwickeln. Ich kam diesem
Ersuchen nach, erhielt aber nach einiger Zeit meine Denk-

schrift, mit handschriftlichen Anmerkungen des Botschafters
versehen, zurück, auf Grund derer ich sie noch einmal umzu-
arbeiten hatte. Es vergingen wiederum einige Wochen; da
plötzlich wurde ich eines Tages aufgefordert, nach New-York
zu reisen, um dort mit einem soeben aus Deutschland einge-
troffenen Vertrauensmann des Auswärtigen Amtes Rücksprache zu nehmen. Ich reiste nach New-York und fand,
daß der Vertrauensmann des Auswärtigen Amtes kein Anderer als der Vertreter der halbamtlichen Continental Tele-
graphen-Gesellschaft (Wolffs Bureau), Herr Paul Hae-
bicke, war, der, wie er mir unter vier Augen gestand,
nach Amerika entsandt worden war, um eine Kontrolle
über die „Associated Press" auszuüben, in
deren New-Yorker Centrale er sein Bureau aufschlug, und
um ferner den von mir in Anregung gebrachten Gedanken
der Herausgabe einer deutsch-amerikanischen Zeitungskorrespondenz zu verwirklichen.
Er beglückwünschte mich in cynischer Weise zu der Vortreff-
lichkeit meines Gedankens, der dem Auswärtigen Amt derart
gefallen habe, daß es sofort beschloß, Niemand anders als
das von ihm abhängige offiziöse Wolff'sche Bureau mit der
Veröffentlichung zu betrauen.

In schlechter Laune kehrte ich nach Washington zurück,
und erklärte meinen Freunden von der Deutschen Botschaft,
daß ich in der Verwirklichung meines Vorhabens durch das
Wolff'sche Bureau einen schamlosen geistigen Diebstahl erblickte, gegen den ich mich mit allen gesetzlich zulässigen Mitteln
zur Wehr setzen würde. Dies fand an einem Sonnabend statt.
Am Montag darauf wurde ich durch einen Eilbrief auf die
Botschaft gerufen, wo Herr von Holleben mir den Antrag
stellte, als „Preß-Attaché" in den Dienst der Botschaft zu
treten und in dieser Eigenschaft an dem großen Werke der Anbahnung eines besseren Einvernehmens zwischen Amerika
und Deutschland mitzuarbeiten. Als monatliche Entschädi-

gung für meine Bemühungen wurde mir ein Gehalt von
150 Dollars angetragen. Es blieb mir unter den Umständen
kaum etwas anderes übrig, als auf den Antrag einzugehen.
Es regte sich auch der Instinkt des Journalisten in mir, der
mir sagte, daß ich eine derart seltene Gelegenheit, einen Einblick
in das geheime Getriebe der hohen Diplomatie zu erhalten,
nicht von der Hand weisen dürfte. Sicherlich gab es unter dem
Heer von Zeitungskorrespondenten in Washington wenige, die
den Antrag abgelehnt hätten! Ich kann nicht behaupten,
daß mir meine plötzliche Beförderung zum Rang und Charakter
des Botschaftsoffiziosus besondere Freude oder Genugtuung
bereitet hätte, doch glaubte ich immerhin in der neuen Stellung
mein bescheidenes Teil für die Sache des Friedens zwischen
den beiden Völkern beitragen zu können.

Der politische Horizont war gerade zu jener Zeit stark
bewölkt. Die beiderseitige leidenschaftliche Preßkampagne,
die dem spanisch-amerikanischen Kriege voranging, während
desselben womöglich mit noch größerer Heftigkeit anhielt
und selbst nach dem Friedensschlusse nicht nachließ, hatte die
Beziehungen zwischen den beiden Ländern bis aufs Äußerste
gespannt, und eine große Anzahl amerikanischer Zeitungen
forderte offen den Krieg mit Deutschland. Mir
persönlich war es nur zu gut bekannt, daß die deutsch-feindliche
Haltung der amerikanischen Presse nicht ganz unberechtigt
war.

Wie es die Ironie des Schicksals haben wollte, war ich
ausersehen, als Preßattaché der Deutschen Botschaft in Amerika
wieder gut zu machen, was die deutsche Presse in dem blinden
Eifer, den hohen Herren in der Wilhelmstraße gefällig zu sein,
gesündigt hatte!

Bei Antritt meines Amtes empfing ich die allgemeine
Instruktion, alles Mögliche aufzubieten, um die deutsch-feindlichen
Blätter zum Schweigen zu bringen und das Wunder
zu wirken, sie aus erbitterten Gegnern in Freunde und

Verehrer des Kaisers zu verwandeln, sowie außerdem in der
öffentlichen Meinung den Glauben hervorzurufen, daß der
wahre Feind der Vereinigten Staaten nicht Deutschland,
sondern England sei. Ich fand diese Aufgabe keineswegs
leicht. Die Regierung, wie ein großer Teil des amerikanischen
Volkes, mißtrauten dem deutschen Reiche und seiner Politik,
und die angloamerikanische Presse war ein nur zu getreuer
Spiegel dieses Mißtrauens. In den Kreisen der Bundesab=
ministration machte man kein Hehl daraus, daß Amerikas
nächster Krieg mit Deutschland stattfinden werde, und auch das
Personal der Deutschen Botschaft war felsenfest davon über=
zeugt. Ich selbst hörte eines Tages mit an, wie ein junger
Berichterstatter der „New- York Sun" dem Kanzler der Bot=
schaft, Herrn Kinne, in dürren Worten erklärte: „All' Ihre
schönen Worte nützen Ihnen nichts. Sie befinden sich jetzt
in derselben Lage, wie Spanien vor dem Kriege!" Zur Strafe
für seinen Vorwitz wurden dem naseweisen Jüngling die
Türen der Botschaft für immer verschlossen, aber der Stachel
seiner Rede blieb zurück, und was er offen auszusprechen sich
unterfangen hatte, das dachte insgeheim das ganze Washing=
ton, dem aus amtlichen oder sonstigen Rücksichten Schweigen
auferlegt war.

Unter solchen Auspizien begann ich meine Arbeit. Be=
sonders lästig und unbequem waren dem Botschafter die
persönlichen Angriffe, denen er fast täglich seitens der drei
Washingtoner Tageszeitungen ausgesetzt war. Einer der
ersten Aufträge, die ich von Seiner Exzellenz empfing, war
daher der, die Macht meiner Überredungsgabe an den Chef=
redakteuren dieser Blätter zu versuchen und die Angriffe zum
Schweigen zu bringen. Daß mir diese Aufgabe wenigstens
zum Teil gelang, danke ich wesentlich den freundschaftlichen
Bemühungen des Grafen M. G. Seckendorff, eines
jüngeren Bruders des einstigen Hofmarschalls der verstorbenen
Kaiserin Friedrich, der seit vielen Jahren an der Spitze des

Washingtoner Bureaus der einflußreichen „New-York Tribune" stand und sich als solcher des unbegrenzten Vertrauens
der amerikanischen Behörden in der Bundeshauptstadt erfreute. Ein persönlicher Freund des Dr. von Holleben, hatte
er diesem schon manchen Liebesdienst in der Presse erwiesen
ehe ich mein Amt übernahm und er stand auch mir, wie ich
dankbar anerkenne, mit Rat und Tat zur Seite.

Da es von größter Wichtigkeit für den Erfolg meiner
Mission war, daß die Natur meiner Beziehungen zur Botschaft
ein strenges Geheimnis blieb, ermächtigte mich der Botschafter,
auf Anregung Herrn von Sternburgs, in der Rolle eines
Washingtoner S p e z i a l - K o r r e s p o n d e n t e n d e r
„N o r d d e u t s c h e n A l l g e m e i n e n Z e i t u n g" auf-
zutreten, und in dieser Eigenschaft verkehrte ich mit den
amerikanischen Journalisten, deren Bekanntschaft ich im Auftrage des Botschafters suchte. Graf Seckendorff wußte um das
Geheimnis und gab mir Einführungsbriefe an die ihm persönlich bekannten Herausgeber des Washington „Evening Star"
und der „Washington Post", in denen er mich als Spezialkorrespondenten der „Norddeutschen Allgemeinen Zeitung"
vorstellte und dafür plaidierte, daß mir Gelegenheit geboten
werden möge, in den Spalten ihrer Blätter den oft irrigen
Anschauungen der Redakteure über die deutsche Politik
entgegenzutreten. Die Aufnahme, die ich bei Herrn
Beriah Wilkins, dem Eigentümer der „Washington Post",
fand, war nicht sonderlich ermutigend. Er begrüßte mich
zwar auf das Liebenswürdigste, sagte aber, daß er auf
Grund eigener Erlebnisse in Deutschland nicht an die
Aufrichtigkeit des deutschen Liebeswerbens glaube; denn, so
fügte er hinzu, es sei ihm auf seinen Reisen in Berliner Hotels
und denen anderer Großstädte passiert, daß deutsche Offiziere
sich demonstrativ von seinem Tisch entfernt hätten, sobald
sie erfuhren, daß er ein Amerikaner sei.

Mehr Erfolg hatte ich bei dem „Washington Evening

Star", deſſen Redakteur, Herrn Noyes, ich gleichfalls ein Ein=
führungsſchreiben des Grafen Seckendorff überreichte. Herr
Noyes hörte mich zuvorkommend an, und nach jener Zu=
ſammenkunft erſchienen im „Waſhington Evening Star"
keine weiteren perſönlichen Angriffe auf den Botſchafter.

Eine äußerſt liebenswürdige Aufnahme fand ich bei dem
Chefredakteur der „Waſhington Times", Herrn Goldwin
Weſt. Das Blatt, das bis dahin zu den wütendſten Gegnern
des Botſchafters gehört hatte, veröffentlichte am Morgen
nach meinem Beſuche einen Artikel, in dem mit Feuereifer
auf die Notwendigkeit der Erhaltung und Pflege freundſchaft=
licher Beziehungen zwiſchen den Vereinigten Staaten und
dem Deutſchen Reiche hingewieſen wurde. Ich vermittelte
ſpäter eine Zuſammenkunft auf der Botſchaft zwiſchen Herrn
Weſt und Herrn von Holleben, die einen für beide Teile höchſt
befriedigenden Verlauf nahm. Wie mir Herr Weſt ſpäter bei
einem Glaſe Bier anvertraute, war ſeit jener Zuſammenkunft
Herr von Sternburg ein häufiger und gern geſehener mitter=
nächtlicher Beſucher des editoriellen Sanktums der „Wa=
ſhington Times".

Da ich nun gerade von der Waſhingtoner Lokalpreſſe
ſpreche, darf ich wohl eine luſtige kleine Geſchichte erzählen,
wie der Botſchafter einmal von einem liſtigen Amerikaner
übertölpelt wurde. Nach dem Vorangegangenen wird man
es verſtehen, wie ſehr es Herrn von Holleben darum zu tun
ſein mußte, ſolchen Einfluß auf eine Waſhingtoner Tages=
zeitung zu gewinnen, daß ſie ihm unter allen Umſtänden zu
unbeſchränkter Verfügung ſtand. Er griff daher mit beiden
Händen zu, als ſich ihm ein von einem weſtlichen Senator
empfohlener Journaliſt Namens W. R. V a u g h a n näherte
und ſich erbot, in Waſhington eine Tageszeitung herauszu=
geben, in der Seiner Exzellenz ſo viel weißes Papier, wie ſie
nur wünſchte, zur Verfügung ſtehen würde. Da es mit dem
Anfangskapital etwas hapere, ſo wende er ſich vertrauensvoll

an den Botschafter mit der Bitte, ihm zu helfen. Am 22. Feb=
ruar des Jahres 1899 kam dann auch wirklich die erste Nummer
von „U n c l e   S a m 's   A m e r i c a n   E a g l e" heraus,
auf der der Name des Herrn Vaughan als Herausgeber und
Redakteur prangte. Aber bitter war die Enttäuschung des
Herrn von Holleben, als er an Stelle der versprochenen Tages=
zeitung ein unbedeutendes Wochenblättchen erblickte, dessen
Innenseiten mit billigem Plattensatz ausgefüllt waren. Man
muß es jedoch Herrn Vaughan lassen, daß er sich redlich Mühe
gab, sich durch seine Beiträge das Wohlwollen des Botschafters
zu erhalten. In langatmigen Tiraden kündigte er an, daß
sein Blatt jede Allianz mit einer ausländischen Macht (d. h.
England) entschieden bekämpfen, dagegen mit allem Nachdruck
für Freundschaft mit Deutschland eintreten werde. Ich glaube,
daß Herr von Holleben die ihm von „Uncle Sams American
Eagle" erwiesenen Aufmerksamkeiten nur zu bald als lästige
Bürde empfand, denn es verging selten eine Woche, wo nicht
Herr Vaughan den bescheidenen Wunsch an Seine Exzellenz
richtete, eine Extra=Ausgabe (die Einzelnummer zu 5 Cents
gerechnet!) für die Botschaft drucken zu dürfen. So liberal
auch der Kanzler Kinne im Verteilen von Gratis=Nummern
des Blattes war, so blieb doch immerhin ein solcher Vorrat
davon zurück, daß er auf Jahre hinaus alle Bedürfnisse des
Botschaftspersonals zu decken vermochte.

Einen heiteren Anstrich hatte auch der Verkehr zwischen
dem Botschafter und der Monatsschrift „American-German
Review", die ins Leben gerufen war, um die auf beiden
Seiten des Ozeans lebenden Schäfchen, die sich für die guten
Beziehungen zwischen Deutschland und den Vereinigten Staa=
ten begeisterten, zu scheren. Als Verleger zeichnete H e n r y
C h a r l e s, ein Pseudonym, hinter welchem sich ein äußerst
geschäftskundiger Israelit verbarg, und Redakteur war der
in zwei Weltteilen bekannte Journalist H e n r y W. F i s c h e r,
der später das berühmte, in Deutschland verbotene Memoiren=

werk „The private lives of Emperor William II. and his consort" („Das Privatleben Kaiser Wilhelms II. und seiner Gemahlin"), herausgegeben hat. In ganz New-York zirkulierten Sammellisten, um einen Fonds für die Pflege der guten Beziehungen zwischen Deutschland und Amerika zusammenzubringen und die meisten deutsch-jüdischen Bankiers, sowie zahlreiche deutsch-amerikanische Geschäftsleute der Metropole am Hudson zeichneten sich mit bedeutenden Beträgen in die Listen ein. Das Unternehmen fand den Beifall des deutschen Reichskanzlers, der den Botschafter instruierte, es auf alle Fälle zu halten. Herr von Holleben geriet durch den Auftrag einigermaßen in Verlegenheit, da der ihm für Angelegenheiten der Presse bewilligte Betrag bereits erschöpft war. Was konnte er unter den Umständen nur tun?

„Wissen Sie, Exzellenz," so näherte sich ihm in dieser schwierigen Lage Herr Charles, „Sie steigen mit mir in einen Wagen und wir fahren zusammen zu den deutsch-jüdischen Bankiers in New-York, denen ich Sie vorstellen werde als Seine Exzellenz der Herr Botschafter des Deutschen Reiches, der die Güte haben wird, den Herren Bankiers zu bestätigen, daß Seiner Durchlaucht dem Herrn Reichskanzler in Berlin sehr gelegen ist an der Fortführung der „American-German Review", daß dem Deutschen Reich aber fehlen die Mittel, um die „Review" zu subventionieren und daß die Herren Bankiers werden fördern die guten Beziehungen zwischen dem Deutschen Reich und Amerika, wenn sie werden ausstellen einen dreistelligen Scheck für die „American-German Review".

Wie mir Herr Charles erzählte, erklärte der Botschafter sich bereit, auf seinen Vorschlag einzugehen, und es wäre sogar schon Tag und Stunde für dieses in großem Stil geplante Pumpmanöver bestimmt gewesen, doch hätten im letzten Augenblicke unfreundliche Einflüsse den Plan und damit das Bestehen der „American-German Review" zum Scheitern gebracht. Im Ganzen erschienen von diesem Monatsblatte vier Nummern; dann starb es eines sanften Todes, betrauert allein von den New-Yorker deutsch-jüdischen Bankiers und deutsch-amerikanischen Geschäftsleuten, die zur Gründung und Sicherung des Unternehmens tief in ihre Taschen gegriffen hatten.

Eine Quelle steten Ärgers und Verdrusses für den Botschafter waren die böswilligen Angriffe der „New-York Sun". Ich erhielt daher eines Tages den Auftrag, nach New-York zu fahren und mein Heil bei dem Herausgeber dieses Blattes, Herrn Laffan, zu versuchen. Dieser hörte meinen Darlegungen aufmerksam zu und pflichtete mir darin bei, daß eine fortgesetzte Verhetzung der beiden Völker sehr böse Folgen nach sich ziehen müsse.

„Ich habe in meiner Eigenschaft als Spezialkorrespondent der halbamtlichen Berliner „Norddeutschen Allgemeinen Zeitung" wiederholt Gelegenheit gehabt, mit Herrn von Holleben über die von der „New-York Sun" Deutschland gegenüber eingenommene Haltung zu reden. Der Herr Botschafter, der einer der aufrichtigsten Bewunderer all' der vielen Vorzüge ist, welche die „Sun" auszeichnen, beklagt es auf das tiefste, daß die „New-York Sun" zu den Gegnern der deutschen Politik zählt, und es ist ihm ernstlich darum zu tun, Sie von der Aufrichtigkeit der deutschen Freundschaftserklärungen zu überzeugen. Wir erbitten von Ihnen nichts weiter als eine unparteiische und unvoreingenommene Haltung."

Herr Laffan hatte mir aufmerksam zugehört. „Sie sollen nicht vergebens an mich appelliert haben," entgegnete er, „und ich verspreche Ihnen, daß die Angriffe in der „Sun" auf den deutschen Botschafter und das Deutsche Reich aufhören sollen."

„Erlauben Sie mir noch eine Bemerkung, Herr Laffan," so fuhr ich in meinem Argumente fort, „Sie sind nicht nur

der Herausgeber der „New-York Sun", sondern gleichzeitig auch der Begründer und Leiter des nach Ihnen benannten großen Depeschenbureaus und haben als solcher
das größte Interesse, in der Zuverlässigkeit und Schnellig-
keit Ihres Nachrichtendienstes nicht hinter der „Associated
Press" zurückzustehen. Wie die Dinge aber jetzt liegen, steht
Ihr Berliner Dienst hinter dem der „Associated Press" zurück. Ich glaube Ihnen auf Grund meiner Kenntnis der zu-
ständigen Personen und Verhältnisse die Versicherung erteilen zu dürfen, daß der Reichskanzler und der Staatssekretär für die Auswärtigen Angelegenheiten Ihrem Berliner
Vertreter gern dasselbe Entgegenkommen wie dem der
„Associated Press" bezeigen werden, sobald sie die Überzeugung von der strengen Sachlichkeit Ihres Nachrichtendienstes
gewonnen haben. Außerdem —"

Herr Laffan blickte mich gespannt an.

„Außerdem hat die Deutsche Regierung die Absicht, ein
eigenes Kabel nach den Vereinigten Staaten zu legen. Ich
halte es nicht für ausgeschlossen, daß Ihnen inbezug auf
die Beförderung von Depeschen besondere Begünstigungen
gewährt werden könnten. Verstehen Sie mich recht: Es wird
von der „Sun" kein Gesinnungswechsel, sondern nur strengste
Sachlichkeit und Unparteilichkeit erwartet."

Herr Laffan hielt mir beide Hände hin. „Die deutsche
Regierung besitzt einen guten Anwalt an Ihnen," sagte er
lächelnd, „und ich wiederhole mein Versprechen, daß die Angriffe in der „New-York Sun" aufhören werden. Hier haben
Sie meine Hand darauf."

Wir schüttelten uns die Hände wie ein paar gute Freunde
und gingen dann auseinander. Der Botschafter war entzückt,
als ich, wieder nach Washington zurückgekehrt, ihm von dem
Erfolge meiner Reise erzählte.

„Nun wollen wir den Kerl auf die Probe

stellen," meinte er, „und sehen, ob er Wort hält. Schreiben Sie doch einmal einen Artikel und schicken Sie ihn der „New-York Sun" ein. Erst, wenn sie ihn bringt, will ich an die Aufrichtigkeit der Versicherungen des Herrn Laffan glauben."

Ich schrieb den gewünschten Artikel und sandte ihn ab. Er erschien am nächsten Morgen an hervorragender Stelle auf der editoriellen Seite der „New-York Sun", wo er eine ganze Spalte füllte. Er trug meine Initialen und die Redaktion hatte ihm ein freundliches Geleitwort gegeben.

„Es scheint, daß wir den rechten Mann gefunden haben," lautete der Kommentar des Botschafters, als ihm die betreffende Nummer des Blattes vorgelegt wurde, „denn er hat, was Keiner noch vor ihm vermochte, fertig gebracht, den New-Yorker Sun-Saulus in einen Paulus verwandelt."

Die angenehmen Beziehungen zwischen der „New-York Sun" und der Botschaft sollten aber nicht allzulange dauern. Denn schon einige Monate später lief ein Schreiben des Washingtoner Vertreters der „New-York Sun", David L. Berry, bei Herrn von Holleben ein, worin dieser ersucht wurde, bei Ausgabe amtlicher Mitteilungen und Dementis das Laffan-Bureau, bez. die „New-York Sun" nicht zu übergehen. Herr von Holleben beauftragte mich, Herrn Berry zu besuchen und ihm so brutal und beleidigend wie nur möglich mitzuteilen, daß der Vertreter des Deutschen Reiches es ablehnen müsse, der „New-York Sun" irgend welche Informationen zu erteilen. „Außerdem —" so lautete mein Auftrag weiter, „können Sie noch Herrn Berry erklären, daß in der Person des Herrn Hazeltine bereits eine Beziehung zwischen der Botschaft und der „New-York Sun" bestände."

Der Auftrag des Herrn Botschafters erschien mir, aufrichtig gesagt, nicht gerade von staatsmännischer Weisheit eingegeben. Mit dem Briefe des Herrn Berry in der Hand, suchte ich ihn in seinem Bureau auf und teilte ihm „mit den besten Empfehlungen von Seiner Exzellenz", mit, daß diese nur zu glücklich sein würde, dem Ersuchen des Herrn Berry zu entsprechen, daß sie aber als Gegenleistung eine freundliche Haltung der „New-York Sun" zur Bedingung stellen müsse. Die Antwort des Herrn Berry war echt amerikanisch. Er sprach das in der guten Gesellschaft verpönte Wort „damn" einige Male mit starkem Nachdrucke aus und machte sich über die Kurzsichtigkeit des Botschafters lustig, der nicht einzusehen imstande sei, daß er (Berry) als Korrespondent nicht den geringsten Einfluß auf die Haltung des Blattes auszuüben vermöge und er sich und seiner Regierung nur selbst schade, wenn er dem „Laffan-Bureau" und der „New-York Sun" die amtlichen Mitteilungen der Botschaft vorenthielte. „Übrigens," und Herr Berry blickte mich mißtrauisch an, „w i e k o m m e n S i e i n d e n B e s i t z m e i n e s B r i e f e s und wie geht es zu, daß der Botschafter Sie als seinen Vertrauensmann zu mir schickt? Ich denke, Sie sind, wie auf Ihrer Karte steht, der Spezial-Korrespondent der „Norddeutschen Allgemeinen Zeitung" in Berlin?"

Meine Antwort lautete, die „Norddeutsche Allgemeine Zeitung" sei bekanntermaßen das Organ des Auswärtigen Amtes in Berlin und ich hätte, als ihr Washingtoner Spezial-Korrespondent, das gute Recht, dem Botschafter im Verkehr mit der amerikanischen Presse ein wenig zur Seite zu stehen.

Entgegen dem kategorischen Auftrage des Botschafters hielt ich es für kluge Politik, gute Beziehungen mit der „New-York Sun" zu pflegen, wenigstens so weit ich dabei in Betracht kam. So bereitete es mir, als Herr von Holleben in Urlaub gegangen war und H e r r v o n M u m m als sein Vertreter die Geschäfte der Botschaft führte, großes Ver-

gnügen, dem Washingtoner Bureau der „New-York Sun"
zuerst die Nachricht von dem Abschlusse des Postpacket-
Vertrages zwischen dem Deutschen Reiche und den Vereini-
ten Staaten mitzuteilen. Da bis dahin nur die „Associated
Press" im Besitze der Nachricht gewesen war, so ersparte ich
der „New-York Sun" und dem „Laffan-Bureau" durch
meine Gefälligkeit eine böse journalistische Schlappe.*)

*) Wie die „New-York Sun" bei der Amerikafahrt des Prinzen
Heinrich wieder in das deutsche Lager überging, schildere ich in
einem späteren Kapitel.

V.

Die von mir ausgegebenen amtlichen Communiqués der
Botschaft Dokumente einer schwächlichen, würdelosen Poli-
tik. — Ein Brief des Hofrats Kinne. — Enthüllungen über die
Vorgeschichte des spanisch-amerikanischen Krieges. — Eng-
lands erstaunliche Anträge an das Deutsche Reich. — Offener
Gegensatz zwischen dem Deutschen Reiche und England in der
Samoa-Frage. — Ein Seitenstück zur Emser Depesche. —
Ich verwandle eine Fanfare in eine Chamade. — Ein Auf-
trag des Reichskanzlers bleibt infolge einer Bierreise Paul
Haebickes unausgeführt. — Der Geheime Legationsrat Dr.
Rose gibt mir von ihm inspiriertes Material zur Veröffent-
lichung. — Ein Brief Henry C. Ides, früheren amerikanischen
Oberrichters auf Samoa. —

————

Es gehörte zu einem Teil meiner Obliegenheiten, die
amtlichen Communiqué's auszuarbeiten und der Presse zu-
zustellen. Ich gestehe freimütig, daß mir oft die Zornesröte
in die Wangen stieg, wenn ich diese Schriftstücke verfassen
mußte, welche sprechende Zeugen einer schwächlichen, würde=
losen Politik waren, die nicht wußte, was sie wollte. Meist
fingen meine Schriftstücke mit der Einleitung an, daß die
Kaiserlich Deutsche Regierung sich entschlossen hätte, der
Regierung und dem Volke der Vereinigten Staaten aber=
mals einen Beweis ihres guten Willens zu
geben, indem sie dieses oder jenes Zugeständnis bewilligte,
und zum Schlusse hieß es dann immer, man hoffe, daß durch
dieses Zugeständnis eine weitere Schranke für den freien

wirtschaftlichen Verkehr zwischen den beiden Ländern ent=
fernt werde usw. Einmal mußte ich, nach Rücksprache mit
Herrn von Sternburg, das seltsame Dokument ausgeben,
daß „gewisse Arten amerikanischer Früchte" nicht als „Früchte"
im Sinne der kaiserlichen Verfügung anzusehen und daher
von der San José Schildlaus=Untersuchung befreit seien,
die für andere Arten Früchte vorgeschrieben wäre.

Der geheime Schlüssel für das Verständnis der deutschen
Diplomatie in Amerika in der Zeit nach dem. spanisch=ameri=
kanischen Kriege war Feindschaft und Mißgunst gegen Eng=
land. Am 13. Februar 1899 empfing ich von dem Kanzler
der Botschaft, Hofrat A. K i n n e, das folgende Schreiben:

Verehrter Herr Witte.

Auftragsgemäß sende ich Ihnen anbei einen Artikel aus
der „Washington=Post" vom 3. Juli vorigen Jahres, welchen
Sie bestmöglichst verwenden möchten.

Ihr ergebenster
A. Kinne.

Der Artikel, auf den sich der Schreiber vorstehenden
Briefes bezog, entstammte der Feder des deutsch=amerika=
nischen Journalisten Fred F. Schrader und behandelte „Deutsch=
lands Stellung im Kriege". Er ist inhaltlich so interessant,
wie man es von einem Korrespondenten westlicher Blätter
kaum erwartet und verrät in jeder Zeile den inspirierten Ur=
sprung, auf den überdies das Schreiben des Hofrats Kinne
hinweist. Der Artikel ist zu umfangreich, als daß ich ihn hier
vollinhaltlich wiederholen könnte, immerhin mögen daraus
die nachstehenden Stellen in deutscher Übersetzung hier Platz
finden:

„. . . Wer nur etwas über den gegenwärtigen Stand
der internationalen Angelegenheiten unterrichtet ist, weiß
auch, daß absolut kein Grund vorliegt, um die Deutsche
Regierung anders als eine neutrale Macht anzusehen, deren
Neutralität durch eine stark amerika=freundliche Neigung

gemildert wird, und daß man bisher keine deutschen Schiffe
bei dem Versuche ertappt hat, die spanischen Geschwader mit
Kohle zu versehen oder die Reihen unserer Feinde mit
Artilleristen zu verstärken.

Aber all' diesen systematischen Verdrehungen der Wahr=
heit liegt ein diplomatischer Zweck zu Grunde, dessen Motive
man in Washington recht wohl versteht.

England ist gezwungen, wie Sekretär Chamberlain,
Lord Landsdowne und andere Männer von gleich hervor=
ragender Stellung offen eingestanden haben, ein Bündnis
mit einer anderen Macht einzugehen und hat, seit Beginn
des spanisch=amerikanischen Krieges, der deutschen Regierung
erstaunliche Anträge behufs Abschlusses eines Bünd=
nisses gegen Rußland gemacht. Wie es heißt, befand
sich unter den verschiedenen Vorschlägen auch der, Deutsch=
land freie Hand zur Vergrößerung seiner kolonialen Be=
sitzungen unter britischer Garantie zu lassen, ja man bot
Deutschland koloniale Konzessionen an, über deren genaue
Natur bisher nichts bekannt geworden ist.

Aus Gründen, die die Deutsche Regierung selbst am
besten kennt, wurden diese Anträge abgelehnt. Groß=Bri=
tannien blieb seiner Vereinsamung weiter überlassen, während
Deutschland offenbar ein engeres Verhältnis mit Rußland
und Frankreich anstrebte. Und von jener Periode datieren
all' die Versuche, eine Entfremdung zwischen den Vereinigten
Staaten und der Regierung des Kaisers herbeizuführen.

Washingtoner Diplomaten sind der Ansicht, daß dieses
systematische Bestreben, Deutschland zu einem so kritischen
Zeitpunkt zu verdächtigen, nur den Zweck habe, einen
unerträglichen Zustand herbeizuführen, der die eine
oder andere Seite zu einer unüberlegten Handlung
verleiten solle, um dadurch einen Krieg zu entfachen, in
dem Groß=Britannien so gestellt wäre, daß es entweder den
Vereinigten Staaten ein Bündnis gegen Deutschland, oder

Deutſchland ein Bündnis gegen die Vereinigten Staaten
anbieten könnte. Für die Regierung der Königin iſt jedoch
ein Bündnis mit einer Macht, die auf dem Lande ſo ſtark
iſt wie Deutſchland und außerdem Rußland ſo nahe liegt,
daß ſie ſofort losſchlagen kann, wichtiger als die Hilfe der
Vereinigten Staaten. Aller Wahrſcheinlichkeit nach würde
Englands erſtes Angebot mithin an die Adreſſe des Kaiſers
gehen, und all' die Begeiſterung über „Stammesverwandt=
ſchaft" würde ebenſo geſchwind zu Gunſten der „Blutsver=
wandtſchaft" zwiſchen den Engländern und Deutſchen auf=
geboten werden, wie ſie zu Beginn des Krieges aus ihrem
ſpaniſch=freundlichen Kurs abgeleitet und für uns mobil ge=
macht wurde.

Der britiſche Premierminiſter hat nicht geſprochen, die
Königin hat nicht geſprochen. Nur Auſtin Dobſon, Robert
Barr und die engliſchen oder angliſierten amerikaniſchen
Zeitungskorreſpondenten im Ausland ſind für die Politik
einer anglo=amerikaniſchen Verbrüderung eingetreten. Sekre=
tär Chamberlain hat etwas über die einander ſtützenden
Banner der beiden Länder geſagt. Aber die Sache iſt nicht
ſoweit gediehen, daß ſie die britiſche Regierung zu einer
Politik verpflichtete, von der ſie ſich nicht mit Anſtand im
kritiſchen Augenblick zurückziehen und gemeinſame Sache mit
dem Kaiſer machen könnte, nachdem ſie uns mit Erfolg in
einen Krieg mit dem Volk des Kaiſers verwickelt hätte. ..."

Soweit der Artikel, aus dem nicht der einfache Zeitungs=
korreſpondent Fred F. Schrader ſpricht, ſondern kein Ge=
ringerer als der Chef der Deutſchen Botſchaft, der alſo Auto=
rität dafür iſt, daß England zu Beginn des ſpaniſch=ameri=
kaniſchen Krieges der Deutſchen Regierung „erſtaunliche An=
träge behufs Abſchluſſes eines Bündniſſes gegen Rußland"
gemacht, daß es Deutſchland freie Hand zur Vergrößerung
ſeiner kolonialen Beſitzungen unter britiſcher Garantie und
außerdem noch koloniale Konzeſſionen angeboten hat.

Der geheime Gegensatz zwischen Deutschland und England fand während der Samoa-Wirren offenen Ausdruck.
Was ich hier erzählen will, ist eine der merkwürdigsten Illu-
strationen zum Treppenwitz der Weltgeschichte und wird als
solche vielleicht in der Geschichte fortleben. Man denke sich
eine Neuauflage der Emser Depesche, nur daß sich die Spitze
diesmal nicht gegen Frankreich, sondern gegen England richtete und daß ich bei der Redaktion der Meldung die Fanfare
in eine Chamade verwandelte. Da es heute wohl als ausgeschlossen gelten darf, daß das Bekanntwerden der Geschichte
dieses Telegramms einen ungünstigen Einfluß auf die internationale Politik ausüben werde, so darf dieser tragikomische
Beitrag zur Zeitgeschichte hier wohl ein Denkmal finden.

Bei den Unruhen auf Samoa war englisches und amerikanisches Blut gemeinsam geflossen. Damit hatte die „angel-
sächsische Solidarität" ihre Bluttaufe erhalten und der Stand
der deutschen Diplomatie gegenüber England und Amerika
war recht schwer geworden. Bei den in Washington geführten
Verhandlungen zur Regelung der Samoafrage ließ der britische Botschafter, Sir Julian Pauncefote, zuerst
das Wort von der Ernennung einer Samoakommission fallen.
Dieser Gedanke wurde sofort von Herrn von Holleben auf-
gegriffen, der dem Auswärtigen Amt in Berlin telegraphisch
davon Kenntnis gab und gleichfalls umgehend drahtlich ermächtigt wurde, dem Vorschlag zuzustimmen. Mit dem Telegramm des Auswärtigen Amtes in der Hand suchte Herr von
Holleben den amerikanischen Staatssekretär, Mr. John
Hay, auf, der alsdann auch seine Zustimmung erteilte.
Der deutsche Botschafter fuhr dann zu Sir Julian Pauncefote und teilte ihm amtlich mit, daß sowohl die deutsche wie
die amerikanische Regierung ihre Zustimmung zu dem Vorschlage Sir Julians erklärt hätten. Der britische Botschafter
war über den schnellen Erfolg seines nur unverbindlich und
als Privatansicht geäußerten Gedankens nicht wenig über-

rascht; er sah sich zwar überrumpelt, gab sich aber noch nicht besiegt. Er erhob vielmehr, als die drei Regierungen in nähere Verhandlungen über die Aufgaben der Kommission eintraten, Schwierigkeiten bezüglich der Giltigkeit der Beschlüsse der Kommission, indem er verlangte, daß einfache Stimmenmehrheit der Kommission zur Gültigkeit ihrer Beschlüsse genügen solle, während Herr von Holleben Stimmeneinheit zur Bedingung stellte. Da auch Mr. Hay anfänglich den Standpunkt des britischen Botschafters vertrat und das Zustandekommen der Kommission dadurch überhaupt gefährdet erschien, gab sich in Berlin große Erbitterung gegen England kund. Diese Erbitterung stieg bis zu dem Maße, daß Graf Bülow am Samstag den 1. April 1899 ein chiffriertes Telegramm an den Botschafter sandte, welches er ihn durch den dem amerikanischen Depeschenbureau „Associated Press" in New-York zugeteilten Vertrauensmann des Berliner Auswärtigen Amtes, Herrn Paul Haedicke, in der amerikanischen Presse zu veröffentlichen ersuchte.

Das Telegramm traf spät am Nachmittag auf der Botschaft ein. Während die Kanzleibeamten sofort an das Dechiffrieren gingen, machte sich ein Diener auf den Weg, um mich zu holen. Der Botschafter, der sehr nervös erschien, ersuchte mich, das Telegramm ins Englische zu übersetzen und dabei die schroffen Ausdrücke durch eine mildere Sprache zu ersetzen. Dieser Aufgabe entledigte ich mich zur vollsten Zufriedenheit Sr. Exzellenz, die mir das Kompliment zu machen geruhte, ich hätte eine Fanfare in eine Chamade verwandelt. Immerhin war das Telegramm auch in seiner veränderten Fassung noch so scharf, daß ich bei dem Gedanken an die mißlichen Folgen heftiges Herzklopfen bekam. „In höherem Auftrag" sandte ich es an Herrn Paul Haedicke zur Veröffentlichung durch die „Associated Press", indem ich ihn gleichzeitig in einem zweiten Telegramm ersuchte, umgehend den Empfang des Auftrages zu bestätigen und anzuzeigen, ob er ihn ausgeführt habe.

Ich gab mein Telegramm etwa um $7^1/_2$ Uhr abends auf und ging dann nach Hause, um dort die Antwort des Herrn Haedicke zu erwarten. Es wurde neun, zehn, elf und zwölf Uhr, aber Herr Haedicke ließ nichts von sich hören. Sonntag kam und mit ihm kamen die Sonntagsblätter, aber — kein einziges enthielt das Telegramm des Grafen Bülow, kein einziges brachte die große Sensation von dem drohenden Abbruch der diplomatischen Beziehungen zwischen dem Deutschen Reiche und Großbritannien. Von Herrn Haedicke noch immer kein Lebenszeichen. Das Gleiche wiederholte sich am Montag, bis ich endlich spät am Dienstag Nachmittag von ihm ein kurzes Telegramm des Inhalts empfing, daß Ausführung des Auftrags unnötig geworden sei, da Lord Salisbury inzwischen dem deutschen Vorschlage zugestimmt habe. Mit dieser Meldung in der Hand eilte ich zum Botschafter, der eine ganz eigentümliche Grimasse schnitt, als er sie las, sich im Stillen aber doch freute, daß das Bülow'sche Seitenstück zur Emser Depesche nicht in die Öffentlichkeit gelangt war.

Und was war die Erklärung des Rätsels? Bei der vom Botschafter angestellten Untersuchung ergab es sich, daß Herr Haedicke sich die ganze Zeit nicht ein einziges Mal auf seinem Bureau hatte sehen lassen, da er allzusehr mit einer etwas ungewöhnlich lange ausgedehnten Bierreise durch Groß=New=York beschäftigt war, um sich um solche Kleinigkeiten wie die Aufträge seines Chefs in Washington zu bekümmern. Man sieht, von welch' blindem Zufall das Schicksal der Völker oft abhängt.

Im Mai spitzten sich die Gegensätze in der Samoafrage wieder auf das Bedenklichste zu. Diesmal arbeitete Herr von Holleben selbst ein Communiqué aus, das ich übersetzte und der Presse zustellte. Es hatte folgenden Wortlaut:

„Nachdem Deutschland und die Vereinigten Staaten ein solches Einvernehmen erreicht hatten, daß die Kommissare

San Francisco am 19. Mai hätten verlassen können, er=
hebt England neue Schwierigkeiten so verwickelter Art, daß
sie überhaupt nicht telegraphisch zu erledigen sind.

Deutschland fühlt sich unter diesen Umständen gerecht=
fertigt, den Namen seines Kommissars zurückzuhalten.

Die Berliner Meldung, daß Deutschland für die will=
kürliche Handlung des Admirals Kautz Genugtuung ver=
langen würde, findet in amtlichen Kreisen keinen Glauben
und scheint eine böswillige Erfindung zu sein.

Die ganze Frage wegen Samoas schwebt
gegenwärtig nicht zwischen drei Mächten, son=
dern zwischen Deutschland und England."

Die Antwort, welche der britische Botschafter auf dieses
Communique erteilte, ließ nichts an Schärfe zu wünschen
übrig. Aber die Schwierigkeiten wurden wiederum glücklich
überbrückt. Am nächsten Tage fand das Begräbnis des Vize=
Präsidenten Hobart statt, bei welcher Gelegenheit beide Bot=
schafter in dieselbe Equipage stiegen und sofort eine lebhafte
Unterhaltung begannen.

Der deutsche Generalkonsul auf Samoa, Geheimer Le=
gationsrat R o s e , kam bald darauf nach Washington, wo er
mir mit verständnisinnigem Lächeln eine Anzahl Zeitungs=
artikel übergab, die von E. W. Williamsen im „San Francisco
Call" veröffentlicht waren, einem Blatte, das dem plattdeut=
schen Millionär und Zuckerkönig Klaus Spreckels gehörte.
Diese Artikel enthielten eine vollständige Rechtfertigung des
Verhaltens des Herrn Rose und legten die ganze Verantwor=
tung für die Unruhen den Engländern zur Last. Eine Über=
setzung dieser Artikel aus meiner Feder erschien später in
den „M ü n c h n e r N e u e s t e n N a c h r i c h t e n".

Da ich grade von den Samoa=Wirren spreche, darf ich
hier wohl erwähnen, daß ich im Auftrage des Botschafters
den früheren amerikanischen Oberrichter auf Samoa, H e n r y
C. J d e erjuchte, ein Gutachten über die deutschen Ansprüche

abzugeben. Auf meinen Brief erhielt ich die folgende würde-
volle Antwort:

„St. Johnsbury, Vt., 2. Juni 1899.

Herrn E. Witte

Washington D. C.

Geehrter Herr!

Ich habe Ihren Brief vom 21. April nicht früher be=
antwortet, da ich es nicht für angebracht hielt, die Hand=
lungen meines Nachfolgers, des Oberrichters von Samoa,
zu kritisieren. Falls Sie noch meine Ansichten bezüglich
Maatafas und bezüglich der Frage zu erfahren wünschen,
ob eine Entscheidung zu seinen Gunsten den Wünschen der
Kenner der Verhältnisse auf Samoa entsprochen hätte, so
erlaube ich mir, Sie auf die erste Seite meines Artikels
„Das Samoa=Imbroglio" zu verweisen, welcher in der
laufenden Nummer der „North American Review" erscheint.

Hochachtungsvollst

Henry C. Ide."

VI.

Gefahr eines Zollkrieges. — Welcher Staat wird aus ihm als Sieger hervorgehen? — Wie Professor James Howard Gore darüber denkt. — Ein Artikel im „Forum". — Ein Erfolg Herrn von Hollebens. — Er verhindert die Anstellung von Amerikanern in Konstantinopel. — Wem dankt das Deutsche Reich den Besitz der Karolinen-Inseln? — Unerfreuliches Verhältnis zwischen dem Botschafter und Herrn von Sternburg. — Mehr Licht über die Anwesenheit des Deutschen Geschwaders in der Bai von Manila. — Verbindung zwischen dem Reichskanzler und Professor Blumentritt, dem publizistischen Anwalte der aufständischen Filipinos. — Ein lapidarer Ausspruch Herrn von Hollebens. —

Die Gefahr eines Zollkrieges zwischen den Vereinigten Staaten und dem Deutschen Reiche ist, (selbst ungeachtet des kürzlich abgeschlossenen Provisoriums), auch jetzt noch nicht beseitigt, denn die großen Chikagoer-Fleischexporteure können es nicht verwinden, daß die Annahme des Fleischbeschaugesetzes der Ausfuhr des amerikanischen Konserven-Fleisches in Büchsen nach dem Deutschen Reiche ein Ende bereitet hat. Sie sinnen deshalb auf Rache und ihr Einfluß in Washington ist mächtiger als der des gewaltigen Deutschen Reiches. Herr von Holleben versuchte durch seine Berichte bei den maßgebenden Stellen in Berlin den Glauben hervorzurufen, daß ein Zollkrieg nur von kurzer Dauer sein und Deutschland siegreich aus ihm hervorgehen würde. Den gleichen Glauben suchte er in der öffentlichen Meinung der Vereinigten Staaten her-

vorzurufen und versicherte sich zu diesem Zwecke der Mitwir=
kung des Professors an der dortigen columbischen Universi=
tät, James Howard Gore, der in einer Nummer
der amerikanischen Monatsschrift „The Forum", einen
längeren Artikel über „die kommerziellen Beziehungen zwischen
den Vereinigten Staaten und dem Deutschen Reiche" ver=
öffentlichte und darin den Nachweis zu führen sich bemühte,
daß es die Vereinigten Staaten wären, die alle Ursache hätten,
einem Zollkriege mit dem Deutschen Reiche aus dem Wege
zu gehen. Da die Argumente und Zahlen, auf die der Ar=
tikel sich stützte, mir merkwürdig bekannt vorkamen, so stellte
ich Erhebungen an, die meine Annahme bestätigten, daß es
dieselben Argumente und Zahlen seien, auf die sich der Bot=
schafter und seine Sekretäre zu berufen pflegten. Dann erfuhr
ich, daß der geschätzte Professor als Passagier auf dem gleichen
Dampfer geweilt hatte, der den Botschafter auf seiner Ur=
laubsreise nach Deutschland getragen hatte, und ich war ferner
Zeuge, als der Artikel „mit den Empfehlungen des Verfassers"
auf der Botschaft abgegeben wurde. Der Redaktion des
„Forum" kann aus der Veröffentlichung des Beitrages des
Professor Gore natürlich kein Vorwurf gemacht werden,
sie nahm ihn in gutem Glauben auf und dachte sicherlich da=
mit den Interessen der Vereinigten Staaten zu dienen. Man
sieht aber, wie selbst die angeblich unabhängigsten amerika=
nischen Monatsblätter vor einer geheimen Beeinflussung durch
europäische Regierungen nicht sicher sind und wie die öffent=
liche Meinung in den Vereinigten Staaten wie überall an der
Nase geführt wird.

Es muß anerkannt werden, daß Herr von Holleben
seinen ganzen Einfluß aufbot, um zu verhindern, daß Amerika
festen Fuß im nahen Orient faßte. Es war zu seiner Kenntnis
gebracht worden, daß das plötzliche Auftauchen der Vereinig=
ten Staaten als Nebenbuhler Deutschlands um den Handel
der Türkei und der Levante den deutschen Interessenten die

schlimmsten Besorgnisse bereitete, und er bemühte sich dem-entsprechend, dem amerikanischen Vordringen Schwierig-keiten in den Weg zu legen. Als der türkische Gesandte in der Bundeshauptstadt Ali Ferrouh Beh dem Staats-sekretär John Hah und dem Landwirtschaftsminister Wilson die Absicht des Sultans mitteilte, in Konstanti-nopel eine landwirtschaftliche Hochschule nach amerikanischem Vorbild zu·errichten und als Fachlehrer amerikanische Ge-lehrte zu engagieren, erhielt der landwirtschaftliche Attaché der deutschen Botschaft, Baron von Hermann, von dem Botschafter den kategorischen Auftrag, dem türkischen Gesandten die absolute Notwendigkeit klar zu machen, daß es unter keinen Umständen anginge, Amerikaner in amtliche türkische Stellungen zu berufen, da der Sultan soviel deutsche Professoren haben könnte, wie er nur wollte, die zudem gerne mit der Hälfte des von den Amerikanern verlangten Gehaltes zufrieden sein würden. Von den als Lehrer für die land-wirtschaftliche Hochschule in Konstantinopel bereits namhaft gemachten Amerikanern hat seither noch keiner die Reise nach dem Goldenen Horn angetreten.

Es ist nicht allgemein bekannt, daß das Deutsche Reich den Besitz der Karolineninseln vorzugsweise den Bemühungen Baron Speck von Sternburgs zu danken hat. Während Herr von Holleben sich zur Zeit des spanisch-amerikanischen Krieges und nach demselben auf Ur-laub in Berlin befand, und, wie seine guten Freunde erzählten, nach Herzenslust amüsierte, ruhte die volle Arbeit und Verantwortung für die Leitung der Botschaft auf den Schul-tern Herrn v. Sternburgs, der seine vielen persönlichen Be-ziehungen, namentlich seinen Einfluß bei seinem guten Freunde Roosevelt, aufbot, um die Karolineninseln aus den Terri-torialforderungen der Vereinigten Staaten auszuscheiden. Kaum war ihm diese gewiß nicht leichte Aufgabe geglückt, als Herr von Holleben von seinem Urlaube nach Washington

zurückkehrte und sofort in seinen Berichten an das Auswärtige
Amt das Verdienst für die von Herrn von Sternburg geleistete
Arbeit für sich in Anspruch nahm. So wenigstens lautete die
Darstellung der Beamten, durch deren Hände die Berichte
Herrn von Hollebens gegangen waren und auch Herr von
Sternburg sprach sich in dem gleichen Sinne aus.

Die Beziehungen zwischen den beiden Männern
waren seit jener Zeit nicht die besten und Seine Exzellenz
zögerten nicht, sich dem Kanzleipersonal gegenüber in
wegwerfender Weise über ihren ersten Sekretär zu äußern,
dessen merkwürdig fahle Gesichtsfarbe sie dem übermäßigen
Alkoholgenuß zuschrieb — eine Behauptung, die völlig aus
der Luft gegriffen ist, wie ich auf Grund meines persönlichen Verkehrs mit Herrn von Sternburg versichern kann.

Dem Deutschen Reiche wäre es natürlich noch lieber
gewesen, wenn es zu den Karolinen auch noch die Philippinen
hätte in Kauf nehmen können. Von amtlicher und halbamt-
licher deutscher Seite ist es seit dem spanisch-amerikanischen
Friedensschlusse immer wieder aufs Neue in Abrede gestellt worden, daß die deutsche Regierung irgend welche Anschläge auf Manila und die Inseln im Schilde geführt hätte;
ich bin jedoch Zeuge dafür, daß zwischen den Filipinos und
dem Auswärtigen Amt in Berlin eine geheime Verbindung
bestand, die durch Professor Blumentritt, den bei
Prag lebenden publizistischen Anwalt der um ihre Freiheit
kämpfenden aufständischen Eingeborenen, vermittelt wurde.
Grade wenige Tage, bevor die deutschen Interessen auf den
Philippinen unter amerikanischen Schutz gestellt wurden, erhielt ich zur Übersetzung und Verwertung für die Presse einen
amtlichen Bericht, den Professor Blumentritt für den Grafen
Bülow über die Sache der aufständischen Filipinos angefertigt
hatte. Dieser Bericht enthielt die intimsten Einzelheiten
über die Hilfsmittel und Reserven der Filipinos, die Art und
Weise ihrer Bewaffnung und Ausrüstung, über ihre Bestände

an Munition und Lebensmitteln, Personalien ihrer Führer
etc. etc. und schloß mit der Prophezeihung, daß die Ameri=
kaner nie die Filipinos unterdrücken könnten, welche sich in=
des gern unter ein deutsches Protektorat stellen würden.
Diese letztere Bemerkung des Herrn Professors erklärt wohl
zum Teil die liebenswürdigen Aufmerksamkeiten, deren Ge=
genstand George Dewey und die amerikanische Flotte seitens
des Admirals von Diederichs waren. Als ich mein Erstaunen
darüber ausdrückte, daß der Botschafter zu der Zeit, als das
Deutsche Reich Amerika um den Schutz seiner Interessen auf
den Philippinen=Inseln ersuchte, einen solchen Artikel in Um=
lauf setzen wollte, erhielt ich eine kurze, aber vielsagende Ant=
wort:

„Wir dürfen Amerika nicht zu groß wer=
den lassen."

VII.

Der Deutsche Botschafter und die deutsch-amerikanische Bewegung. — Der Achtbare John J. Lentz von Ohio. — Sein Verkehr auf der Botschaft erregt das Mißtrauen amerikanischer Kreise. — Eine Politik der Sammlung des Deutschtums in Amerika. — Die einstigen „Renegaten" gelangen in Berlin zu hohem Ansehen. — 87 alte deutsche Krieger aus Texas senden ein Telegramm an den Kaiser, worin sie ihn ihrer Treue und der der ganzen deutschen Bevölkerung versichern. — Der Einfluß der Deutsch-Amerikaner an der Wahlurne. — Prophete links, Prophete rechts, der Deutsche in der Mitte. —

Sehr delikat und sehr heikel war die Rolle, welche der Botschafter in der deutsch-amerikanischen Bewegung spielte. „Sagen Sie dem Botschafter, er möchte die Bewegung tüchtig im Gange halten", ersuchte mich eines Tages das Kongreßmitglied, John J. Lentz von Columbus, Ohio, Sr. Exzellenz mitzuteilen, welche nur erwiderte, daß dies gerade das sei, was von Herrn Lentz erwartet würde. Ich war mit Herrn Lentz bereits früher im Hause des Herrn von Sternburg zusammengetroffen und begegnete ihm auch häufig auf der Botschaft. Da er Mitglied des Hauskomites für militärische Angelegenheiten war und als solches die intimsten militärischen Geheimnisse erfuhr, wurde ihm dieser Verkehr von amerikanischer Seite sehr verargt. Herr Lentz war ein oratorischer Feuerbrand und wurde weiteren Kreisen erst

als Organisator der deutsch=amerikanischen **E n t r ü s t u n g s -
M e e t i n g s** bekannt, die in den großen Städten des Westens
und Ostens stattfanden und in denen die amerikanischen Bürger deutscher Abstammung oder deutscher Geburt aufgefordert
wurden, an der Wahlurne jede Administration in Washington
zu bekämpfen, die dem Deutschen Reiche nicht freundlich ge=
sonnen wäre.

Es war ein gewagtes Spiel, in das sich Herr von Hol=
leben einließ und das ihn später seinen Posten kostete. Wäh=
rend die Deutsch=Amerikaner in früheren Zeiten nie von
dem offiziellen Deutschland und dessen Vertretern in den
Vereinigten Staaten anerkannt wurden, änderte sich das
plötzlich mit dem spanisch=amerikanischen Kriege, und die
einstmals verachteten „Renegaten" wurden der Gegenstand
zahlloser Aufmerksamkeiten seitens des Kaisers und seines
Botschafters. Überall in den Vereinigten Staaten bildeten
sich Vereine **a l t e r d e u t s c h e r K r i e g e r**, die mit=
einander in Verbindung traten und so eine mächtige, achtung=
gebietende Organisation schufen. Manchen dieser Vereine
wurden von dem Kaiser **F a h n e n g e s t i f t e t**, die von
dem Botschafter selbst überbracht und unter entsprechenden
Feierlichkeiten eingeweiht wurden. Zahlreiche Orden und
Auszeichnungen fanden ihren Weg über den Ozean auf die
Brust deutsch=amerikanischer Bürger, die sich um die Förde=
rung der deutsch=amerikanischen Bewegung Verdienste er=
worben hatten, wobei allerdings merkwürdige Mißgriffe
vorkamen. So befand sich unter den Empfängern eines Or=
dens auch Herr Hallé aus Chicago, der dem Vetter des Kaisers,
dem Prinzen Friedrich Leopold von Hohenzollern, einst öffent=
lich wenig schmeichelhafte Sachen nachgesagt hatte.

Daß die deutschen Kriegervereine Herrn von Holleben
zu ihrem Ehrenpräsidenten erwählten, war natürlich nicht
mehr als recht und billig; befremden und argen Anstoß in
amerikanischen Kreisen mußten jedoch Kundgebungen her=

vorrufen, wie z. B. die der deutschen Krieger zu Brenham, Washington County, im Staate Texas war, die laut Meldung von Paul Haedicles „deutsch=amerikanischer Korrespondenz" das folgende Telegramm an den deutschen Kaiser sandten:

> „Siebenundachtzig Krieger empfingen in öffentlicher Versammlung die von Euerer Majestät gestifteten Medaillen und senden Eurer Majestät ihren aufrichtigsten Dank, sowohl wie die Versicherungen ihrer Treue, denen sich die ganze hiesige deutsche Bevölkerung anschließt."

Für die überraschende Frontänderung, welche man in Berlin den einst so verachteten Deutsch=Amerikanern gegenüber vornahm, gibt es nur eine plausible Erklärung: Als die deutsch=feindliche Stimmung in den Vereinigten Staaten das Schlimmste befürchten ließ, machten gern im Trüben fischende deutsch=amerikanische Politiker und Universitäts= professoren Herrn von Holleben darauf aufmerksam, daß es, um Präsident Mc Kinley und seine Administration zu einer deutschfreundlichen und englandfeindlichen Politik zu zwingen, gar keine bessere Waffe als die Millionen deutsch=amerika= nischer Stimmgeber gäbe. Auch die demokratische Partei hielt die Gelegenheit für gekommen, die deutschen Republi= likaner auf ihre Seite zu ziehen, indem sie Mc Kinley und seine Administration beschuldigte, heimlich ein Bündnis mit England geschlossen zu haben, um das Land absichtlich in einen Krieg mit Deutschland zu treiben. Herr von Holleben hielt es jedoch für angezeigt, es mit den Machthabern in Washington nicht zu verderben und zeigte den Demokraten — offiziell wenig= stens — die kalte Schulter. Als die Deutschen in Baltimore den „Deutschen Tag" feierten, und Graf Hacke, der damals als Geschäftsträger fungierte, dazu einluden, bat er mich, ihn zu vertreten, da er es vermeiden müsse, amtlich mit Herrn Lenz zusammenzutreffen, der als Festredner angekündigt war. Ich wohnte als Vertreter der Botschaft der Feier bei und hatte das zweifelhafte Vergnügen, eine endlose Rede des Achtbaren John J. Lenz über mich ergehen zu lassen, in der er Mc Kinley und seine Administration auf das Leidenschaftlichste angriff.

VIII.

Des Botschafters Antipathie gegen die amerikanischen Journalisten. — Ehemaliger preußischer Unteroffizier mit dem Empfang der Vertreter der Presse betraut. — Seine ungenügende Kenntnis des Englischen führt zu ernsten Mißverständnissen. — Sollte Herbert Bismarck Botschafter in Washington werden? — Herr von Holleben wittert Morgenluft und inscenieret eine kleinliche Intrige wider den Fürsten. — Ein „Eingesandt" an den Washington „Evening Star". — Ein erstaunter Redakteur. —

Einige allgemeine Bemerkungen über den Verkehr zwischen der Botschaft in Washington und den Vertretern der amerikanischen Blätter mögen hier Platz finden. Es darf wohl als feststehende Regel gelten, daß Journalisten, die in Ausübung ihres Berufes eine diplomatische Mission besuchen, entweder von dem Chef selbst oder von seinem unmittelbaren Stellvertreter empfangen werden. Die meisten europäischen Diplomaten in der amerikanischen Bundeshauptstadt tragen dieser Sitte Rechnung und befinden sich wohl dabei; von einer andern Denkart aber war der Deutsche Botschafter, der das Berliner System nach der Union verpflanzte.

Herr von Holleben haßte und fürchtete die Journalisten und vermied es darum soviel wie möglich, mit ihnen zusammenzukommen. Es war tatsächlich leichter, eine Unterredung mit dem Präsidenten der Vereinigten Staaten als mit dem Botschafter zu erhalten und nur wenige Auserwählte, darunter in erster Reihe Graf Seckendorff und Herr Re-

ginald Schröder von der „N. Y. Staats-Zeitung",
wurden des Vorzugs teilhaftig, von Seiner Exzellenz em=
pfangen zu werden. Die große Herde der übrigen Zeitungs=
menschen wurde, da die aristokratischen Herren Sekretäre die
Abneigung ihres Chefs gegen den Zeitungsberuf teilten,
von dem Kanzler der Botschaft, Hofrat Kinne, empfangen.
Dieser Mann besaß in den Augen seines Vorgesetzten selbstver=
ständlich die nötige Qualifikation für den Verkehr mit den Ver=
tretern der Presse, da er s. Zt. kgl. preußischer Unteroffizier
gewesen war. Barsch und brutal im Auftreten, der englischen
Sprache nur ungenügend mächtig und ohne viel Taktge=
fühl, vereinigte er in sich all' die Eigenschaften, die ihn ge=
rade als die ungeeignetste Person für den Empfang der
Journalisten hätten erscheinen lassen sollen. Herr von Hol=
leben dachte hierüber jedoch anders und die unausbleibliche
Folge war, daß der Herr Hofrat häufig die l ä ch e r l i ch st e n
I r r t ü m e r beging und grade das Gegenteil dessen sagte,
was der Botschafter ihn zu erklären instruiert hatte. Wenn
Seine Exzellenz ihm dann seine Schnitzer vorhielt, so ent=
schuldigte er sich, indem er die vorgekommenen Versehen
der — m a l a f i d e s der amerikanischen Journalisten zu=
schrieb.
So erhielten der Botschafter sowohl
wie das Auswärtige Amt in Berlin eine
ganz falsche Vorstellung von der ameri=
kanischen Presse und ihren Vertretern.
Sobald eine Zeitung einen deutsch=freundlichen Artikel
veröffentlicht hatte, betrachtete der Herr Hofrat sie auch schon
als der Botschaft dienstbar und maßte sich das Recht an, ihr
die richtige Politik vorzuschreiben. Wie oft mußte ich mir
sagen lassen: „Erklären Sie diesen Leuten im Auftrage
des Botschafters, daß sie nichts Feindliches gegen Deutschland
schreiben dürfen, wenn sie auf gutem Fuße mit der Botschaft
bleiben wollen." Statt für die der Botschaft häufig unver=

dientermaßen erwiesenen Gefälligkeiten dankbar zu sein,
kehrte er den Unteroffizier heraus: „Ich werde keinen ein=
zigen dieser Korrespondenten mehr empfangen, wenn noch
ein einziger Angriff auf Deutschland oder den Kaiser in ihren
Blättern erscheint. Ich werde sie zur Tür hinauswerfen
lassen, bitte sagen Sie ihnen das!"

Man kann sich denken, wie angenehm meine Stellung
unter diesen Umständen war, denn ich mußte auf Umwegen
mühsam gut machen, was der Herr Hofrat in seiner preu=
ßischen Barschheit gesündigt hatte.

Wie der verstorbene Moritz Busch erhielt auch ich Auf=
träge, die nicht nach meinem Geschmacke waren, die ich aber
„par ordre de Mufti" ausführen mußte. Um nur ein Bei=
spiel anzuführen: Als es im Februar 1899 hieß, daß Fürst
H e r b e r t B i s m a r c k Deutscher Botschafter in Washing=
ton werden würde und amerikanische Blätter diese Sensations=
nachricht unter entsprechend großen Überschriften brachten,
beauftragte der Botschafter mich, einen Artikel gegen Her=
bert Bismarck zu schreiben und diesem a l l e s d e n k b a r
S c h l e c h t e n a c h z u s a g e n. Es war der erste derartige
Auftrag, den ich empfing, und ich muß gestehen, daß ich an
Stelle des Botschafters errötete. Ich tat zunächst· nichts in
der Sache, da ich annahm, daß Seine Exzellenz nicht wieder
darauf zurückkommen würde; in dieser Annahme hatte ich
mich jedoch gewaltig getäuscht, denn Herr von Holleben er=
innerte mich nicht weniger als dreimal an seinen Auftrag,
das letzte Mal in so scharfem Tone, daß ich notgedrungen in
den sauren Apfel beißen mußte. Ich setzte mich alsdann hin und
schrieb ein „Eingesandt" an den „Washington Evening Star",
dessen Redakteur, Mr. N o y e s, als er es gelesen, ver=
blüfft die Frage an mich richtete: „Was, S i e geben mir
diesen Brief?" Worauf ich errötete und ihm zur Antwort
gab, daß der Brief von niemand Geringerem als Seiner
Exzellenz, dem Kaiserlich Deutschen Botschafter, käme. Mr.

Noyes lachte und veröffentlichte das „Eingesandt", das ich hier in deutscher Übersetzung wiederhole:

„Eine Verwechslung von Bismarcks.

An den Redakteur des „Evening Star."

Fürst Herbert Bismarck hielt, wie man sich erinnern wird, gelegentlich der großen Debatte im Deutschen Reichs= tage über die Beziehungen zwischen dem Vaterland und den Vereinigten Staaten eine Rede, in der er sich, Berliner Telegrammen zufolge, in so schmeichelhaften Ausdrücken über Amerika und die Amerikaner äußerte, daß die politischen Kannegießer auf beiden Seiten des Atlantischen Oceans daraus den Schluß zogen, das Auftreten des Fürsten im Reichstag sei als erstes Anzeichen seines Wiedereintritts in die Diplomatie und seiner Ernennung zum Botschafter in Washington zu betrachten. Angesichts dieser Verherrlichungen der Rede des Fürsten Bismarck befremdet es einigermaßen, daß die Parlamentsberichte der soeben aus Deutschland ein= getroffenen Zeitungen nicht dem Inhalte der Berliner Kabel= depeschen entsprechen. Das Kabel hat z. B. aus seiner Rede keinen der folgenden Sätze gemeldet: „Warum" (so rief Fürst Herbert Bismarck aus) „sollten wir uns aufregen, wenn tatsächlich jeder A=B=C=Schütze einsehen muß, daß wir im Recht sind. Entweder bleibt das Saratoga=Ab= kommen in Kraft, in welchem Falle wir unter allen Um= ständen von den Amerikanern die Meistbegünstigungs= Privilegien erhalten müssen, oder die amerikanische Auf= fassung bringt durch, dann aber muß eine gleichmäßige Behandlung stattfinden. Ich beziehe mich auf eine Rede, die der frühere Reichskanzler, Fürst Bismarck, im Jahre 1884 über unsere Beziehungen mit Amerika gehalten hat und in der er erklärte, es sollte niemals gesagt werden, daß man nicht zu Repressalien schreiten würde. Eine solche Haltung würde die Freiheit des Handelns der Regierung lähmen." Die Bezugnahme auf die Anerkennung der amerikanischen Unabhängigkeit durch Friedrich den Großen und den Schutz der Deutschen durch Amerika während der Belagerung von Paris geschah gleichfalls durch Fürst Bismarck, den Vater, und nicht durch Fürst Bismarck, Sohn, der diese Stellen einfach als einen Teil der Rede seines Vaters zitierte. Wenn Fürst Herbert heute in dem Lichte eines der begeistertsten Freunde der Vereinigten Staaten erscheint, so ist das hauptsächlich die Folge einer falschen Wiedergabe seiner Rede, die in höchst zuvorkommender Weise ihm die Aussprüche des Großen Alten Mannes von Deutschland zuschrieb.

28. Februar 1899.

Teutone".

Der Botschafter war — ich schäme mich fast, es einzugestehen — von dem Briefe entzückt.

IX.

Herrn von Mumms Aspirationen auf den Washingtoner Botschafterposten. — Seine hohe Meinung von der Presse. — Ein Muster der Selbstanzeige. — Die Kunst, mit Hilfe von Zeitungsausschnitten Karriere zu machen. — Die Deutschenhetze schweigt während der Anwesenheit Herrn von Mumms in Washington. — Was mir Graf Hacke als Erklärung mitteilte. — Der Gesandte gab Champagnerfrühstücke mit „Mumms Extra Dry". — Inspirierte Verherrlichung des Deutschen Reichskanzlers. — „Ein strebsamer junger Mann."—

Auch von Herrn von Mumm, der Herrn von Holleben während seiner Urlaubsreise im Jahre 1899 vertrat, erhielt ich mancherlei eigenartige Aufträge. Ich muß sagen, daß sich Herr von Mumm auf den Verkehr mit der Presse besser versteht als irgend ein anderer deutscher Diplomat meiner Bekanntschaft. Nur wenige Tage vor seiner Ankunft erschien in gewissen der amerikanischen Administration nahestehenden Blättern eine Notiz des Inhalts, daß der Präsident der Vereinigten Staaten, William Mc Kinley, ein eigenhändiges Schreiben an den Deutschen Kaiser gerichtet und diesem seinen Dank dafür ausgesprochen hätte, daß er gerade Herrn von Mumm nach Washington gesandt habe. Form und Inhalt der Meldung erschienen mir so außergewöhnlich, daß ich sofort, wie es meine Pflicht war, die Aufmerksamkeit der Botschaftssekretäre darauf lenkte und um eine Erklärung bat. Diese Herren waren mit mir der An-

ſicht, daß das fragliche Zeitungskommuniqué etwas höchſt
Auffälliges wäre; ſie hielten es jedoch für ausgeſchloſſen,
daß es auf irgend welchen Tatſachen fußen könne, und er=
blickten in der Veröffentlichung, worin ich ihnen beiſtimmte,
weiter nichts als eine kleinliche und gehäſſige Intrigue gegen
Herrn Dr. von Holleben.

Ich war darum nicht wenig erſtaunt, als Herr von
Mumm in der erſten Zuſammenkunft, die ich mit ihm
hatte, ſelbſt von jener Zeitungsmeldung zu ſprechen be=
gann: Er habe davon gehört, ſo äußerte er ſich, daß ſie
in verſchiedenen Blättern erſchienen ſei, und da ſie bisher
nicht widerrufen wäre, ſo müſſe ſie wohl wahr ſein.
Es könne darum nichts ſchaden, ſondern würde im Gegen=
teil weſentlich zur Pflege der guten Beziehungen zwiſchen
den beiden Reichen beitragen, wenn ich in meinen Korreſpon=
denzen für deutſche und amerikaniſche Blätter immer von
Neuem auf den Brief des Präſidenten an den Deutſchen Kaiſer
hinwieſe. In derſelben Unterredung nahm Herr von Mumm
Veranlaſſung, ſich mir gegenüber über ſeine Stellung zur
Preſſe auszuſprechen, zu deren größten Bewunderern und
Verehrern er gehöre und deren hohe Bedeutung für das
öffentliche Leben der Völker er voll und rückhaltlos aner=
kenne. Er war ſichtlich erfreut, als ich ihm auf ſeine Anfrage
mitteilen konnte, daß ich der Waſhingtoner Korreſpondent
der „Münchener Neueſten Nachrichten", und der Wiener
„Politiſchen Korreſpondenz" ſei, und verſicherte mir mit
diplomatiſchem Lächeln, er würde beſonderen Wert darauf
legen, ſeinem Namen in dieſen Blättern recht häufig zu be=
gegnen.

So verlief unſere erſte Unterredung. Ich hatte in der
Folge zahlreiche Zuſammenkünfte mit ihm, faſt jeden zwei=
ten oder dritten Tag, doch wüßte ich mich nicht einer einzigen
zu erinnern, in der er nicht mit dem Verlangen an mich heran=
getreten wäre, eine perſönliche Reklame für ihn zu ſchreiben.

Wenn irgend Jemand, so hatte er es in der Kunst der Selbst=
anzeige bis zur Meisterschaft gebracht. Zahlreiche „Clipping"=
Agenturen waren von ihm besoldet, um ihm jede, wenn an
sich auch noch so unbedeutende Zeitungsnotiz über seine Per=
son und seine diplomatischen Heldentaten zuzusenden, und
er wachte mit peinlichster Sorgfalt darüber, daß jeder Zei=
tungsausschnitt aufgehoben, registriert und, seiner Wich=
tigkeit entsprechend, in mehreren Exemplaren vervielfältigt
wurde, um ihn erforderlichenfalls stets gleich zur Hand zu
haben. So gab er mir zehn Jahre alte Abschriften von Zei=
tungsnotizen über seine frühere Tätigkeit als Geschäftsträger
in Washington, in denen er bis in den Himmel gelobt war.

Den gleichen Preßapparat bot Herr von Mumm in
seinem Verkehr mit dem Auswärtigen Amte in Berlin auf.
Er führte die Verhandlungen wegen Abschlusses einer Post=
packetkonvention zwischen den Vereinigten Staaten und dem
Deutschen Reiche zu Ende und erblickte hierin, wie nicht anders
zu erwarten war, ein diplomatisches Meisterstück ersten Ranges.
Tatsache aber ist, daß der Vertrag den Amerikanern mehr
zum Vorteil gereicht als den Deutschen. Denn während zu
der Zeit, als die ersten diesbezüglichen Verhandlungen ein=
geleitet wurden, die Handelsbilanz in dem Verkehr der bei=
den Länder weit zu Gunsten Deutschlands ausfiel, hat sich
dieses Verhältnis seit Einführung der Mc Kinley'schen Hoch=
schutzzölle völlig zu Gunsten der Vereinigten Staaten ver=
ändert und der Abschluß der Postpacketkonvention war in
Wahrheit nichts als eine Niederlage, insofern als dadurch
die amerikanischen Fabrikanten in den Stand gesetzt wurden,
den deutschen Markt mit ihren Musterpacketen zu über=
schwemmen — ein Zugeständnis das die Vereinigten Staa=
ten bei den ersten Verhandlungen den deutschen Fabrikanten
rundweg abgeschlagen hatten. Die entsprechend präpariert=
ten Zeitungen sangen natürlich das Lob des Herrn von
Mumm in allen Tonarten und ich selbst war Zeuge, wie er

bei einer einzigen Gelegenheit an fünfzig Zeitungsaus=
schnitte (b. h. ebensoviele Reklameartikel) auf einmal an das
Auswärtige Amt nach Berlin sandte. Die Kanzleibeamten
sogar zuckten die Achseln und lächelten, wenn Herr von Mumm
zu ihnen ins Zimmer trat, da sie im Voraus wußten, was
ihn zu ihnen führte.

Das Ziel des Strebens des Herrn von Mumm war (und
ist auch wohl heute noch) der Washingtoner Botschafter=
posten. Er selbst gestand mir zu, daß er in nicht allzuferner
Zeit als Botschafter nach den Vereinigten Staaten zu kommen
hoffe, und seine Satelliten in der angloamerikanischen Presse
wurden nicht müde, dafür einzutreten, daß er der richtige
Mann für die Vereinigten Staaten sei.

Sehr eigentümlich war die Tatsache, daß, während die
Preßkampagne gegen Deutschland schwieg, solange Herr
von Mumm als außerordentlicher Gesandter und bevollmäch=
tigter Minister des Kaisers in Washington weilte, sie in dem=
selben Augenblicke mit der alten Schärfe und Leidenschaft=
lichkeit ausbrach, in dem Dr. von Holleben wieder seinen
Fuß auf amerikanischen Boden setzte. Ich bat den zweiten
Sekretär, den Grafen Hacke, um eine Erklärung dieser selt=
samen Erscheinung und erhielt von ihm die charakteristische
Antwort: „Herr von Mumm hat diese hungrigen Zeitungs=
schreiber mit seinen Champagnerfrühstücken verwöhnt, und
jetzt sind sie wütend, daß das aufgehört hat." So die Erklä=
rung meines gräflichen Freundes, die aber den eigentlichen
Grund nicht trifft.

Herr von Mumm setzte seine Taktik übrigens auch
in Deutschland fort. Kaum in Berlin angekommen, lud
er den damaligen Vertreter der „Associated Press", Herrn
W o l f v o n S c h i e r b r a n d und dessen auf einer
Geschäftsreise dort befindlichen Londoner Kollegen, Mr.
W a l t e r N e e f, sofort zu einem Champagnersouper ein,
und machte auch auf diese beiden amerikanischen Journa=

liſten einen ſo günſtigen Eindruck, daß Herr von Schierbrand
mir ein halbes Jahr darauf eingeſtand, ſie alle (d. h. die ame=
rikaniſche Regierung und Preſſe) wollten Herrn von Holleben
von ſeinem Poſten fort und an ſeiner Stelle Herrn von Mumm
als Deutſchen Botſchafter in Waſhington haben.

Herrn von Mumms proviſoriſche Tätigkeit in der ameri=
kaniſchen Bundeshauptſtadt erreichte ihr Ende und er begab
ſich nach New-York, um von dort die Rückreiſe nach Deutſch=
land anzutreten; aber ſelbſt noch an Bord des Schiffes fand
er Zeit, mich zu verſtändigen, daß die „New-York Tribune",
das einflußreichſte Blatt in den Vereinigten Staaten, in
ihrer kommenden Sonntagsnummer e i n e n v o n i h m i n =
ſ p i r i e r t e n A r t i k e l ü b e r d e n G r a f e n B ü l o w
b r i n g e n w ü r d e — einen Artikel, den ich überſetzen und
den von mir vertretenen „Münchener Neueſten Nachrichten",
ſowie der „Politiſchen Korreſpondenz" einſenden möchte.
Ich entſprach dem Erſuchen Herrn von Mumms und beide
Zeitungen brachten prompt den fraglichen Artikel, der jeden=
falls von dem Reichskanzler nicht minder als von Herrn von
Mumm mit lebhafter Befriedigung geleſen worden iſt.

Daß Herr von Mumm jede, den Kaiſer betreffende
lobende Zeitungsnotiz einſandte, ja aus längeren, häufig
beſtellten Artikeln telegraphiſche Auszüge übermittelte, ver=
ſteht ſich von ſelbſt.

„E i n ſ t r e b ſ a m e r j u n g e r M a n n !" ſo cha=
rakteriſierte der deutſche Konſul Marheinecke*) in Philadel=
phia Herrn von Mumm. In der Tat ein recht ſtrebſamer
junger Mann, der das große Geheimnis verſteht, Karriere
zu machen — Karriere um jeden Preis!

— — — — — — —

*) Jetzt deutſches Mitglied der internationalen Donaukommiſſion.

X.

Die diplomatische Laufbahn in Deutschland nur für den Adel. — Reminiscenz an den Frankfurter Bundestag. — Einige von unseren Bismarcks. — Eine Politik der Demütigungen und wer für sie verantwortlich ist. — Herr von Sternburg versteht sich aufs Komplimentieren. — Was Roosevelt ihm schon vor Jahren versprach. — „Diplomatenarbeit" in Washington. — Graf Hade exzelliert als Kotillontänzer und Serpentinentänzerin. — „Mit wie wenig Verstand die Welt regiert wird." — Ein Witz des türkischen Gesandten. — Ich schreibe einen Bericht für den Grafen Hade. — Eine Ohrfeigengeschichte des landwirtschaftlichen Attachés Benno von Hermann. — Ich übermittle dem Geohrfeigten, dem gefürchtetsten Washingtoner Chefredakteur, eine merkwürdige Entschuldigung des Botschafters. — Herrn von Bredows klassischer Bericht. —

Die diplomatische Laufbahn ist in Deutschland heute ausschließlich den „Edelsten und Besten der Nation," dem Adel, vorbehalten. Nach meinen Beobachtungen qualifiziert der Adelsbrief ohne Weiteres für die Diplomatie und die Ablegung des sogenannten diplomatischen Examens ist weiter nichts als eine Formsache, mit der es nicht allzu genau genommen wird. Der diplomatische Zopf, den Bismarck in seinen Frankfurter Bundesratsschilderungen treffend anspottete, ist heute noch genau so im Schwunge wie zur Zeit des seligen Deutschen Bundes, und wenn der nachmalige Kanzler von seinen früheren Kollegen schrieb, daß sie eine wichtige diplomatische Amtsmiene aufsetzten, wenn sie den Schlüssel zum Kloſet verlangten, ſo kann ich nur ſagen, daß die jungen deutſchen Diplomaten ſich in dieſer Hinſicht nicht zu ihrem Vorteil von ihren Frankfurter Vorgängern unterſcheiden.

Die Zuſammenſetzung der Botſchaft in Waſhington darf gewiß als typiſch auch für die der anderen diplomatiſchen Vertretungen des Deutſchen Reiches im Auslande gelten und es bedarf wohl kaum einer beſonderen Verſicherung, daß ich mit meinen Ausführungen nicht die einzelnen Perſonen, die mir herzlich gleichgültig ſind, ſondern nur das Syſtem zu treffen ſuche.*) Um an der Spitze zu beginnen:

Seine Exzellenz, der Deutſche Botſchafter, Herr Theodor von Holleben, ein geborener Stettiner, war noch ein Diplo‑ mat Bismarckſcher Schule. Er verweilte einige Jahre als Miniſter-Reſident in Süd-Amerika, war ſpäter mehrere Jahre als Geſandter in Japan und dann in Waſhington tätig, von wo er auf den Stuttgarter Ruhepoſten verſetzt wurde. Die Vereinigten Staaten hatten inzwiſchen das Werk der Um‑ wandlung ihrer Geſandtſchaften bei den Regierungen der europäiſchen Großmächte in Botſchaften begonnen — eine Aktion, die eine entſprechende Rangerhöhung der europäi‑

---

*) Zu Nutz und Frommen derjenigen meiner Kritiker, die viel‑ leicht den Vorwurf wider mich erheben werden, daß ich allzu grau in grau male, führe ich nachträglich eine in der Berliner „Morgenpoſt" unter dem Schlagwort „Diplomatenarbeit" erſchienene Mitteilung an, die meine Angaben voll und ganz beſtätigt. Die betreffende Notiz lautet: Die Bevorzugung des Adels in der diplomatiſchen Laufbahn iſt kein Vorzug des „konſtitutionellen" Preußenſtaates. Auch im Süden Deutſchlands ſcheint man dieſer von den Vätern ererbten Sitte zu huldigen. In einem längeren Artikel erhebt das Zentrumsorgan in Mün‑ chen darüber laute Klage und verrät, daß ſich ein junger abliger Herr ſeine geſchichtliche Prüfungsarbeit von Beamten eines wiſſenſchaftlichen Inſtituts in München habe anfertigen laſſen, an das ihn ſein Lehrer, ein Univerſitätsprofeſſor, gewieſen habe. Das Blatt fügt hinzu, daß der Fall nicht vereinzelt baſtehe. Innerhalb der Mauern eines Mün‑ chener wiſſenſchaftlichen Inſtituts ſoll die Bezeichnung „Diplomaten‑ arbeit" für Fälle dieſer Art zum geflügelten Wort geworden ſein.

schen Gesandtschaften in der amerikanischen Bundeshaupt=
stadt zur Folge hatte. Herr von Holleben war der dritte Ver=
treter des Deutschen Reiches, der als Botschafter nach Wa=
shington ging. Es unterliegt heute wohl kaum einem Zwei=
fel, daß das Auswärtige Amt eine andere Wahl getroffen,
wenn es die Zeichen der Zeit richtig zu deuten gewußt hätte.
Der kommende spanisch=amerikanische Krieg warf schon da=
mals seine Schatten voraus, aber unter den zünftigen Deut=
schen Diplomaten gab es niemanden, der dem Ungewitter,
das sich über Cuba zusammenzog, eine besondere Beachtung
beimaß. Wie falsch berichtet die Leiter der deutschen auswär=
tigen Politik über die tatsächlichen Verhältnisse waren, be=
weist der Zeitabschnitt unmittelbar vor und nach Beginn des
Krieges, als die gesamte deutsche Presse ohne Unterschied
der Parteien auf einen Wink des Auswärtigen Amtes fröh=
lich auf die Vereinigten Staaten losschlug.

Für diese kurzsichtige Politik muß direkt Herr von
Holleben verantwortlich gemacht werden, der, zum ersten
Male in seiner Laufbahn großen und verwickelten Auf=
gaben gegenübergestellt, sich der Sachlage in keiner Weise
gewachsen zeigte. Der Krieg endete, wie jeder Einsichtige
vorausgesehen, mit dem raschen Siege der Vereinigten
Staaten, die sich erst dann voll ihrer Weltmachtstellung
bewußt wurden, und dementsprechend eine rücksichts=
lose Weltmachtpolitik zu treiben begannen. Das Deutsche
Reich erntete nun die Früchte der kurzsichtigen Politik seiner
Diplomaten, indem es seitens der Regierung der Vereinigten
Staaten eine Reihe von Demütigungen über sich ergehen
lassen mußte, die schweigend hinzunehmen den Aposteln der
„gepanzerten Faust" schwer genug gefallen sein mag. Ich
gestehe unumwunden, daß selbst mir, dem bescheidenen journa=
listischen „Handlanger" des Botschafters, die Schamröte in
die Wangen stieg, wenn ich Auftrag erhielt, dem amerikanischen
Publikum die schwächlichen und an den Haaren herbeigezogenen

Beschönigungen aufzutischen, unter denen das Auswärtige
Amt all' die kleinlichen Maßnahmen und Plackereien gegen
den amerikanischen Handel eine nach der anderen zurückzog.
Auch für die deutsche „Politik der Demütigungen" gebührt
Herrn von Holleben die Verantwortung.

Der eigentliche Stab des Botschafters, d. h. seine Sekretäre und Attachés, setzte sich nur aus blaublütigen Aristokraten
zusammen, die es sämtlich mehr oder minder als eine Ent-
würdigung empfanden, zeitweilig in einer demokratischen Republik leben zu müssen. Die Wahrheit verlangt es übrigens,
daß ich hier erkläre, daß die einflußreichen Kreise Washingtons
meist nur mit Spott und Hohn auf die Vertreter des europäischen Adels blicken, in denen sie fast ausnahmslos Glücks-
jäger und Bewerber um die Hand reicher amerikanischer
Erbinnen wittern. Man kann füglich nicht behaupten, daß
das Auswärtige Amt besonderen politischen Takt beweist,
indem es ausschließlich Angehörige des Adels als Vertreter
des Reiches in eine Republik schickt, die allen Adel innerhalb
ihrer Grenzen abgeschafft hat und Ausländern ausdrücklich
die Niederlegung ihres Adelstitels zur Pflicht macht, ehe sie
sie in ihren Bürgerverband aufnimmt. Die Amerikaner besitzen
eine bestimmte Wertskala für die Abschätzung europäischer
Adelstitel, doch erscheinen auf dieser die deutschen Namen
ganz unten.

Erster Sekretär und Geschäftsträger in Abwesenheit
seines Chefs war mein guter Freund, Baron S p e c k v o n
S t e r n b u r g. „Ein unscheinbares, ausgemergeltes Männchen," wie ihn einzelne amerikanische Blätter nannten, besaß
und besitzt er e i n e n einzigen unschätzbaren Vorzug, den
ihm seine deutschen Kollegen nicht streitig machen können:
S e i n e F r e u n d s c h a f t mit dem ebenso rücksichtslosen
wie erfolgreichen Politiker T h e o d o r e R o o s e v e l t.
Er war schon einmal zuvor als Deutscher Militär-Attaché in
Washington gewesen und hatte als solcher die Bekanntschaft

Rooſevelts gemacht, der damals an der Spitze der New=Yorker
Polizei ſtand. Man erzählt ſich, daß Sternburg dem ſchon
damals für Schmeicheleien ſehr empfänglichen Rooſevelt das
Kompliment ausgeſprochen hätte, er hoffe ihn eines Tages
als Präſidenten der Vereinigten Staaten in Waſhington zu
begrüßen, worauf dieſer das Kompliment mit der Bemer=
kung zurückgegeben habe, wenn die Prophezeihung einträfe,
werde er dafür ſorgen, daß Baron von Sternburg und kein
Anderer das Deutſche Reich in der Bundeshauptſtadt re=
präſentiere.

Zu der Zeit, von der ich ſchreibe, ließen ſich beide nicht
träumen, welche Rolle ihnen vom Schickſale zugedacht war.

Herr von Sternburg galt auf der Botſchaft keineswegs
als ein glänzendes diplomatiſches Licht und war ein geſchwo=
rener Feind allen Schreibwerkes, das ihm als altem Soldaten
manche Schwierigkeiten bereitete. Die Periode des ſpaniſch=
amerikaniſchen Krieges, während deſſen er die Geſchäfte der
Botſchaft ſelbſtändig führte und Herr von Holleben in Berlin
auf Urlaub weilte, ſtellte große Anforderungen an ihn, denen
er nur gerecht zu werden vermochte, indem er ſich der Unter=
ſtützung tüchtiger Mitarbeiter verſicherte. Einer dieſer,
P r o f e ſ ſ o r H e r m a n n S c h ö n f e l d, erhob mir gegen=
über den Anſpruch, der g e i ſ t i g e U r h e b e r u n d V e r =
f a ſ ſ e r d e r m e i ſ t e n B e r i c h t e geweſen zu ſein, die
im Sommer des Jahres 1898 von Waſhington an das Aus=
wärtige Amt in Berlin abgingen. Herrn von Sternburgs Be=
richterſtattung fand die allerhöchſte Anerkennung, die ihm durch
Verleihung des Roten Adlerordens 2ter Klaſſe ſowie durch
ein kaiſerliches Handſchreiben zum Ausdruck gebracht wurde.
Der Herr Profeſſor, der leer ausgegangen war, machte ein
verdroſſenes Geſicht, führte öffentlich allerlei verfängliche
Reden über die Undankbarkeit deutſcher Diplomaten und be=
ruhigte ſich erſt wieder, als ich den Herrn Baron veranlaßte,
ihm in ſeiner Wohnung einen Beſuch abzuſtatten.

An einer andern Stelle schon habe ich von den Meinungs=
verschiedenheiten gesprochen, die zwischen Herrn von Hol=
leben und seinem ersten Sekretär bestanden. Dieser führte mir
gegenüber zuweilen bitterlich Klage über das Verhalten
Seiner Exzellenz und stellte sich in meinem Konflikte mit dem
Botschafter ganz auf meine Seite. Seine damalige Freund=
schaft für mich ging sogar so weit, daß er mich bei meinem
Abgange von Washington vor einem Empfehlungsbriefe an
den Fürsten P h i l i p p   E u l e n b u r g warnte, den Herr
von Holleben mir aus eigenem Antriebe angeboten hatte.
Herr von Holleben verhinderte es, daß Herr von Sternburg
zum Deutschen Gesandten in Mexiko ernannt wurde, welchen
Posten dieser für seine Dienste in der Samoa=Angelegenheit
zuversichtlich erwartet hatte. Statt dessen wurde er als Deut=
scher Generalkonsul nach dem heißen Kalkutta gesandt, wo er
noch heute schmoren würde, wenn er — — — den Schrei=
ber dieses nicht v o r   d e m   E i n f ü h r u n g s b r i e f e   d e s
H e r r n v o n H o l l e b e n a n d e n F ü r s t e n E u l e n =
b u r g g e w a r n t h ä t t e.
Der zweite Sekretär der Botschaft war G r a f   H a c k e,
ein echt märkischer Junker, dem die Washingtoner Blätter
nachrühmten, daß er ein vorzüglicher Cotillontänzer sei, auch
daß er sich als — Serpentinentänzerin auf einem Herrenabend
des türkischen Gesandten besonders ausgezeichnet habe. Von
dieser Unterhaltung bei dem Vertreter des Sultans, der nahezu
alle jüngeren europäischen Diplomaten beiwohnten, erzählte
mir übrigens der amerikanische Unterstaatssekretär D a v i d
J. H i l l, daß er noch nie zuvor so viele stupide Gesichter bei
einer Gelegenheit vereint gesehen und daß er lebhaft des
Wortes des schwedischen Kanzlers Oxenstjerna hätte gedenken
müssen, mit wie wenig Verstand doch die Welt regiert werde.
Es war, wenn ich mich recht entsinne, auf demselben Herren=
abend, als Ali Ferrouh Bei einen guten Witz auf Kosten des
jungen deutschen Diplomaten prägte. Die beiden Männer

hatten sich in ein Wortgefecht eingelassen, in dessen Verlaufe Graf Hacke dem Gesandten die Worte ins Gesicht schleuderte: „Mais, Monsieur le Ministre, moi je suis Comte." Schnell wie der Blitz antwortete der schlagfertige Osmane: „Monsieur le Comte, il y a des Comtes qui ne content pas, Monsieur le Comte." Ali Ferrouh Bei hatte die Lacher auf seiner Seite.

Von sonstigen guten Eigenschaften des Grafen Hacke wußte die amerikanische Presse nichts zu berichten. Wenngleich er öffentlich aus seiner Abneigung gegen die Zeitungsmenschen nie Hehl machte, so würdigte er doch in der Stille ihre Arbeit und erwies ihr sogar die Ehre, sie seinen Berichten an das Auswärtige Amt zu Grunde zu legen. Leider beging er dabei das Versehen, die Zeitungsausschnitte, aus denen er seine Weisheit schöpfte, in seinen Konzepten zu vergessen und dadurch den spottsüchtigen Kanzleibeamten das Geheimnis seiner Abschriftstellerei zu verraten. Vom Schlage jener Frankfurter Diplomaten, welche Bismarck so köstlich geschildert hat, suchte er den geringfügigsten Angelegenheiten einen hochwichtigen Anstrich zu verleihen. Wenn ich eine Unterredung mit ihm hatte, so schloß er zuerst eigenhändig die Tür, nachdem er sich vorher vergewissert hatte, daß keine Lauscher vor ihr standen, blickte sich dann argwöhnisch im Zimmer um, ob es nicht doch noch unberufene Zeugen gäbe, senkte die Stimme und trug mir im Flüstertone sein Anliegen vor. Noch jetzt muß ich in der Erinnerung herzlich lachen, wie er mir einmal nach dieser geheimnisvollen Einleitung gestand, er sei außer Stande, einen ihm vom Botschafter abverlangten Bericht über den Ausfall der amerikanischen Herbstwahlen (die gerade stattgefunden hatten), anzufertigen, obwohl er sich bereits an dreißig Zeitungsausschnitte darüber gesammelt hätte; schließlich kam er mit der Anfrage heraus, ob ich ihm nicht den Gefallen erweisen würde, ihm den Bericht zu liefern. Ich entsprach dem Ersuchen und schrieb den Bericht, wobei ich den Ausdruck „Legislatur-Wahlen" gebrauchte. Als ich ihm den Aufsatz überreichte, bat er mich allen Ernstes um eine Erklärung dieses Ausdruckes. Man stelle sich diesen Deutschen Botschaftssekretär, der ungeachtet der Ablegung seines diplomatischen Examens nicht die Bedeutung des Wortes Legislatur-Wahlen kennt, im amtlichen Verkehr mit den gewitzten Vertretern der amerikanischen Regierung vor!

Ein würdiges Seitenstück zum Grafen Hacke war der landwirtschaftliche Attaché der Botschaft, der Kgl. Württembergische Kammerherr Freiherr Benno von Her= m a n n. Ein Buchgelehrter, verstand dieser angebliche Sachverständige von der praktischen Landwirtschaft sehr wenig, wie mir ein Botschaftsmitglied erzählte, das mit ihm einen Spaziergang durch die Umgebung Washingtons unternommen und ihm dabei etwas auf den Zahn gefühlt hatte. Gleichwohl bezog er für seine aufreibende Tätigkeit das niedliche Jahres= gehalt von 19 000 Mark, ganz abgesehen von den Reisegeldern usw. für die zahlreichen Reisen, die er im „Interesse des Dienstes" unternahm. Er war der Held zahlreicher Skandal= affären, von denen eine Ohrfeigengeschichte hier Platz finden möge.

Es erregte in den gesellschaftlichen Kreisen Washingtons nicht geringes Aufsehen, als es ruchbar wurde, daß in den Räumen des exklusiven Metropolitan=Club eine Auseinander= setzung mit schlagenden Beweisgründen zwischen Herrn von Hermann und dem Chefredakteur der „Washington Post", Mr. R i c h a r d W e i g h t m a n, stattgefunden habe. Man gab verschiedene Gründe für den peinlichen Vorfall an: Die Einen wollten wissen, daß der deutsche Agrikulturist den amerikanischen Journalisten wegen beleidigender Äußerungen über den Deutschen Kaiser habe züchtigen wollen; die Anderen hinwieder meinten, daß Mr. Weightman, der die schärfste Feder in ganz Washington führte, den Zorn des Barons auf sich beschworen habe, weil er sich mit den unziemlichen Be=

ziehungen der seither geschiedenen Frau eines Bundessenators beschäftigt habe. Wie dem auch sein mochte — und wahrscheinlich waren beide Darstellungen richtig — Tatsache war, daß Baron von Hermann die ihm erwiesene Gastfreundschaft des Metropolitan-Club sehr übel lohnte und daß die Angelegenheit in einer dem Ansehen der Deutschen Diplomatie nicht sehr günstigen Weise besprochen wurde. Am meisten hatte der Deutsche Botschafter darunter zu leiden, denn war die „Washington Post" bis dahin keine besondere Freundin der deutschen Politik und ihrer Träger gewesen, so erkor sie sich von jenem Zeitpunkte an den Botschafter und den Kaiser zur besonderen Zielscheibe ihrer Angriffe.

Die Angelegenheit nahm ganz den von mir erwarteten Verlauf. Herr von Holleben ersuchte mich, dem Herrn Weightman diskret zu versichern, daß der Botschafter den peinlichen Vorfall außerordentlich bedauere, daß er Herrn von Hermann deswegen ernstlich zur Rede gestellt habe und daß er jederzeit gern Herrn Weightman auf der Botschaft empfangen würde, um ihm diese Erklärungen persönlich zu wiederholen. Baron von Hermann sei übrigens kein richtiger Diplomat, sondern nur ein Agrikulturist, ein Bauer, und es hieße sowohl seiner Person wie dem Vorfall zuviel Bedeutung beimessen, wollte er von Berlin seine Abberufung verlangen. Durch die Vermittlung eines gemeinsamen Freundes machte ich die Bekanntschaft eines Redakteurs der „Washington Post", des Kapitäns Allen, den ich bat, seinem Chef die Erklärungen des Botschafters mitzuteilen. Das geschah, blieb aber zunächst ohne Folgen auf die Haltung des Blattes.

Zweiter landwirtschaftlicher Attaché war zu meiner Zeit ein blutjunger märkischer Junker; Herr von Bredow, der in unverhältnismäßig kurzer Zeit in Washington zu einer populären Figur geworden war. Wenn ich auf die Botschaft ging, hatte ich häufig das Vergnügen, ihm vor dem Portal zu begegnen, wo er sich Reitpferde vorführen ließ und mit deren

Verkäufern unterhandelte. Eine hochaufgeschossene schlanke Gestalt mit dem typischen preußischen Leutnantsgesicht des Simplizissimus, mit langem Mantel und in hohen Lackstiefeln, machte er einen, wenigstens für die Bewohner der Bundeshauptstadt etwas befremdenden Eindruck, ohne sich dessen bewußt zu sein. Ein hübsches Wort zirkulierte von ihm, das durch die Indiskretion eines Dieners bekannt geworden war. In einem der wenigen von ihm verfaßten Berichte an den landwirtschaftlichen Minister in Berlin gebrauchte er die klassische Wendung: „In diesem Lande fressen die Pferde soviel Hafer wie sie wollen!" Es schien Herrn von Bredow nicht so recht in den Kopf zu wollen, daß es selbst die Pferde in Amerika besser haben sollten als in Deutschland. Der Bericht erregte in den engeren Kreisen der Botschaft die größte Heiterkeit und trug, wie schon bemerkt, nicht wenig zur Popularität seines Urhebers bei. Herr von Bredow konnte stolz von sich sagen, daß er auch nicht einen Feind besaß. Sein ganzes Auftreten, sein unschuldiges kindliches Gesicht mit · den wasserblauen Augen und seine hohe Fistelstimme eroberten ihm vereint die Herzen aller Personen, mit denen er in Berührung kam. Seines Bleibens sollte in Washington nicht lange sein; bald nach dem erwähnten Berichte über das amerikanische Pferd wurde er von seinem Posten abberufen, kehrte jedoch später zurück, um eine Tochter des Senators Newlands zu ehelichen. Hans im Glück!

XI.

Intime Geschichten von der „Junggesellenbotschaft". — Debut der Prinzessin Wrede. — Ein im Weißen Hause abgesagter musikalischer Empfang zu Ehren der Prinzessin findet auf der Botschaft statt. — Die seltsamen Abentiuren des Freiherrn Richard von Kap-Herr, Militär-Attachés der Botschaft. — Mißgeschick des Grafen X. — Was an seinem Verlobungsabend passierte. — Professor Schönfelds Zitat aus Faust. — Adolf von Brünings Ehe mit der geschiedenen Frau eines betagten Bostoner Schuhfabrikanten. — Was tut man nicht aus Liebe! — „Wie der Herr, so's Gescherr." — Wenn ein ehemaliger Königlich bayrischer Feldwebel im Zivilverhältnis der Untergebene eines ehemaligen preußischen Unteroffiziers ist . . . . — Depeschensäcke als Beförderungsmittel für alte Hosen und seidene Unterröcke. —

Zur Zeit des Herrn von Holleben führte das diplomatische Etablissement des Deutschen Reiches in der Bundeshauptstadt den pikanten Beinamen „Junggesellenbotschaft". Dieser Beiname war nicht unverdient, denn der Herr Botschafter sowohl, wie die meisten Mitglieder seines Stabes, waren wohlkonservierte lebensfrohe Junggesellen von dem guten alten Schlage, die ritterlich der Schönheit huldigten, wo immer sie ihr begegneten und dabei selbst die in Washington so streng beobachtete „Farbenlinie" nicht respektierten. Man huldigt dort mehr als in jeder andern amerikanischen Stadt lukullischen Tafelfreuden, und mancher zu den schönsten Hoffnungen berechtigende Staatsmann der Vereinigten Staaten

hat frühzeitig in das Gras beißen müssen, weil sein Magen
den Anforderungen des bundeshauptstädtischen Gesellschafts=
lebens mit seinen Galadiners, Banketten etc. nicht gewachsen
war. Die herrlichen Austern von der Chesapeake=Bay und das
heimatliche Terrapin sind Leckereien, die man anderswo nicht
findet und die, mit „Moët und Chandon" oder „Rheingold"
begossen, wesentlich zur Stärkung und Anregung des inneren
Menschen beitragen. Die (in Washington) leben, die genießen!

In der fashionablen Welt Washingtons erregte, bald
nachdem Herr von Holleben als Botschafter dorthin gesandt
worden war, das Auftauchen einer europäischen Aristokratin
mit einer Vergangenheit bedeutendes Aufsehen. Es war die
Fürstin L u d m i l l a W r e d e, geb. Moldanar, geschiedene
Doborzansky, die sich damals in einem von ihrem zweiten
Gatten, dem Fürsten Alfred Wrede, angestrengten Ehescheid=
dungsprozesse befand. Ein verführerisches „Je ne sais quoi"
umgab die schöne Frau, der bald die Löwen der amerikanischen
Jugend huldigend zu Füßen lagen. Auch Herr von Holleben
ließ sich nur zu gern an den Triumphwagen dieser magyari=
schen „Venus Victrix" einspannen und tat alles, was in seinen
Kräften stand, um ihre gesellschaftliche Stellung zu befestigen.
Dazu konnte nichts besser beitragen als ihr Debut im Weißen
Hause, und der ritterliche Vertreter des Deutschen Reiches
ließ es sich daher angelegen sein, der armen rückenmarksleb=
denden Gattin des Präsidenten, Frau Mc Kinley, den Ge=
danken zu suggerieren, zu Ehren der neuangekommenen er=
lauchten europäischen Aristokratin einen musikalischen Empfang
im Weißen Hause zu geben und dazu die ganze amtliche Welt
der Bundeshauptstadt einzuladen. Frau Mc Kinley war von
dieser reizenden Idee Herrn von Hollebens entzückt und ging
bereitwilligst darauf ein.

Es wurden Einladungen gedruckt und an die Kabinets=
minister, die hohen richterlichen Beamten, die Senatoren und
Repräsentanten, an die ausländischen Diplomaten etc. etc.

und ihre Damen gesandt und der kommende musikalische Em=
pfang versprach zu einem Galaereignis in der Geschichte des
Weißen Hauses zu werden.

Da geschah etwas. Ein guter Freund und Kollege des
Herrn von Holleben, der ebenfalls die Ehre hatte, eine euro=
päische Großmacht in Washington zu vertreten, suchte den
Präsidenten auf und bat ihn um eine kurze Unterredung
unter vier Augen. Man weiß nicht gerade, was der Gegenstand
dieser Unterredung war, doch steht soviel fest, daß nach der=
selben der mit soviel Lärm angekündigte Empfang abgesagt
und die zahlreich dazu ergangenen Einladungen zurückgezogen
wurden.

Herr von Holleben zeigte sich wie immer der Lage vollauf
gewachsen. Als echter Ritter „sans peur et sans reproche" hielt
er es für seine Ehrenpflicht, seiner so empfindlich gekränkten
Freundin Genugtuung zu bieten und den unterbliebenen
musikalischen Empfang auf der Deutschen Botschaft zu ver=
anstalten. Wiederum ergingen Einladungen an dieselben
Personen, die sie schon einmal empfangen hatten, und das
große Ereignis verlief diesmal glücklich ohne jede Störung.
Nur wollte, als der musikalische Schmaus vorüber war und
der Botschafter seinen Gästen etwas Substantielleres bieten
wollte, Niemand dableiben. Alles zog sich zurück und selbst
die Damen der Washingtoner Presse lehnten es ab, sich an
die ihnen gebotenen Erfrischungen zu halten. „Die Botschaft
ist nicht der Platz, wo sich eine Dame ohne Eskorte aufhalten
kann," lautete ihr Kommentar, und zornig drückte sich der
Botschafter seinen Hut in die Stirn, um an anderer liberaler
denkender Stelle Aufmunterung und Trost zu suchen.

Von jenem Tage an datierte der gesellschaftliche Ruin
Herrn von Hollebens. Sein gewitzter Kollege hatte einen
großen Sieg errungen und durfte sich schmunzelnd die Hände
reiben.

Die Fürstin Wrede kam, wenn ich mich recht erinnere,

noch für eine zweite Saison nach Washington, kehrte aber
später nach Frankreich zurück, wo sie geruhte, in Pariser Chan-
tants und Cabarets ihr zu Ehren veranstaltete „musikalische
Empfänge" mit ihrer Gegenwart zu beglücken. Aus einer
Ehe mit Dr. von Holleben, die in Diplomatenkreisen ein be-
liebtes Gesprächsthema gebildet hatte, wurde nichts. Sic
transit gloria mundi!*)

Ein lebenslustiger Junggeselle, der vortrefflich in das
Milieu der „Junggesellenbotschaft" paßte, war auch der
Militär-Attaché, F r e i h e r r R i c h a r d v o n K a p - H e r r,
Preußischer Rittmeister der Reserve des Leib-Garde-Husaren-
Regiments. Als schneidiger Kavallerist schreckte er selbst vor
Attacken auf schwarze Flotten nicht zurück, wobei es ihm allerdings zuweilen passierte, daß er selbst in aller Form gekapert
und für gute Prise erklärt wurde. Einmal promenierte er,
nachdem er in lustiger Gesellschaft gespeist hatte, in jener interessanten Gegend New-Yorks, die als das „Tenderloin" bekannt ist, als zwei ebenso wohlgebaute wie verführerisch gekleidete minnigliche Mägdelein, von Natur so schwarz wie
Ebenholz, sein Auge fesselten. Halb zogen sie ihn, halb sank er
hin, und in einem dunklen Hauseingang ward die schwarze
Tat vollbracht. Richard, Freiherr von Kap-Herr, Kaiserlich
Deutscher Militär-Attaché und Königlich Preußischer Rittmeister der Reserve des Leib-Garde-Husaren-Regiments, fühlte
sich plötzlich von vier kräftigen Armen umschlungen, während
eine geschickte Hand ihn schnell um seine goldene Uhr und
Kette, sein Portemonnaie und seine Brieftasche erleichterte, in
welch' letzterer sich w i c h t i g e   a m t l i c h e   D o k u m e n t e
befanden. Wer den Schaden hat, braucht für den Spott nicht
zu sorgen, und als Richard, Freiherr von Kap-Herr, am nächsten
Morgen mit etwas wüstem Schädel erwachte, fand er, daß

---

*) Die Nachfolgerin in der Liebe des Fürsten Wrede wurde eine
glutäugige reiche argentinische Witwe, die später als „Kleptomanin" zu
einer internationalen Berühmtheit gelangte.

er über Nacht in ganz Amerika ein berühmter und populärer Mann geworden war.

Sehr übel spielte dem armen Rittmeister das Organ des Berliner Auswärtigen Amtes, die „New-Yorker Staats-Zeitung" mit, welche sich bei einer andern Gelegenheit von ihrem Berliner Berichterstatter das folgende Telegramm über den Ozean „kabeln" ließ:

Berlin, 25. Februar 1899.

Der frühere deutsche Militär-Attaché in Washington, Freiherr Richard v. Kap-Herr, preußischer Rittmeister der Reserve des Leib-Garde-Husaren-Regiments, wird von einer ganzen Heerschar Gläubiger auf das Dringendste gesucht. Schon ehe der Freiherr zur Botschaft in Washington kommandiert wurde, wo ihn letztes Jahr Leutnant v. Bredow ablöste, lebte er hier als Gardehusaren-Offizier auf dem größten Fuße. Junggeselle, der er war und noch ist, genoß er das Leben in vollen Zügen, einerlei woher die Mittel dazu beschafft werden mußten, reiste außerordentlich viel, und dann immer mit Damen unzweifelhaften Charakters, „jeute" erheblich und verlor gelegentlich bedeutende Summen. Auch in Washington, wo er das alte flotte Leben in neuer Auflage fortsetzte und Bären in schwerer Menge anband, wurde ihm schließlich der Boden zu heiß, und seine plötzliche Abberufung von dort hatte ihre wohlbegründeten Ursachen. Seit mehreren Monaten galt er in Bekanntenkreisen als verschollen, und eifrige Nachforschungen teilnahmvoller Gläubiger führten zu keinem Ergebnis. Doch will man jetzt wissen, daß er sich in Argentinien aufhält. Ein Verzeichnis seiner Schulden wird demnächst durch Aushang veröffentlicht werden.

Dieses „Telegramm" der „New-Yorker Staats-Zeitung" bildet eine lustige Illustration zu dem allzeit interessanten Thema, wie Kabeldepeschen (Kostenpunkt 1 Mk. per Wort) entstehen. Ein deutsches Konkurrenz-Blatt, das „New-Yorker

Morgen-Journal", stellte nämlich in seiner Ausgabe vom Tage darauf fest, daß die Berliner Meldung „gelogen wie tele-graphiert" war und daß sich der Herr Rittmeister wohl und munter in New-York aufhielt und sich bestens amüsierte, ohne sich von den Zudringlichkeiten seiner Gläubiger stören zu lassen.*)

Nicht so leichten Kaufes wie Freiherr von Kap-Herr kam ein anderer Militär-Attaché davon, der vor diesem in Washington gewesen war. Der Betreffende — ein Graf von G. — hatte das Unglück, sich in eine um einige Jahre ältere Amerikanerin zu verlieben, von der man nicht so recht wußte, ob sie Maid, Wittib oder geschiedene Frau war. Graf G,. der mehr ein Gelehrter als Soldat war, nahm die Sache ernst und verlobte sich mit der Schönen. Spät am Verlobungs-abend, als sich die Gratulanten bereits entfernt hatten, kam Professor Hermann Schönfeld in Gesellschaft des türkischen Militär-Attachés an dem Hause der Braut vorbei. Der Letztere zog einen Hausschlüssel hervor und verabschiedete sich von seinem Begleiter mit den Worten: „Hier habe ich Hausrechte." Oft hat der Professor diese Geschichte in Gegenwart mehrerer Botschaftsbeamten erzählt, wenn er an heißen Abenden von Kosels Bierwirtschaft an der 14. Straße kam, wo er des Guten ein wenig zu viel getan hatte. Während ich diese Zeilen schreibe, glaube ich die gedrungene Gestalt des kleinen etwas an Größenwahn leidenden Professors zu erblicken, seine mar-kanten, orientalischen, von einem dunklen Vollbart umrahmten Gesichtszüge vor mir zu sehen und seine Stimme zu verneh-men, in der er, theatralisch wie immer, das Zitat aus Faust deklamierte:

„Du fingst mit Einem heimlich an,
    Bald kamen ihrer Mehre dran,

---

*) Zur Vermeidung von Mißverständnissen bemerke ich hier, daß ich die lustige Kap-Herr-Episode nachträglich in mein Manuskript auf-genommen habe.

Und wenn Dich erst ein Dutzend hat,
So hat Dich auch die ganze Stadt."

Das zärtliche Verhältnis zwischen dem türkischen Militär-Attaché und der schönen Frau war, wie ich auf Befragen erfuhr, ein offenes Geheimnis. Gleichwohl gaben es die Kollegen und Kameraden des Grafen X. zu, daß er sie als sein eheliches Weib heimführte und später dem Kaiser vorstellte.

Unter glücklicheren Auspizien wurde die Ehe geschlossen, die ein früherer Sekretär der Botschaft, Adolf von Brüning, mit der jungen geschiedenen Frau des ebenso alten wie millionenreichen Bostoner Schuhfabrikanten Gordon Mc Kay einging. Frau von Brüning war von einfacher Herkunft und ihre Mutter, Frau Treat, führte Herrn Mc Kay den Haushalt. Der Millionär sah sie unter seinen Augen heranreifen, und entbrannte in so heftiger Leidenschaft zu ihr, daß er ihr sein Herz, seine Hand und seine Millionen anbot, die von ihr nicht abgelehnt wurden. Vor der Ehe führte sie den bescheidenen Vornamen Minnie, vertauschte diesen jedoch später mit dem aristokratischeren Marion. Das junge Paar unternahm ausgedehnte Vergnügungsreisen nach Europa, wo es wegen seines Altersunterschiedes nicht minder als des von ihm entfalteten Luxus allgemein auffiel. Ihren größten Triumph feierte die schöne Marion in Stockholm, wo ihr sowohl von dem Könige wie von dem Kronprinzen vielbemerkte Huldigungen dargebracht wurden. Dann führte das Schicksal den jungen schneidigen deutschen Diplomaten von Brüning in den Weg der königlichen Schönheit, die sich ohne Zeitverlust von ihrem greisen Gatten scheiden ließ und von ihren Kindern trennte, um dem Manne ihrer Wahl über den Ozean in das Reich des Kaisers zu folgen.

Seine Majestät der Kaiser und Ihre Majestät die Kaiserin sind aber bekanntlich sehr dagegen, daß ihre jungen Diplomaten geschiedene ausländische Frauen heiraten und Herr von Brüning fiel in Ungnade. Aber nur zeitweise. Seine

schöne, des Eindrucks ihrer Persönlichkeit vollbewußte Gattin
bat, so geht die Geschichte, den Kaiser um eine Audienz und
plaidierte, als ihr diese gewährt wurde, so hingebend und
überzeugend für ihren Gemahl, daß Se. Majestät seine Wie-
deranstellung im diplomatischen Dienste verfügte. Herr von
Brünnig war, wenn ich mich recht entsinne, nach dieser Episode bei der Botschaft in Konstantinopel wie bei der Gesandtschaft in Tanger tätig. All's well that end's well.

Wie in den höheren, so waren auch in den niederen Re-
gionen der Botschaft Zwietracht, Mißgunst und kleinliche Intriguen an der Tagesordnung. Der schon mehrfach erwähnte
Kanzler, Hofrat Kinne, biß in dem Verkehr mit den Legations-
kanzlisten und dem Unterpersonal den Vorgesetzten heraus
und wußte, als Vertrauensmann und rechte Hand des Botschafters, die Versetzung oder Entfernung der ihm mißliebigen
Beamten durchzusetzen. Diese eigentümliche Praxis hatte in
verschiedenen Fällen für die Botschaft äußerst nachteilige
Folgen. So engagierte er als Vertreter eines auf sein Betreiben an das New-Yorker Deutsche General-Konsulat ver-
setzten Kanzlisten einen früheren Oberförster, der sich allabendlich aus dem Gedächtnis Niederschriften der am Tage
durch seine Hand gegangenen vertraulichen Dokumente an-
fertigte und diese nach seiner späteren Entlassung den dortigen
Blättern und Zeitungskorrespondenten zum Kaufe anbot.
Der Mann war ein starker Trinker und entblödete sich nicht, des
Nachts die Passanten auf der Straße anzupumpen, indem
er vorgab, er sei der Deutsche Geschäftsträger und habe zufällig
seine Börse zu Hause gelassen. Der Nachfolger dieses Mannes
als Aushilfskanzlist wurde ein früherer deutscher Kaufmann,
der dem Hofrat Kinne von einem Bekannten empfohlen wurde
und diesem allabendlich ausführlichen Bericht über alles, was
er am Tage gehört, gesehen und geschrieben hatte, erstatten
mußte. Der gute Bekannte des Herrn Hofrats war gleichzeitig auch der gute Bekannte anderer fremdländischer Diplo-

maten, die den Vorgängen innerhalb der Deutschen Botschaft in jenem kritischen Abschnitte ein hervorragend freundliches Interesse entgegenbrachten.

Besonders erschrecklich war das Verhältnis zwischen dem Hofrat Kinne und dem Botschaftsportier, welch' letzterer es beim Militär zum Feldwebel gebracht hatte, während der Herr Hofrat beim Unteroffizier stehen geblieben war. Den bayerischen Feldwebel wurmte es natürlich, daß der preußische Unteroffizier im Zivilverhältnis sein Vorgesetzter war, der seine höhere Stellung zu allerhand Chikanen und Plackereien mißbrauchte. Der Feldwebel hatte im fernen Bayerland eine Braut, deren Ehrgeiz darauf gerichtet war, „Frau Botschaftsportier" zu werden und er kam daher, um diesen schönen Traum zu verwirklichen, um eine Gehaltsaufbesserung ein, die ihm aber rundweg abgeschlagen wurde. Er kehrte schließlich nach Bayern zurück, plauderte aber vor seinem Abschiede in den Washingtoner Wirtschaften und in seinen Bekanntenkreisen allerhand Geschichten aus, die dem Ansehen der Botschaft nicht gerade zur Ehre gereichten, wie er die zollfrei für den Gebrauch der Botschaft importierten Weine „in höherem Auftrage" hätte an Privatpersonen verkaufen müssen u. dergl. mehr.*) Seine Nachfolger wurden Männer,

---

*) Es soll hier natürlich kein Dienstboten-Klatsch wiedergegeben werden, immerhin möge aber eine Klage über die merkwürdige Verwendung der zwischen der Botschaft in Washington bez. dem General-Konsulate in New-York und dem Auswärtigen Amte in Berlin hin- und hergehenden „Depeschensäcke" in dieser Fußnote Platz finden. Es hieß nämlich, daß ein dem Auswärtigen Amt und dem Wolff'schen Telegraphenbureau nahestehendes Mitglied der Berliner Hochfinanz, Herr v. Bl . . . . r in den an das Deutsche General-Konsulat in New-York abgehenden Depeschensäcken einer dort lebenden früheren Geliebten seidene Kleider und Unterröcke sandte und daß wiederum die von Washington nach Berlin gehenden Depeschensäcke die abgelegte Garderobe eines hochgestellten älteren Herrn enthielten, der solchergestalt für die Kleidung seiner in der deutschen Reichshauptstadt wohnenden illegitimen Sprößlinge sorgte.

die nicht Soldat gewesen waren, die keinen Zivilversorgungs-
schein besaßen, die man in Washington aufgreifen mußte und
von denen man wenig oder nichts wußte.

Solche Personen wurden Hüter der ge-
fährlichsten Geheimnisse der Botschaft,
zu deren wichtigsten Papieren sie allzeit
freien Zutritt hatten.

XII.

Paul Haedicke, der Wolff'sche Vertreter in New-York und Agent des Herrn von Holleben, verrät das Geheimnis meiner Verbindung mit der Botschaft. — Der Botschafter will nichts von einem Dementi wissen. — Folgen der Haedickeschen Indiskretionen. — Meine Stellung, der Gegenstand wiederholter Konferenzen zwischen Botschafter und Reichskanzler. — Graf Bülow mit meiner Tätigkeit sehr zufrieden. — Herr von Holleben bringt mir gute Kunde aus Berlin. — Drei Tage später wird mir die Stellung gekündigt. — Herr von Holleben bietet mir eine Empfehlung an den Deutschen Botschafter in Wien an. — Wortlaut des Briefes. — Herr von Sternburg warnt mich. —

Meine eigene Stellung war unter den geschilderten Verhältnissen nichts weniger als angenehm. Ich hatte als Bürgerlicher unter all' den adligen Sekretären und Attachés einen schweren Stand und konnte in Wahrheit keinen einzigen meinen Freund nennen, obwohl sie fast alle meine Dienste zu kleinen Gefälligkeiten in Anspruch nahmen. Durch eine böswillige Indiskretion Paul Haedickes, des als Vertrauensmann des Auswärtigen Amtes bei der „Associated Press" in New-York stationierten Wolff'schen Vertreters, wurde das Geheimnis meiner Verbindung mit der Botschaft preisgegeben und mir dadurch die Ausübung meiner vermittelnden Tätigkeit sehr erschwert. Es war, wenn ich mich recht entsinne, etwa zwei Monate nach jener Samoaepisode, die bereits an andrer Stelle von mir gewürdigt worden ist, als meine Auf-

merkſamkeit eines Tages auf einen langen Artikel im „Waſhington Evening Star" gelenkt wurde, der ſich mit meiner Perſon
und meiner Tätigkeit bei der Botſchaft beſchäftigte. Da er
die allergenaueſten Informationen enthielt, konnte er nur
von einem „Wiſſenden" herrühren, und die angeſtellten Erhebungen ergaben denn auch, daß er den deutſch-amerikaniſchen
Journaliſten H a b e r c o r n zum Verfaſſer hatte, dem das
Material dazu von Paul Haedicke zugegangen war. In dem
Artikel des „Waſhington Evening Star" war mein Name
nicht genannt, aber ſchon am nächſten Tage war ich eine im
ganzen weiten Gebiet der Union genannte und bekannte Per-
ſönlichkeit, da der Artikel als Telegramm der „Associated
Press", die diesmal meinen Namen nicht zu nennen vergaß,
die Runde durch die ganze Preſſe des Landes machte. „Die
Deutſche Regierung macht dem Geiſt der Zeit Konzeſſionen,"
ſo hieß es in den Kommentaren, die dem Botſchafter und mir
zugeſandt wurden, „ſie hat einen bewährten deutſchen Journaliſten, der ſich des beſonderen Vertrauens des Kaiſers erfreut, zum Rat der Deutſchen Botſchaft in Waſhington ernannt
und ihm die ſchwierige und verantwortungsvolle Miſſion übertragen, in der amerikaniſchen Preſſe zu einem beſſeren Ver-
ſtändnis des deutſchen Volkes und der deutſchen Politik beizutragen."

Mit dieſer Meldung in der Hand eilte ich zum Botſchafter,
um ihn um die Ermächtigung zu bitten, ſie zu dementieren.
„Ebenſowenig," ſo ſagte ich, „wie man Herrn Wolf von Schierbrand in Berlin einen Attaché oder Rat der dortigen amerikaniſchen Botſchaft nennen kann, weil er als Vertreter der
„Associated Press" täglich den amerikaniſchen Botſchafter
ſieht und die Angelegenheiten der Botſchaft in der Preſſe
beſorgt, ebenſowenig kann man mich einen deutſchen Bot-
ſchaftsrat nennen, weil ich als Vertreter der „Norddeutſchen
Allgemeinen Zeitung" täglich auf der Botſchaft vorſpreche
und den Verkehr der Botſchaft mit der amerikaniſchen Preſſe
vermittle."

„Geschehene Dinge lassen sich einmal nicht ändern, Ver=
ehrter," erwiderte der Botschafter, „und Sie werden sich nun
einmal darein schicken müssen, als Preßattaché und Kaiserlich
Deutscher Botschaftsrat, wenn Sie wollen, die Preßgeschäfte
des Deutschen Reiches zu besorgen."

Paul Haedickes Indiskretion hatte allerdings zur offizi=
ellen Anerkennung meiner Stellung geführt, gleichzeitig aber
— und das war ja ihr Zweck gewesen — in den weitesten Krei=
sen der amerikanischen Presse und Öffentlichkeit Mißtrauen
wider meine Person gesät. Als Herr von Holleben im Herbst
desselben Jahres von seinem Urlaub aus Berlin zurückkehrte,
ließ er mir durch den Hofrat Kinne mitteilen, er habe meinet=
wegen mit dem Reichskanzler verschiedene Rücksprachen ge=
habt und ich würde auch weiterhin in der Stellung bleiben,
die ich zu seiner und des Reichskanzlers voller Zufriedenheit
ausgefüllt hätte. Drei Tage später erhielt ich die Mitteilung,
daß meine Tätigkeit an der Botschaft ihr Ende finden müsse,
da die Beziehungen zwischen dem Deutschen Reiche und den
Vereinigten Staaten sich so ausgezeichnet gestaltet hätten,
daß man auf jede weitere Beeinflussung der amerikanischen
Presse verzichten zu können glaube!

Auf diese Mitteilung war ich nicht vorbereitet; sie kam
mir völlig überraschend und ich konnte mir die plötzliche Sinnes=
änderung des Botschafters nur erklären, indem ich sie mit einer
Zusammenkunft Seiner Exzellenz mit Paul Haedicke, dem
Vertreter des Wolff'schen Bureaus, in Verbindung brachte,
die in diesen drei Tagen in New=York stattgefunden hatte.
Ich erklärte Hofrat Kinne, daß ich seinen Auftrag zur Kenntnis
genommen hätte und im geeigneten Moment darauf zurück=
kommen würde. Dann bemühte ich mich, mir ein Wirkungs=
gebiet als Korrespondent deutsch=amerikanischer Zeitungen zu
erschließen, hatte aber kein Glück damit, da man meiner Ver=
sicherung, daß ich nicht länger im Dienste der Botschaft stünde,
nicht glaubte, sondern nach wie vor den bezahlten Geheim=

agenten der Deutschen Regierung in mir erblickte. Ganz un=
verhohlen schrieb mir das Herr E d g a r W. C o l e m a n, der
bekannte Herausgeber des „Milwaukee Herald", und mit seinem
Briefe in der Hand suchte ich nun den Botschafter auf,
um ihn von der eigentümlichen Lage, in die ich durch sein
Verschulden geraten war, in Kenntnis zu setzen. Nachdem er
den Brief ein=zweimal gelesen, wandte er sich mit verbindlichem
Lächeln an mich:

„Falls Sie Lust haben, nach Wien zurückzukehren," so
begann er, „so will ich Ihnen gern eine Einführung an den
Fürsten Eulenburg mitgeben. Ich habe gelesen, daß die Auf=
hebung des Zeitungsstempels zum neuen Jahre eine voll=
ständige Umwälzung der österreichischen Zeitungsindustrie nach
sich ziehen werde und ich bin überzeugt, daß Sie dort ein gutes
Feld für Ihre Tätigkeit finden werden."

Da mir kaum eine andre Wahl übrig blieb, nahm ich den
Vorschlag des Botschafters an. Nachstehend der Wortlaut des
Empfehlungsbriefes an den Fürsten Eulenburg, den mir Herr
von Sternburg mit einer höchst bedenklichen Miene selbst in
meine Wohnung brachte:

Washington, 2. Februar 1900.
Mein verehrter Fürst!

Gestatten Sie mir, Ihnen in dem Überbringer dieser
Zeilen den deutschen Journalisten Herrn E. Witte vorzu=
stellen, der etwa ein Jahr lang der hiesigen Botschaft in
Preßangelegenheiten ersprießliche Dienste geleistet hat und
jetzt nach Wien überzusiedeln gedenkt, wo er schon früher
tätig gewesen ist und gute Verbindungen besitzt. Er wünscht,
daß ich ihn Ihrem Wohlwollen empfehle, was ich gerne und
in der Erwartung tue, daß auch Eure Durchlaucht Anlaß
haben möchten, seine Dienste in Anspruch zu nehmen.

In ehrfurchtsvoller Gesinnung
Holleben.

„Das ist mehr, als ich erwartet habe," bemerkte ich zu

Herrn von Sternburg, der mich während des Lesens des Briefes aufmerksam beobachtet hatte.

„Darf ich Einsicht in den Brief nehmen?" fragte der Baron, der die Empfehlung dann langsam und bedächtig las.

Als ich mich etwa acht Tage später von Herrn von Sternburg verabschiedete, legte er den Finger auf den Mund und sagte, mich dabei bedeutungsvoll ansehend:

„H ü t e n S i e s i c h ! W e n n i c h a n I h r e r S t e l l e w ä r e, w ü r d e i c h m i c h n i c h t a u f d e n B r i e f a n d e n F ü r s t e n E u l e n b u r g v e r - l a s s e n."

(Hier endet das in Paris von mir verfaßte Manuskript.)

XIII.

„Gelogen wie telegraphiert." — Ein formidabler Dreibund. — „W. T. B.", „A. P" und „R. T. B." — Wie ich in
Reuterſche Dienſte trat. — Romantiſche Geſchichte des „Telegraphenkönigs". — Die zurückgehaltene Nachricht von der
Ermordung Lincolns. — Bismarck verfügte Reuters Ausweiſ-
ſung. — Reuters ehrgeiziger Sohn Herbert. — Er will ein
neuer Moſes werden. — Ich werde mit Dr. Engländer bekannt. — Reuter bietet dem Deutſchen Reich ein Protektorat über Columbien an. — Seine muhamedaniſche Agentur. —
Anfänge der anglo-amerikaniſchen Schwindelära im Deutſchen Reiche. — Ein „Spezial-Telegramm" des „Berliner
Lokal-Anzeiger". — Das Wolff'ſche Bureau und die goldene
Internationale. — Abonnements auf die Nachricht von dem
Ableben Seiner Majeſtät! — Fälſchungen ruſſiſcher Regier-
rungstelegramme. — Das Wiener Auswärtige Amt knüpft
infolge meiner Artikel einen direkten Draht mit St. Petersburg an. — Mehr Licht über die „Associated Press". — Die
„Ass. P." lehnt die Veröffentlichung eines Bülowſchen Dementis ab. —

———

In den vorangegangenen Abſchnitten habe ich wiederholt auf das „Wolff'ſche Depeſchen-Bureau" in
Berlin, allen deutſchen Zeitungsleſern als „W. T. B."
oder auch „Continental Telegraphen-Geſellſchaft" bekannt, und
die amerikaniſche „Associated Press" hingewieſen.
Da die Welt über dieſe beiden Bureaux, ebenſo wie über das
engliſche „Bureau Reuter" in London ſehr wenig unterrichtet iſt, obwohl ſie deren Namen bez. Initialen „W. T. B.",

„A. P.", R. T. B." täglich in den Blättern liest, so glaube ich
der großen Allgemeinheit einen wirklichen Dienst zu erweisen,
wenn ich mich an dieser Stelle etwas ausführlicher mit dem
durch die drei genannten Gesellschaften verkörperten „Ring"
der telegraphischen Nachrichtenbureaux und seinem für die
Wohlfahrt und den Frieden der Völker oft gefährlichem Trei=
ben beschäftige, ehe ich mit der Schilderung meiner persön=
lichen Erlebnisse in Wien fortfahre. Meine Mitteilungen werden
auf beiden Seiten des Ozeans Überraschung, Bestürzung und
Empörung hervorrufen und hoffentlich zu einer Reform der
bestehenden, nahezu unglaublichen korrupten Verhältnisse
führen. Das Schicksal hat mich in mannigfache persönliche
Beziehungen mit diesen drei Bureaux und ihren Leitern gebracht
und ich zögere daher nicht, auf Grund meiner eigenen Erfah=
rungen die volle Verantwortung für das zu übernehmen, was
ich hier sage.

Ich fange mit dem Reuter'schen Bureau an, da meine
Verbindung mit diesem entscheidend für mein ganzes Leben
war und den Keim zu zahlreichen Verwicklungen legte, in die
ich später wider meinen Willen hineingezogen wurde.

Es war entschieden kein Glückstag für mich, als ich zu Ende
Januar 1891 in Konstantinopel, wo ich als Korrespondent des
„Wiener Fremdenblatt", der „Hamburgischen Börsenhalle", des
„Frankfurter Journal" und zahlreicher anderer Blätter tätig
war, von mir ungesucht den Antrag erhielt, in den Redaktions=
verband des „Bureau Reuter" in London einzutreten. „Seit
einem halben Jahre suchen wir Sie in allen Hauptstädten
Europas," so hieß es in dem Schreiben, „um Ihnen eine gut=
bezahlte dauernde Stellung als Redakteur der von uns für
die Presse im Deutschen Reiche, Österreich=Ungarn und der
Schweiz herausgegebenen „Allgemeinen Korrespon=
denz" anzubieten. Sollten Sie in der Lage sein, unseren
Antrag anzunehmen, so bitten wir Sie, uns durch unseren dor=
tigen Vertreter, Herrn César Maffei, telegraphisch von Ihrem .

Entschlusse zu verständigen und sofort die Reise nach London
anzutreten."

Der Antrag verſetzte mich einigermaßen in Verlegenheit,
doch glaubte ich ſchließlich ihn, nach Rückſprache mit meinen
Freunden, nicht ablehnen zu dürfen und ich ging auf ihn ein.
Von den inneren Verhältniſſen und dem allgemeinen Be=
triebe des Bureau Reuter hatte ich damals ebenſowenig eine
Ahnung, wie das große Heer der Zeitungsleſer, das täglich
die telegraphiſchen Nachrichten in der Preſſe lieſt, ohne ſich
ſo recht klar zu ſein, wie ſie ihren Weg dorthin finden. Selbſt
ein Mann von der Erfahrung Dr. Joſef Eugen Ruſſels,
der dem Verbande der „Kölniſchen Zeitung" lange Jahre als
Redakteur und ſpäter als Wiener Korreſpondent angehört
hatte, konnte mir, als ich ihn in Wien auf der Durchreiſe nach
London beſuchte und mich über „Baron" von Reuter bei ihm
erkundigte, nur antworten, er glaube, daß die Reuters alter
niederländiſcher Adel ſeien, der unter anderen auch den be=
rühmten Admiral De Ruhter hervorgebracht hätte. Das war
grundfalſch.

Der vor einigen Jahren verſtorbene Gründer des nach
ihm benannten Telegraphenbureaus wurde im Jahre 1821
zu Kaſſel als der Sohn armer jüdiſcher Eltern, die den Namen
Joſaphat trugen, geboren. Von Jugend an war er auf
ſich allein angewieſen; ſeine ganze Mitgift für die Lebens=
reiſe beſtand in einem rückſichtsloſen, vor nichts zurück=
ſchreckendem Unternehmungsgeiſte, und dieſe Mitgift wußte er
derart gut anzulegen und zu verwerten, daß er bei ſeinem
vor einigen Jahren erfolgten Tode ein Vermögen von vielen
Millionen Pfund Sterling hinterlaſſen konnte. Ich entſinne
mich nicht, ob Bismarck ſein geflügeltes Wort: „Gelogen
wie telegraphiert" ſ. Zt. mit Bezug auf Paul
Julius Reuter geprägt hat, den er nach dem Kriege von
1866 wegen antipreußiſcher Umtriebe in Verbindung mit dem
welfiſchen Agenten Oskar Meding (Gregor Samarow)

aus Berlin ausweisen ließ, aber nie hat der Schöpfer des Deutschen Reiches ein treffenderes und wahreres Wort aus= gesprochen!

Über die ersten geschäftlichen Unternehmungen des jungen Reuter alias Josaphat hat die Muse der Geschichte wohlwollend einen Schleier gebreitet. In den von den Reuter= schen Historiographen ausgegebenen Berichten geht man liebevoll über die Sturm= und Drangperiode des nachmaligen „Telegraphenkönigs" hinweg und erwähnt nur ganz kurz, daß er in Göttingen in ein Bankgeschäft eingetreten sei, später als Mitinhaber einer Verlagsfirma in Berlin gelebt und auf dem Umwege über Aachen, Paris und Brüssel nach London ge= langt sei, wo er im Jahre 1851 sein „Bureau" gegründet habe.

Wesentlich anders lauten die Bericht von Zeitgenossen, die ihn zu jener Periode kannten und persönlich mit ihm in Ver= kehr standen. Diese versichern, daß er sich als Mitinhaber der Buchhandlung „Stargard & Reuter" gewisse, sagen wir, Un= regelmäßigkeiten hätte zu Schulden kommen lassen und etwas plötzlich mit seiner jungen hochblonden Gattin, über deren romantische Vergangenheit ebenfalls allerlei niedliche Histör= chen kursieren, nach Aachen gereist sei. Ich unterzog mich vor einigen Jahren der Mühe, die Geschichte seiner geschäftlichen Beziehungen zu der Firma „Stargard & Reuter" auf ihre Wahrheit hin zu prüfen und suchte zu diesem Zwecke Frau Stargard, die damals noch lebende Gattin seines Kompagnons, auf. „Ja," bestätigte mir die alte Dame, „es ist wahr, daß Herr Reuter sich in jener Zeit gewisse, ich will sagen, „Unregel= mäßigkeiten" erlaubt hat, doch will ich Ihnen gleichzeitig ge= stehen, daß Herr Reuter, als er ein reicher Mann geworden war, diese „Unregelmäßigkeiten" wieder gut gemacht hat." Der Ton, in dem die Dame mir diese Eröffnung machte, war nicht gerade enthusiastisch und ich zog daraus meine eigenen Schlüsse.

Nachdem er eine Brieftaubenpost in Aachen begründet,

7*

jedoch infolge der Vervollkommnung des elektrischen Tele=
graphen durch Werner Siemens wieder hatte eingehen lassen,
begaben sich Reuter und Gattin nach Paris, wo sie mit Dr.
Sigmund E n g l ä n d e r, einem Achtundvierziger, zusammen=
trafen, der in Wien wegen seiner Teilnahme an der Revo=
lution zum Tode verurteilt worden, jedoch entflohen war,
und in der französischen Hauptstadt ein Unterkommen bei
der „Agence Havas" gefunden hatte. Dr. Engländer, der
sein ganzes Leben lang bis in seine hohen Greisentage ein
Verehrer des schöneren Geschlechtes gewesen ist, brachte dem
jungen Ehepaar, das mit schweren materiellen Sorgen zu
kämpfen hatte, seine volle Sympathie entgegen und erwirkte
für Reuter zeitweilig Beschäftigung in Brüssel, während derer
seine interessante Gattin allein in dem Babel an der Seine
zurückblieb. Auf die Dauer konnte Reuter jedoch sein Aus=
kommen nicht in Brüssel finden, und so siedelte er dann mit
seiner Familie nach London über, wohin ihnen bald Dr. Eng=
länder folgte, der wegen Teilnahme an einer Verschwörung
Hals über Kopf aus Frankreich fliehen mußte. Zusammen
begründeten sie das „Bureau Reuter", wobei Dr. Engländer
das Wissen und den Geist, und Julius Reuter das geschäft=
liche Talent als einzige Anlagekapitalien einlegten.

So große Mühe Reuter sich aber auch geben mochte, der
auf die Redaktionen lief und sich diesen als früherer politischer
Depeschenkurier vorstellte, der über wertvolle Beziehungen
zu europäischen Regierungen verfüge, so wollte es mit dem
jungen Unternehmen doch nicht so recht vorwärts kommen.
Immer aufs Neue geriet es in Schwierigkeiten und wie ein
Verzweifelter lief Julius Reuter zu einem jeden seiner Be=
kannten, um sich einige Pfund zusammenzuborgen. Mein
Gewährsmann für diese Mitteilungen ist ein ehrwürdiger
alter Israelit, Herr Louis B a m b e r g e r, der um jene Zeit
als Privatsekretär des „Diamanten=Herzogs" in London lebte
und mit diesem die „Deutsche Wochenschrift Hermann" hatte

begründen helfen. „Wie oft habe ich nicht tief in die Tasche gegriffen," erzählte mir der alte Herr, „wenn Reuter jammernd und wehklagend zu mir kam. Und wie hat er meine Güte ver= golten? Wenn er heute vor mir stünde, würde ich ihm sagen: ‚Stellen Sie sich vor den Spiegel und spucken Sie sich selbst ins Gesicht!'"

Besser wurde es erst, als es Dr. Engländer gelang, eine neue geheime Verbindung mit Napoleon zu erschließen. Der 1. Januar 1859 kam, an welchem der Kaiser auf dem Neu= jahrsempfange den österreichischen Gesandten brüskierte. Eine Stunde später, war der Wortlaut seiner Ansprache in den Händen Reuters, der den denkbar besten Gebrauch von ihr zu machen wußte. Die „T i m e s", die bis zu jenem Tage nicht eine einzige Reutersche Meldung angenommen hatte, veranstaltete eine Extra=Ausgabe ihres Blattes mit der sen= sationellen Meldung und — das Glück des Herrn Reuter war gemacht.

Noch wichtiger und finanziell einträglicher für Reuter war die Nachricht von der Ermordung des amerikanischen Präsidenten Lincoln, die er zuerst und ausschließlich in Europa empfing. James Heckscher aus Hamburg war zu jener Zeit Reuter'scher Agent in New= York und erhielt die Nachricht von dem Attentat bald nach dem Abgange des gerade fälligen Postdampfers. Er zauderte nicht, charterte einen Spezial= dampfer und jagte dem Postdampfer nach, bis er diesen ein= geholt und dem Kapitän seine Meldung zur Weiterbeförderung an Reuter übergeben hatte. Eine Kabelverbindung zwischen der Alten und Neuen Welt bestand noch nicht und Reuter hatte, bis zum Eintreffen des nächsten Dampfers, einen Vorsprung von mehreren Tagen. Wie zu erwarten stand, gab er die Nach= richt — nicht der Presse, sondern nutzte sie an der Börse aus, wo er, im Verein mit befreundeten Bankiers, einen gewal= tigen Fischzug ausführte. Er hatte nicht umsonst die Geschichte des Begründers des englischen Rothschild=Hauses studiert, der von einer Anhöhe aus die Schlacht bei Waterloo verfolgt und in dem Augenblicke, als er die Überzeugung von dem Untergang Napoleons gewonnen hatte, nach London zurückeilte, wo noch Niemand eine Ahnung von dem englisch-deutschen Siege hatte, und wo er durch geschickte Ausnutzung der Nachricht Millionen an der Börse verdiente.

Ein Riesencoup Reuters war die Legung eines Telegraphenkabels von Lovestoft nach Norderney. Im Verein mit Oskar Meding wußte sich Reuter von dem blinden König Georg von Hannover durch allerhand Vorgaukelungen die Konzession für dieses Kabel zu erschleichen, zu deren Ausnutzung er sein Bureau in eine Aktiengesellschaft mit einem Kapital von 250,000 Pfund Sterling umwandelte. Die Aktien lauteten auf je 25 Pfund Sterling, und von der gezeichneten Summe wurden etwa 100,000 Pfund auf die Legung des Kabels verwandt. Dieses Kabel ließ Reuter von einer englischen Telegraphengesellschaft ausnutzen, welche für eine Depesche von 20 Worten die Summe von 2 Mk. erhielt, während der Rest von 4 Mk. der Reuter'schen Gesellschaft blieb. Im Jahre 1869 wurden von der englischen Regierung alle unterseeischen (englischen) Kabel angekauft und nach langem Kampf von beiden Seiten der Reuterschen Gesellschaft die Summe von 726,000 Pfund Sterling für das Lovestoft-Norderney-Kabel bewilligt, wodurch sich dieselbe in Stand gesetzt sah, ihre 25 Pfund-Sterling-Aktien zurückzuziehen, den Aktionären für jede Aktie etwa 80 Pfund Sterling bar auszuzahlen, das Kapital bedeutend zu verkleinern und die neuen Aktien auf 8 Pfund zu setzen. Reuter, der von Anfang an 3000 Stück seiner eigenen Aktien hielt, rief, als die Transaktion glücklich zu Stande gekommen war, freudestrahlend aus: „Haißt ä Geschäft!" Dann wandte er sich an Dr. Engländer, wie dieser mir später selbst erzählte, mit den Worten: „Siehst du, Sigmund, wenn du einen schriftlichen Kontrakt mit mir abgeschlossen hättest, so würdest du jetzt eine Million Mark von mir bekommen. Da du aber keinen Kontrakt in Händen hast, mußt du nehmen, was ich dir freiwillig zu geben für gut befinde." Dr. Engländer blieb als General-Bevollmächtigter in Diensten der Gesellschaft, wechselte aber seit jenem Tage kein Wort mehr mit Julius Reuter.

Noch rentabler war Reuters persische Spekulation. Es ist nicht allgemein bekannt, daß Nasr-ed-Din, Schah von Persien, seine erste europäische Rundreise auf Veranlassung des „Telegraphenkönigs" unternahm. Das Geld zu dieser Reise, die 300,000 Pfund Sterling verschlang, floß aus Reuters Tasche, der als Lohn dafür alle Konzessionen empfing, die der Schah in seinem Reiche zu vergeben hatte — Zugeständnisse von so weitgehender politischer Bedeutung, daß sie zu einer diplomatischen Aktion zwischen Rußland und England führten, welch' letzteres natürlich ganz auf Seiten seines Schutzbefohlenen stand. Es war der stolzeste Augenblick in dem Leben Julius Reuters, Baron durch die Gnade des Herzogs Ernst von Sachsen-Koburg, als er den fraglichen Vertrag unterzeichnete, — ein Augenblick, der von dem Londoner Portraitmaler Rudolf Lehmann in einem Ölgemälde verewigt worden ist. Die „Imperial Bank of Persia" ist, um ein Beispiel zu nennen, eins der Reuterschen Unternehmen in Persien.

Julius Reuter und Dr. Wolff, Inhaber des Wolff'schen Bureaus und Besitzer der Berliner „National-Zeitung", hatten ursprünglich ein Abkommen getroffen, welches die beiderseitige Geschäftssphäre genau begrenzte und dadurch verhinderte, daß ein Bureau dem anderen Konkurrenz bereitete. Dieses Abkommen lief ab und Reuter errichtete, im geheimen Einvernehmen mit Oskar Meding, ein eigenes Bureau in Berlin, das in erster Reihe bestimmt war, welfische Interessen zu vertreten. Dr. Wolff antwortete auf das Vorgehen seines Konkurrenten, indem er ein eigenes Bureau in London errichtete. Nun entstand ein frischer fröhlicher Krieg der Depeschenbureaus, in dem auf beiden Seiten nicht immer mit ehrlichen Waffen gekämpft wurde. Dem Grafen Bismarck wurde aber das Reuter'sche Treiben zu bunt und er beschloß, ihn auszuweisen. Dieser schwierigen Lage zeigte sich Dr. Engländer, die rechte Hand Reuters, voll gewachsen. Er suchte Dr. Wolff auf und bat diesen um eine private Unterredung, in deren Verlauf er den Konkurrenzkampf zwischen den beiden Bureaus beklagte, und sich bereit erklärte, dahin zu wirken, daß Reuter seine Berliner Agentur aufgäbe, wenn Wolff das Londoner Bureau aufheben und Reuter einen Teil seiner Aktien abtreten wolle. Daß es ihm gelang, den Dr. Wolff zur Annahme seines Vorschlages zu bewegen, der dem Inhaber des „Bureau Reuter" einen weit größeren Einfluß auf die preußische Politik und die preußische Hochfinanz als unter dem früheren Verhältnisse sicherte, ist von allen seinen „Heldentaten" diejenige, auf welche sich Dr. Engländer immer am meisten eingebildet hat.

Um sich an Bismarck zu rächen und eine Waffe gegen die Preußische Regierung in der Hand zu haben, kaufte Reuter die von dem Londoner Korrespondenten der Kölnischen Zeitung, Dr. Schlesinger, in's Leben gerufene „Allgemeine Korrespondenz". die aber ihres Kampfcharakters völlig entkleidet war, als ich ihre Redaktion übernahm.

Das alte, rauchgeschwärzte Haus in 24 Old Jewry, in dem sich Reuters Telegram Co. Limited befindet, macht mit seinen engen steilen Treppen und den niedrigen dunklen Zimmern auf seine Besucher keinen freundlichen Eindruck. Es ist voll düsterer Geheimnisse und in den dunkeln Winkeln scheinen die Geister der durch Reuters Telegramme hervorgerufenen Börsenpaniken zu lauern. Da in dem Hause ununterbrochen Tag und Nacht gearbeitet wird, wirkt schon die Atmosphäre atemraubend und beklemmend. Zahlreiche junge Burschen in schmucker grauer Botenuniform laufen die Treppen auf und ab und übermitteln den Redaktionen die von dem Bureau ausgegebenen Depeschen, aber —

was hat die Inschrift zu bedeuten, die auf allen Toiletten des
Hauses angebracht ist: „Any messenger boy found on this
W. C. will be instantly dismissed."? (Jeder Botenjunge, der
sich auf dieses W. C. begibt, wird auf der Stelle entlassen.)
Wer sich nach dem Grunde dieser seltsamen Verfügung erkundigt,
erhält im Flüsterton die Antwort, daß eine ganze Anzahl
Reuterscher Botenjungen sich Sittlichkeitsvergehen hätte
zuschulden kommen lassen und daß auch der Botenmeister des
gleichen Vergehens wegen prozessiert und bestraft worden sei.
Auf die weitere Frage, wie es zugehe, daß die jungen
Burschen sich soweit vergessen hätten, erhält man zur Antwort, daß sie schlecht bezahlt wären und auf einen „Ne-
benerwerb" angewiesen seien.

In diesem homosexuellen Milieu, in dieser korrupten
Atmosphäre ist der jetzige General-Direktor, H e r b e r t d e
R e u t e r , aufgewachsen und groß geworden. Ein Mann
von Mittelgröße und — zu meiner Zeit — schlanker Gestalt, mit
rötlichem Haar und Schnurrbart, mit blauen, unruhig zwinkern-
den Augen und gefälligen einnehmenden Manieren, verkör-
perte er augenfällig den Typus des auf englischen Boden
verpflanzten deutsch-jüdischen Geschäftsmannes, der nicht mehr
an seine Herkunft erinnert sein mag. Die Lorbeern seines
Vaters lassen ihn nicht schlafen. Das Opfer eines dämonischen
Ehrgeizes, ist sein Sinn Tag und Nacht darauf gerichtet, der
Stifter einer neuen Dynastie von Finanzbaronen zu werden,
mächtiger und stärker als selbst die Rothschilds in Europa, die
Vanderbilts und Rockefellers in Amerika. Diesem Ziele gilt
sein ganzes Mühen. Morgens elf Uhr erscheint er pünktlich
auf dem Bureau und bleibt bis spät abends da; und selbst in
der Nacht gönnt er sich keine Ruhe, studiert er bis nach zwei Uhr
die neuesten Erscheinungen auf dem Gebiete der Literatur
und Wissenschaft, soweit er sich davon Nutzen verspricht. Er
hat an deutschen und französischen Hochschulen studiert und
den letzten geschäftlichen Schliff von seinem Vater wie von

Dr. Engländer erhalten, welche beide in der Tat in jeder Hinsicht unübertreffliche Lehrmeister des geschäftlichen Erfolges
waren, die ihresgleichen suchten.

Auf Veranlassung Dr. Engländers ist die im Jahre 1892
erfolgte Gründung einer „Abteilung für internationale Publizität" zurückzuführen, durch die das Bureau Reuter seine
Dienste allen anbot, die „Publizität" gebrauchten und dafür
entsprechend zu zahlen im Stande waren. Diese Gründung
war nur eine von zahlreichen anderen Unternehmungen,
durch die der Sohn dem Vater gleichzukommen, wenn ihn
nicht zu übertreffen suchte.

Um jene Zeit ließ mich Herbert de Reuter zu einer
Unterredung bitten, in der er mir bei einer Tasse Kaffee und
einer Havana den Antrag stellte, für die Gesellschaft nach
Berlin zu gehen und die Direktion der dortigen Agentur zu
übernehmen. Er war gut aufgelegt und ließ sich offener gehen,
als dies sonst bei ihm der Fall war. „Wissen Sie," so sagte er
zum Schlusse unserer Zusammenkunft, „daß ich mir vorkomme
wie der neue Moses?"

„Nein, das habe ich bisher nicht gewußt, Herr Baron,
und ich verstehe aufrichtig gesagt nicht, was Sie mit diesem
Vergleiche meinen."

„Ich will es Ihnen gestehen," gab er zur Antwort. „Der
Moses des alten Testamentes erblickte, wie Sie sich vielleicht
aus der Bibel erinnern werden, das gelobte Land von der
Ferne, konnte aber nicht hinein. Ich aber als der neue Moses
will hinein in das gelobte Land und werde auch hinein-
kommen."

„Halten Sie sich meiner besten Wünsche dazu versichert,"
lautete meine Erwiderung.

„Und nun, Herr Witte, erlauben Sie mir, Sie zu
Ihrer Ernennung als unser Berliner Direktor zu beglück-
wünschen. Sie haben sich unlängst verheiratet und das soll
das Hochzeitsgeschenk der Gesellschaft sein."

„Ihre Güte überwältigt mich, Herr Baron," verſetzte ich, „aber ich bin mit meiner hieſigen Stellung ſo zufrieden, daß ich gar nicht den Wunſch hege, ſie aufzugeben und nach Berlin zu gehen. Ich würde es ſogar vorziehen, hier zu bleiben."

Herbert de Reuters Augen flackerten unruhig hin und her. „Aber es iſt unſer, mein Wunſch, daß Sie nach Berlin gehen und die Leitung unſerer dortigen Geſchäfte übernehmen."

„Wollen Sie mir Ihr Wort geben, Herr Baron, daß ich es nicht zu bereuen habe, wenn ich auf Ihren Antrag eingehe?"

„Ich gebe Ihnen mein Wort," lautete die Antwort, „daß Sie es nicht zu bereuen haben werden, wenn Sie unſern Antrag annehmen."

Ich nahm an.

In Berlin traf ich zum erſten Mal mit Dr. Engländer perſönlich zuſammen, den ich bis dahin nur vom Hörenſagen kannte. Auf dem Londoner Bureau hatten mir die Kollegen erzählt, daß Dr. Engländer in ſeinem Leben wiederholt wegen Hoch- und Landesverrats zum Tode verurteilt worden und nur mit knapper Not dem Schickſal entgangen wäre, mit dem Hängmann unliebſame Bekanntſchaft zu ſchließen. Unvergeßlich iſt mir die Scene unſerer erſten Begegnung geblieben. Dr. Engländer war in der bekannten Penſion Herzberg abgeſtiegen und bewohnte dort eine Reihe von Zimmern. Ich ſandte ihm meine Karte und ein Mädchen führte mich zu ihm. Als ich die Türe öffnete, bot ſich mir ein eigenartiges Schauſpiel. Ein Dienſtmann und eine in ein verführeriſches Morgengewand gekleidete auffallend ſchöne und ſtattliche junge Dame waren liebevoll um einen alten Herrn bemüht, deſſen Beine ſie abwechſelnd in die Höhe hoben und wieder ſinken ließen. Der alte Herr, der kein anderer als Dr. Engländer war, bat mich, einen Augenblick Platz zu nehmen, bis die Operation vorüber wäre. Dies dauerte noch einige Minuten, dann nahm der Dienſtmann den Auftrag entgegen, für eine beſtimmte Stunde einen Wagen zu beſtellen, die junge Dame verschwand in ein anstoßendes Schlafzimmer, und ich fand mich mit dem geistigen Begründer und Generalvertreter des Reuter'schen Bureaus allein. Sichtlich gestärkt erhob er sich von seinem Sitz.

„Gut, daß Sie da sind," sagte er, „Ich habe soeben einen wichtigen Auftrag für Sie von Herrn von Reuter empfangen, und um Ihnen zu zeigen, wie sehr Sie unser Vertrauen besitzen, mögen Sie seinen Brief im Original selbst lesen."

Mit diesen Worten reichte er mir einige eng mit der Schreibmaschine beschriebene Bogen, die ich mit Interesse bedächtig durchlas. Er freue sich, so schrieb Herr von Reuter, seinem guten lieben Dr. Engländer, der noch immer sein einziger treuer Freund und Berater sei, mitzuteilen, daß es ihm gelungen sei, eine Konzession für eine Millionsechshunderttausend Morgen Land für Ansiedlungszwecke in den Vereinigten Staaten von Columbien zu erhalten. Das Geschäft sei durch die Vermittlung des columbischen Gesandten in London zustande gekommen, dem er dafür ein anständiges Trinkgeld gegeben hätte, und nun sei es ihm darum zu tun, deutsche Kolonisten für die Ländereien zu gewinnen. Um die Sache in Zug zu bringen, möge doch Dr. Engländer Herrn Witte nach dem Auswärtigen Amt senden und dort die Erklärung abgeben lassen, daß er, Baron Herbert von Reuter, dem Deutschen Reiche ein Protektorat über Columbien anbiete, ähnlich dem, welches England über Ägypten ausübe. Obwohl jetzt englischer Untertan, habe Herr von Reuter doch seinen deutschen Ursprung nicht vergessen, und er wolle seine Liebe zu der Heimat seines Vaters dadurch bekunden, daß er dem Deutschen Reiche zuerst und ausschließlich dieses Anerbieten unterbreite. Er wünsche zunächst nichts weiter, als daß das Deutsche Reich, was ja in staatlichem Interesse liege, den Strom der Auswanderung von Nord-Amerika, teilweise wenigstens, nach Columbien ablenke, wo dann ein Neu-Germanien über dem Meere unter der Ober-

hoheit des alten Reiches entstehen könne. Er werde das Seine
zu dem Erfolge beitragen. In einem Postskriptum fügte Herr
von Reuter zur Information des Dr. Engländer noch hinzu,
daß er sich die Konzession ursprünglich in der Erwartung verschafft habe, das Land mit einem guten Nutzen an seinen
Freund, Baron Hirsch, zu verkaufen, der sich damals mit großen
Kolonisationsprojekten zum Wohle der verfolgten russischen
Juden trug; dieser habe sich aber weder für Land noch Leute
von Columbien erwärmen können, und so bliebe ihm nichts
anderes übrig, als sich nach deutschen Ansiedlern umzusehen.

Ich ging auf das Auswärtige Amt und entwickelte den
Vorschlag des Herrn von Reuter. Man stand ihm aber kühl
und ablehnend gegenüber und schien nicht so recht an die
Versicherungen zu glauben, mit dem der Londoner „Tele-
graphenkönig" seine plötzlich erwachte Freundschaft für das
Deutsche Reich beteuerte. Hätte man zu jener Zeit allerdings
in die Zukunft schauen und vorher sehen können, daß die
Vereinigten Staaten von Amerika eines schönen Tages den
Panama=Kanal bauen und sich an dem dortigen Isthmus
häuslich niederlassen würden, so wäre die Antwort vielleicht
anders ausgefallen.

Was Herr von Reuter später mit der Konzession ange-
fangen, ob es ihm gelungen ist, die eine oder andere europäische
Macht für seinen Plan zu erwärmen, vermag ich nicht zu sagen.
Jedenfalls setzt der Besitz einer Konzession von einer
Million sechshunderttausend Morgen Land in den Vereinigten
Staaten von Columbien Herrn von Reuter oder diejenige
Macht, auf deren Angehörige er sie überträgt, in den Stand,
unter Umständen Ansprüche geltend zu machen, die mit
dem Geiste der Monroe=Doktrin nicht vereinbar sind und
daher den Keim zu ernsten Verwicklungen mit den Ver-
einigten Staaten von Amerika in sich bergen.

Gleichzeitig mit dem Briefe, welcher die Eröffnungen
über die Konzession des Herrn von Reuter enthielt, hatte

Dr. Engländer mir einige andere Schriftstücke mit dem Er=
suchen zugeschoben, sorgfältig von ihrem Inhalt Kenntnis
zu nehmen; ich könnte daraus ermessen, wiederholte er, wie
weit das in mich gesetzte Vertrauen ginge. Ich las und meine
Augen wurden größer, unwillkürlich fragte ich mich, ob ich
wachte oder träumte. Was da vor mir stand, erschien mir so
außerordentlich, so romanhaft, fast unglaublich — und doch
hielt ich den Beweis in Händen.

Zu jener Zeit hatten in England gerade die allgemeinen
Wahlen stattgefunden, wobei die Wahl eines Inders,
des Parsen Dabob'hai Naoroji aus Bombay, in dem
Londoner Stadtbezirk Finsbury das größte Aufsehen in ganz
Großbritannien hervorrief. Die „Times" nannte diese Wahl
ein „romantisches" Ereignis, soweit man in der hohen Politik
von „Romantik" sprechen könne und die Mehrheit der eng=
lischen wie ausländischen Blätter äußerte sich in ähnlichem
Sinne. In dem Briefe, den mir Dr. Engländer zuschob, er=
hielt ich unerwartet die Lösung des Rätsels. „Lieber Dr.
Engländer," so etwa hieß es in dem Brief, „Sie haben gewiß
von der Wahl des Inders Dadobhai Naoroji in Finsbury
gehört. Im Vertrauen teile ich Ihnen nun mit, daß diese
Wahl mein Werk ist. Herr Naoroji und ich haben eine „Mu -
hamedan Agency" gegründet, um die Reformbe=
wegung im Islam, die so manchen europäischen Staatsmännern
Kopfschmerzen verursacht, und mit der die auffällige Erschei=
nung des muhamedanischen Proselytismus in England in
engstem Zusammenhange steht, politisch und finanziell zu
fruktifizieren.

Die Endziele der „Muhamedanischen Agentur" sind da=
rauf gerichtet:

1. Den Proselytismus in England und die Reformbe=
wegung in Indien zu benutzen, um bei der ganzen
muhamedanischen Welt aufs Neue den Glauben zu
erwecken, daß der Islam berufen sei, noch einmal die

Welt zu erobern und daß die Bekenner des Propheten
zu Herrschern der Erde ausersehen seien.

2. Den moslemitischen Proselytismus in England zum
Ausgangspunkt einer neuen Hedschra mit den End=
zielen London und Liverpool zu machen, um allen
Gläubigen, die die große Pilgerfahrt nach England
unternehmen, den augenscheinlichen Beweis von der
Ausbreitung des Islams auch im Abendland und ganz
besonders in dem Heimatlande des „Kaisers von Indien"
zu liefern.

3. Unter den muhamedanischen Bewohnern Kleinasiens
Unzufriedenheit mit ihrem Los und den Wunsch nach
politischem Anschluß an ihre Brüder in Indien hervor=
zurufen."

So etwa lautete in großen Umrissen das Programm der
„muhamedanischen Agentur", das sich da plötzlich in dem
Briefe des Herrn von Reuter vor meinen staunenden Augen
entrollte. Es lag natürlich nicht, wie ich ohne weiteres zu=
geben will, in der Absicht des Dr. Engländer, mir auch von
d i e s e m Briefe Kenntnis zu geben, aber er war ein alter
Mann und sein Gedächtnis ließ ihn wohl zuweilen im Stich.
So nur vermag ich mir diesen angeblichen Vertrauensbeweis
zu erklären, der mir Herrn von Reuter in einem ganz neuen
Lichte zeigte. Also nicht nur ein neuer Moses, sondern sogar
ein neuer Muhamed wollte er werden, und daß die „Muha=
medanische Agentur" zäh und zielbewußt an der Verwirk=
lichung ihres Programmes arbeitet, das in der Zwischenzeit
manche Erweiterungen und Ergänzungen erfahren haben
mag, beweisen die Tatsachen. Sie erklären wohl auch den
Ausbruch der neuen Unruhen unter der muhamedanischen
Bevölkerung Indiens wie die Gährung unter der Bevöl=
kerung Ägyptens.

Während seines Aufenthaltes in Berlin fragte ich Dr.
Engländer nach seinem politischen Glaubensbekenntnis. · „Selbst=

redend bin ich ein Anarchist," entgegnete er, „und als solcher bereitet es mir d i e b i s c h e s Vergnügen, die monarchischen Regierungen an der Nase zu führen, soweit ich es vermag, und sie obendrein noch dafür schwer zahlen zu lassen."

Bei diesen Worten fiel mir ein, was man mir einmal in Konstantinopel über ihn erzählt hatte, wo man sich seiner von seiner früheren Tätigkeit als Chef des dortigen Reuter= schen Bureaus wohl erinnerte. Er habe dort, so sagte man mir, in der Vorstadt Ortakeui einen wohlassortierten kleinen Harem unterhalten und sich zu jener Zeit, wenn er mit dem Lokal= dampfer nach Galata fuhr, um sich in sein Bureau zu begeben, häufig das Vergnügen bereitet, eine Handvoll Goldstücke auf das Schiffsdeck zu werfen. Wenn man ihm deswegen Vor= stellungen machte, so lautete seine Antwort: „Ach, laßt das schmutzige Gold liegen, oder behaltet's, wenn Ihr wollt; wo das herkommt, da kommt noch mehr her!"

Dr. Engländers Besuch in Berlin dauerte vier Wochen. Ich begleitete dann ihn und seine schöne „Nichte" auf die Bahn, wo mir diese im letzten Augenblick unter dem Siegel der Verschwiegenheit mitteilte, daß sie in kurzer Zeit „Granny", (Großväterchen), wie sie den Alten nannte, heiraten werde.

„Ist es wirklich Ihr Ernst?" fragte ich sie.

„Ja, er ist ja schon so alt und —"

Etwa zwei Monate später enthielt die „Times" die Ver= mählungsanzeige des jungen Paares. Ich zeigte sie einem Mitgliede der türkischen Botschaft in Berlin, welches nur auflachte, als es sie las. „Und wenn ich in der Kirche bei der Zeremonie zugegen gewesen wäre," meinte er, „würde ich nicht an die Trauung glauben."

Ein oder zwei Jahre später meldeten die Blätter, daß die ebenso schöne wie interessante Frau Dr. Engländer den von ihr angestrengten Ehescheidungsprozeß aus dem seltenen Grunde verloren hätte, daß sich kein Gerichtshof für kompe= tent zur Verhandlung des Prozesses erklärt hätte, weil ihr

Gatte nirgends einen dauernden Wohnsitz habe, mithin kein
Gericht für den Fall zuständig wäre. Wiederum nicht lange
darauf meldeten Blätter die Schreckenskunde, daß Frau Dr.
Engländer, geb. Frieda Lasch aus Königsberg in Ostpreußen,
in Paris ermordet aufgefunden worden sei! Armes, armes
„Friedchen!"

Von der ebenso eigenartigen wie vielseitigen Tätigkeit
des „Telegraphenkönigs" zeugt ein Auftrag, den ich bald nach
der Abreise Dr. Engländers von London aus erhielt. Es erging nämlich das Ersuchen an mich, für ein spanisches Eisen-
bahnunternehmen, die „North of Spain and Valencia Railway",
an der Berliner Börse eine Anleihe von 16 Millionen Mark
zu negotiiren. Mit den mir übersandten Prospekten in der
Hand ging ich zu Dr. D i e d r i c h   H a h n, dem damaligen
Bibliothekar der „Deutschen Bank", mit dem ich einige Male
früher zusammengetroffen war, und bat ihn um seinen Bei-
stand. Er las die Prospekte, ging damit zu Dr. S i e m e n s,
dem ersten Direktor der Deutschen Bank, kam aber mit der
Antwort zurück, daß dieser es lebhaft „bedaure", Herrn von
Reuter in der Sache nicht dienen zu können. Dr. Hahn gab
mir eine Einführung an den spanischen Generalkonsul, Eugen
Landau, der die Prospekte sorgfältig studierte, dann aber
gleichfalls lebhaft „bedauerte". Ich suchte nun D i r e k t o r
H o l l ä n d e r von der Dresdner Bank auf, der die Prospekte aufmerksam durchlas, mit dem Kopfe schüttelte und
mir dann die denkwürdige Antwort gab: „Wissen Sie, und
wenn darauf ständ' der liebe Gott, was is gewiß 'ne faine
Firma, d a s   G e s c h ä f t   k ö n n t e n   w i r   n i c h t   m a c h e n!"

Das Geschäft wurde nicht gemacht; wäre es zu Stande
gekommen, wäre von den 16 Millionen Mark auch nicht ein
Pfennig für die Aktionäre zu retten gewesen.

Durch meine Vermittlung kam ein Vertrag zwischen
Isidor Löwe und Reuter zustande, durch welchen letzterem die alleinige Vertretung der „Deutschen Waffen- und

Munitionsfabrik" für die Staaten Persien, Ägypten und Columbien übertragen wurde. Infolge meiner Bemühungen kam ferner ein Abkommen zwischen S i e m e n s & H a l s k e und Reuter zustande, durch welches es den Reuterschen Vertretern in der ganzen Welt ermöglicht wurde, bei Ausschreibungen von Elektrizitätsanlagen als Vertreter von Siemens & Halske Angebote einzureichen. Auf den besonderen Wunsch des Herrn von Reuter stellte ich auch eine Verbindung zwischen seinem Bureau und der D e u t s c h e n B a n k in Berlin her, welch' letztere betreffs der Quotierung der Aktien einer Johannesburger Goldminen-Gesellschaft (Adolf Görz & Co.) ein besonderes Anliegen an Reuter hatte. „Wir werden Ihr Bureau in der üblichen Weise b e t e i l i g e n" sagte mir Direktor Steinthal, und so ist es auch wohl geschehen. Ich darf hier wohl gleich bemerken, daß ich von der mir vertragsmäßig zustehenden Vermittlungsgebühr für Abschluß derartiger Geschäfte nie auch nur einen Pfennig erhalten habe.

Einmal ging mir sogar aus London ein Eilschreiben zu, in dem ich ersucht wurde, nicht einen Augenblick nach Empfang des Briefes zu verlieren, sondern sofort zu Herrn Kommissionsrat R e n z, dem Besitzer des nach ihm benannten Zirkusunternehmens, zu fahren und ihn für das große Londoner Vergnügungsetablissement Earls Court zu engagieren, in dem der Londoner an den Sommerabenden Erholung und Zerstreuung sucht. Reuter hatte ursprünglich nur die Anzeigenregie für dieses Etablissement besorgt, das schließlich die Reuterschen Rechnungen nicht zu bezahlen vermochte und nach und nach in den Besitz des unternehmenden „Telegraphenkönigs" gelangt war. Wohl nur die wenigsten Besucher des Etablissements ahnten, daß sie mit ihrem Eintrittsgeld einen Tribut an „Baron" von Reuter entrichteten. Ich verlor in der Tat keinen Augenblick Zeit, nahm einen Wagen und fuhr zu Herrn Renz, den ich aber nicht sofort sprechen konnte, da ein Besucher bei ihm war. Ich wartete geduldig, bis dieser ihn verlassen hatte und stellte Herrn Renz dann als Vertreter des Reuterschen Bureaus den Antrag, sich für Earls Court engagieren zu lassen. Herr Renz war trostlos. „Wären Sie nur eine Viertelstunde früher gekommen," rief er aus. „Der Herr, der eben zur Tür hinausgegangen ist, hat den Vertrag mitgenommen, durch den ich mich für den kommenden Sommer zu einer süddeutschen Tour verpflichtet habe." Herr Renz konnte von Glück sagen, daß ihm das Londoner Experiment erspart blieb . . . . .

Echt charakteristisch für Reutersche Geschäftsmethoden war seine Verbindung mit einer amerikanischen „Schönheits=künstlerin", Frau Anna Ruppert, die „Unter den Linden" ein fürstlich eingerichtetes Verkaufslokal ihrer Schönheitsmittel eröffnete. Ich wurde von Reuter ersucht, ihre Anzeigen, in denen sie ein „Skin Tonic", d. h. ein Wasser für die Verschö=nerung des Teints, zu 10 Mark die Flasche (3 Flaschen für 28 Mark) empfahl, den Berliner Zeitungen zu geben. Das Geschäft florierte, bis das Polizeipräsidium eines schönen Tages eine amtliche Warnung veröffentlichte, der zufolge das zu 10 Mark verkaufte Mittel einen Höchstwert von 10 Pf. besaß. Frau Ruppert, die von Amerika her des Glaubens war, daß ein guter Anwalt alles „machen" könne, zahlte Fritz Friedmann 4000 Mark, um die Angelegenheit bei der Poli=zei für sie „ins Reine zu bringen". Fritz Friedmann nahm das Geld, vermochte aber nichts für die amerikanische Schwind=lerin zu tun.

Reuter inaugurierte also, in Verbindung mit Frau Rup=pert, die Ära der anglo=amerikanischen Schwindelanzeigen, von denen jetzt die deutsche Tagespresse, mit dem Berliner „Lokal=Anzeiger" an der Spitze, zum Schaden des Volkes überflutet wird, aus dem alljährlich ungezählte Millionen für wertlose „Mittel" und Patentmedizinen herausgelockt werden und ihren Weg in die Taschen der in London ansässigen geschäftsmäßig organisierten Schwindlerbande finden.

Vergeblich bat und beschwor ich Reuter, sich doch nicht mit so zweifelhaften Personen abzugeben und Rücksicht auf den guten Ruf seiner Gesellschaft zu nehmen. Als Antwort erhielt ich einfach die lakonische Mitteilung, daß er es bedauern würde, wenn die Bekanntmachung der Polizei das Geschäft der Frau Ruppert schädigen sollte; ich möge mir gesagt sein lassen, daß dem Wohle der Reuterschen Klienten alle anderen Rücksichten zu opfern seien.

Noch ein Beispiel sei mir hier anzuführen gestattet, welches jedem Leser die Augen darüber öffnen wird, welch' verwerflicher Mittel sich das Reutersche Bureau bedient, um seine Zwecke zu erreichen und welchen Wert Reutersche Telegramme besitzen. Mein englischer Kollege, G o r d o n S m i t h, der nachmals in dem vielgenannten Verleumdungsprozeß des „New-York Herald" gegen drei Berliner Tageszeitungen, „Post", „Neueste Nachrichten", und „Deutsche Tageszeitung", eine wenig beneidenswerte Rolle spielte, erschien eines Tages mit einem Briefe des Herrn von Reuter bei mir, und nahm meine Mitwirkung in Anspruch, um eine gewisse in dem Brief enthaltene Meldung in ein Berliner Blatt zu lanzieren und dann als Originalnachricht des betreffenden Blattes nach London zurückzutelegraphieren. Ich erklärte ihm in sehr entschiedenen Worten, daß ich mir ein für allemal derartige Zumutungen verbitten müsse, worauf er mir erwiderte, er werde den ihm gut bekannten Londoner Korrespondenten des „Lokal-Anzeiger" zwanzig Mark senden, der die Meldung dann sicher an sein Blatt telegraphisch übermitteln würde. Nach zwei Tagen erschien am Freitag, den 20. Januar 1893 in der Abend-Ausgabe des Berliner „Lokal-Anzeiger" das nachstehende Telegramm:

London, 20. Januar. (Von unserem St. Korrespondenten). Ich erfahre aus durchaus glaubwürdiger Quelle, daß die Verzögerung in der Emission der bulgarischen Anleihe in London, die im vergangenen Dezember stattfinden sollte, durch

die Ursache veranlaßt ist, daß gewisse Schwierigkeiten ent=
standen sind. Man hält die für die Obligationen gebotenen
Sicherheiten nicht für genügend.

An demselben Abend telegraphierte Herr Gordon Smith
das „Londoner Spezial=Telegramm" des Berliner „Lokal=An=
zeigers" an das Reutersche Bureau, und am nächsten Morgen
war die erschütternde Nachricht von dem bedenklichen Zustande
der bulgarischen Finanzen in allen großen Blättern Englands
und des Festlandes zu lesen.

Der durchsichtige Zweck dieses Manövers war der, den
bulgarischen Finanzminister zu z w i n g e n, sich bei der An=
leihe der Vermittlung der dem Herrn von Reuter nahestehenden
Gruppe internationaler „Finanzbarone" zu bedienen und außer=
dem dem Reuterschen Bureau die Vergebung der Emissions=
anzeigen zu übertragen. Und von solchen Intriguen hängt
oft das Wohl und Wehe der Völker ab.

Das Verhalten des Reuterschen Bureaus war in diesem
Falle um so mehr zu verdammen, als die bulgarische Regie=
rung sich der Treue Reuters durch die Bewilligung ganz
außerordentlicher Privilegien, wie unentgeltliche Benutzung
des bulgarischen Staatstelegraphen innerhalb der Grenzen
des Fürstentums, Zahlung der Depeschenunkosten nach London,
Ernennung des Reuterschen Agenten zum Direktor der amt=
lichen „Agence Balcanique", Priorität in der Beförderung
aller Reuter=Telegramme, Vergebung der Lieferungen für
die Ministerien und öffentlichen Anstalten an Reuter, zu ver=
sichern suchte.

Da die bedenklichen Zumutungen, mit denen Reuter an
mich herantrat, kein Ende nahmen, so schrieb ich ihm einen
Brief, in dem ich ihn in unverfälschten deutschen Worten
ersuchte, mich entweder auf einen schwindelfreieren Posten
zu stellen oder meine Resignation anzunehmen. Um sich zu
rächen, strengte Reuter einen Prozeß wider mich an, der
einige Jahre lang dauerte, und aus dem ich siegreich hervor=

ging. Juſtizrat Dr. Munckel, der anfänglich Reuter vertrat,
legte ſpäter die Vertretung ſeines Klienten nieder.

Seit jener Zeit werde ich von dem un=
verſöhnlichen Haſſe der internationalen
Telegraphen=Bureaus und ihrer Leiter
verfolgt, die um ihre perſönliche Rache an
mir zu befriedigen, in der Folge nicht zau=
derten, die höchſten Intereſſen des Deut=
ſchen Reiches wie der Vereinigten Staaten
preiszugeben und aufs Spiel zu ſetzen.

Eigentümliches Licht über die Wechſelbeziehungen zwi=
ſchen dem Reuterſchen Bureau in London und dem Wolff=
ſchen Bureau in Berlin, ſowie über die innere Organiſation
des Letzteren verbreitet ein Aufſatz, der vor Jahren in der an=
geſehenen engliſchen Wochenſchrift „Black and White“ aus
der Feder des früheren Berliner „Times“=Korreſpondenten,
Charles Lowe, der gewiß gut unterrichtet war, erſchienen
iſt. Dieſer bedeutende engliſche Journaliſt äußerte ſich über
„Wolff“ in den folgenden Worten:

„Wolff“ iſt eine Aktiengeſellſchaft, die aus einigen der
erſten jüdiſchen Bankiers in Berlin beſteht und, natürlich
genug, beanſpruchen die Mitglieder dieſer Geſellſchaft das
Vorrecht für ſich, in alle wichtigen Telegramme zuerſt
Einſicht zu nehmen, ein Vorrecht, deſſen ungeheure Be=
deutung für die Zwillingswelten der internationalen Politik
und der internationalen Finanz auf der Hand liegt.

„Das Wolffſche Bureau iſt eine halbamtliche Einrichtung,
das anerkannte Organ der preußiſchen und deutſchen Re=
gierung. „Do ut des“ oder „quid pro quo“ iſt der Grund=
ſatz, der ſeine Beziehungen zu den beiden Regierungen,
deren feiler Diener (henchman) und Mundſtück es zu gleicher
Zeit iſt, regelt. Es iſt ſehr viel und in ſehr verächtlichen
Ausdrücken über das „Reptilien=Preßbureau“ in Berlin
geſagt und geſungen worden, das tatſächlich jedoch nicht

oder höchstens in der Form des genannten Depeschenbureaus besteht. Nicht daß „Wolff" von der Regierung aus dem Reptilienfonds eine Geldsubvention empfinge; einer Zeitung oder einem ähnlichen Unternehmen ist eine Zahlung in Nachrichten aber mindestens ebensoviel, wenn nicht mehr wert, als eine Leistung in barem Gelde. Worin besteht also diese Zahlung? Zuerst in dem Vorrang, den die Regierung allen ankommenden oder abgehenden Wolff'schen Depeschen einräumt, um dem Bureau, wenn möglich, die Priorität in der Veröffentlichung seiner Meldungen zu sichern, eine Rücksicht, die für ein Telegraphenbureau natürlich von der schwerwiegendsten Bedeutung ist. Weiter bedient sich die Regierung „Wolffs" als ihres Kanals und Sprachrohrs, wenn sie ein Dementi zu veröffentlichen, die öffentliche Meinung zu beeinflussen oder der Welt — besonders der außerdeutschen Welt — eine Nachricht in einer bestimmten Form mitzuteilen wünscht, was sie bequem durch „Wolffs" internationale Beziehungen erreicht."

Hervorragende Verdienste um die Gründung des Wolffschen Bureaus hat sich der einstige Unteroffizier und nachmalige Hofrat Louis Schneider, der Vorleser Kaiser Wilhelms I. erworben, der im Interesse Bleichroeders und Dr. Wolffs den König von der vaterländischen Notwendigkeit eines halbamtlichen Depeschenbureaus zu überzeugen wußte, so daß dieser sich mit seinem ganzen Einfluß für die Verwirklichung des Vorhabens einsetzte, ja soweit ging, daß er an Dr. Wolff am 4. März 1865 das nachstehende Schreiben richtete:

„Ihrem mir vorgelegten Plane, durch eine Aktiengesellschaft Ihrem telegraphischen Institute eine ähnliche Ausdehnung zu geben, wie dies eine Englische Aktiengesellschaft zu tun im Begriffe steht, kann Ich nur meinen ganzen Beifall zollen und würde es mich sehr freuen, wenn bewährte patriotische Finanzmänner, wie die Herren von Oppenfeld, von Magnus, Bleichröder, sich mit Ihnen zu dem quäst.

Geschäfte einigen wollten. Es scheint mir sehr wichtig und notwendig, daß in Preußen ein dergleichen Institut creiert werde, um dem Englischen entgegenzutreten zu können.

gez. Wilhelm."

Dank diesem von allerhöchster Stelle ausgeübten Drucke weigerten sich die „patriotischen Finanzmänner" nicht länger, Dr. Wolff die für sein Vorhaben nötigen zwei Millionen Taler vorzustrecken, womit er eine Kommanditgesellschaft auf Aktien begründete, die 1871 in eine reine Aktiengesellschaft umgewandelt wurde. Daß die „patriotischen Finanz= männer" bei diesem Geschäft auf ihre Rechnung gekommen sind, erhellt aus den vorstehenden Mitteilungen des Herrn Lowe. Die Verquickung der „Zwillingswelten" der inter= nationalen Politik und der internationalen Finanz", wie der einstige „Times"=Korrespondent sie nennt, ist jedoch nicht blos auf London und Berlin beschränkt, sondern erstreckt sich noch viel weiter. Ähnliche Verträge wie zwischen Wolff und Reuter bestehen auch zwischen diesen und den amtlichen bezw. halbamtlichen Telegraphenbureaus der andern europäischen Länder, so der „Agence Havas" in Paris, dem „K. K. Tele= graphen=Korrespondenzbureau" in Wien, dem „Nordischen Telegraphenbureau" in St. Petersburg, der „Agenzia Stefani" in Rom, der „Agence Roumaine" in Bukarest, der „Agence de Constantinople" in der türkischen Hauptstadt, der „Agence Balcanique" in Sofia usw. Durch Verträge, in denen hohe Konventionalstrafen vereinbart sind, ist jedes der genannten Bureaus verpflichtet, die ihm von einer zum Telegraphen= kartell oder =Ring gehörigen Agentur zugesandten Depeschen in unveränderter Form der Presse zugänglich zu machen.

Zweifellos ist der Patriotismus jener Männer, die man auch die „goldne Internationale" nennt, eine Kapitalsanlage, die gute Zinsen trägt. Hauptaktionäre des „nationalen" Wolff'schen Telegraphenbureaus sind das Bankhaus S. Bleichroeder, dessen Chef, Dr. jr. Paul von Schwabach, eng-

lischer Generalkonsul ist und Herbert von Reuter, der Chef
des englischen Telegraphenbureaus, dessen Deutschfeind-
lichkeit eine über jedem Zweifel erhabene Tatsache ist.
Andere Aktionäre sind die Bankhäuser Mendelssohn, War-
schauer etc. General-Direktor ist der Österreicher Dr. jr.
Mantler, und Chef-Redakteur war bis vor einigen Jahren
Dr. O. Runge, ein deutscher Russe. Ein höchst eigenartiges Bild, das das „nationale" deutsche Telegraphenbureau
in der Zusammensetzung seiner Aktionäre und seiner verantwortlichen Leiter bietet, und ein höchst erfreulicher Aus-
blick für die Zukunft!

Aus den vorangegangenen wie den nachfolgenden Aufzeichnungen erbringe ich den Nachweis für die staats- und völker-
gefährlichen Umtriebe der „goldenen Internationale", die die
staatlichen Grundlagen weit mehr erschüttern als alle anar-
chistische Propaganda der Tat. Die Männer, die an den Telegraphenbureaus interessiert sind, kennen kein Vaterland,
denken und fühlen international und ihre Familienangehörigen
sind über die ganze Welt zerstreut, in Berlin und Paris, in
Rom wie in Petersburg und Wien, in London wie New-York
ansässig. Krieg und Kriegsgefahr bilden für diese Männer
die günstigste Gelegenheit, im Trüben zu fischen, und es wäre
unvernünftig, von ihnen zu erwarten, die sich ihnen darbietenden
„goldenen" Gelegenheiten unbenutzt vorübergehen zu lassen.

Sogar in Gerichtsverhandlungen ist bereits wiederholt
aktenmäßig festgestellt worden, daß das Wolff'sche Bureau im
Interesse seiner Aktionäre wichtige Nachrichten von politischer
oder finanzieller Tragweite zurückhält, um die „patriotischen Finanzmänner" in die Lage zu versetzen, auf Grund
der so erlangten Kenntnis in der gewonnenen Zwischenzeit
ein profitables Geschäft an den internationalen Börsenplätzen
zu machen; es wurde ferner festgestellt, daß das Auswärtige
Amt die Thronrede des Kaisers bei Eröffnung und Schluß des
Reichstages mehrere Stunden vor der allgemeinen Ausgabe

dem Wolff'schen Bureau zustellt, daß diese hochwichtigen Schriftstücke dann, ohne einen Augenblick zu verlieren, seinen bevorzugten Aktionären übermittelt. Reichstag, Presse und Öffentlichkeit erhalten erst mehrere Stunden nachher davon Kenntnis.

Trotz des bereits Angeführten dürfte es doch noch Überraschung und Befremden hervorrufen, daß dieses „nationale" Telegraphenbureau sich nicht entblödet, P r i v a t a b o n n e ـ m e n t s a u f d i e s c h l e u n i g s t e t e l e g r a p h i s c h e M e l d u n g v o n d e m A b l e b e n d e s j e t z i g e n K a i s e r s, W i l h e l m II., e n t g e g e n z u n e h m e n. Wie mir K a r l W e d e k i n d, Dr. Mantlers Vorgänger als General-Direktor der Gesellschaft, vor Jahren erzählte, belief sich die Zahl dieser Abonnenten bereits zu seiner Zeit auf f ü n f t a u s e n d!

Reichskanzler- und Auswärtiges Amt, die doch sonst keinen Spaß verstehen, und in Angelegenheiten, wo es oft kaum angebracht ist, unendlich feinfühlig und empfindlich sind, zeigen sich schwerhörig und zugeknöpft, sobald das „nationale" Wolff'sche Telegraphenbureau und seine dunklen Machenschaften in Frage kommen. Die verantwortlichen Träger der deutschen Politik würden gut tun, dem Beispiele der österreichisch-ungarischen Regierung zu folgen, die nicht Bedenken trug, die mit dem Wolff'schen Bureau für den Bezug russischer Telegramme bestehende Verbindung abzubrechen und einen eigenen Draht für den russischen Nachrichtendienst zu legen, als ich vor Jahren in der Wiener „Deutschen Zeitung" an der Hand zweier flagranter Beispiele den gemeingefährlichen Charakter des Wolff'schen Bureau nachwies.

Schon einmal, und zwar zur Zeit des chinesisch-japanischen Krieges, als die Beziehungen zwischen Rußland und England sehr gespannt waren, hatte das Wolff'sche Bureau dem amtlichen Wiener Bureau den Wortlaut einer angeblich amtlichen, im schärfsten Ton gehaltenen russischen Note übermittelt,

die sich am nächsten Tag als eine schamlose Wolff'sche Börsen=
fälschung herausstellte und von dem russischen Ministerium
des Äußern auf das Kategorischste dementiert wurde. Vor=
sichtshalber hatte das Wolff'sche Bureau den Wortlaut dieser
angeblichen Note den Berliner Blättern nicht mitgeteilt, sondern
n u r   n a ch   W i e n   gesandt, wo das amtliche Telegraphen=
Korrespondenz=Bureau und die Presse die Dupierten waren.
Genau das gleiche Manöver wiederholte sich während des
Krieges zwischen Griechenland und der Türkei. Auch damals
sandte das Wolff'sche Bureau den Text eines russischen Ultima=
tums nach Wien, wiederum fielen das amtliche Bureau und die
Wiener Zeitungen bis auf eine Ausnahme darauf hinein und
wiederum erschien am nächsten Tage ein kategorisches Dementi
des russischen Ministeriums des Äußern. Wiederum hatte das
Wolff'sche Bureau diese Depesche in Berlin nicht ausgegeben,
sondern n u r   n a ch   W i e n   gesandt. Von allen Wiener
Blättern war allein die „Deutsche Zeitung", deren Ausland=
Redakteur ich damals war, nicht auf den frechen Schwindel
hereingefallen. Ich erinnerte mich sofort des früheren gleich=
artigen Manövers, veröffentlichte nebeneinander die damalige
Fälschung und das darauf erfolgte Dementi, und sagte auch
für diesen Fall eine sofortige Berichtigung durch das Russische
Auswärtige Amt voraus. Meine Prophezeiung ging in Er=
füllung und als Folge meiner Veröffentlichungen wies Graf
Goluchowski den Direktor des K. K. Telegraphen=Korrespon=
denz=Bureaus, Herrn Hofrat Hahn, an, sich bestens bei dem
Wolff'schen Bureau in Berlin für die Übersendung des russischen
Ultimatums zu bedanken und demselben mitzuteilen, daß es
sich in Zukunft wegen der Übermittlung russischer Telegramme
nach Wien nicht mehr bemühen möge. Diese Mitteilung hat
auf dem Auswärtigen Amt in Berlin zweifellos unangenehm
überrascht, doch hat man nie gehört, daß in der Direktion des
Wolff'schen Bureaus ein Wechsel eingetreten sei. Für den
Grafen Murawiew und den Grafen Goluchowski aber gaben

diese Vorkommnisse Veranlassung, einen direkten Draht zwischen Wien und Petersburg anzuknüpfen und eine Verständigung für die Angelegenheiten auf der Balkan-Halbinsel herbeizuführen, die sich bis heute — allen feindlichen Intriguen zum Trotz — trefflich bewährt hat.

Zur Information und Erbauung des Publikums lasse ich nachstehend die vier betreffenden Meldungen in ihrem authentischen Wortlaut folgen:

Aus der Deutschen Zeitung, Wien, Abendausgabe vom 26. Februar 1897.

Die Wolff'sche Fälschung.

Berlin, 26. Februar. Das Wolff'sche Bureau vernimmt aus authentischer Quelle aus Petersburg:

„Durchdrungen von der Überzeugung, daß nur durch ein festes, zielbewußtes Vorgehen der Großmächte gegenüber der revolutionären Bewegung auf Kreta ein Umsichgreifen derselben auf andere Gebietsteile der Türkei und damit eine Gefährdung des europäischen Friedens vermieden werden kann, beseelt von dem Wunsche, seinerseits alles aufzubieten, um Europa vor dem Ausbruche eines möglicherweise aus frivolen Ursachen hervorgehenden Krieges zu bewahren, endlich in der Erkenntnis von der Richtigkeit

Deutsche Zeitung, Wien, Abend-Ausgabe vom 1 März 1897.

Das amtliche Dementi.

Petersburg, 28. Februar. (Meldung der Russischen Telegraphenagentur.) Wir ersuchen folgende Erklärung zu veröffentlichen: Die Russische Telegraphenagentur ist ermächtigt, aufs bestimmteste zu versichern, daß die russische Regierung kein offizielles, offiziöses oder irgendwie inspiriertes Kommuniqué inbetreff ihrer Stellung in der kretischen Angelegenheit durch Zeitungen oder durch Vermittlung des Telegraphen veröffentlichen ließ. Alles was dem ähnlich in der ausländischen Presse in der Form von Mitteilungen oder Telegrammen, sei es der Telegraphenagenturen, sei es von

der Stellungnahme Deutschlands sowohl in der kretischen
Frage wie auch Griechenland
gegenüber, erachtet es Rußland für notwendig, Griechenland durch seinen Gesandten in
Athen auffordern zu lassen,
seine Flotte und seine gesamte auf Kreta befindliche
Truppenmacht innerhalb
dreier Tage zurückzube-
rufen.

Sollte Griechenland in blin-
der Verkennung seines eigenen
Vorteiles dennoch den wohl-
gemeinten Ratschlägen Rußlands und der mit ihm verbündeten Mächte ferneren Widerstand entgegensetzen oder sich
durch selbstsüchtige Freunde
in seinem bisherigen Verhalten
aufmuntern lassen, vielleicht in
der falschen Voraussetzung von
einer Uneinigkeit unter den
Großmächten, weil eine oder
die andere Macht nicht von
vornherein den Vorschlägen
Rußlands, welches sich mit
Deutschland und Frankreich
Eins weiß, beitrat, so ist Rußland entschlossen, die Konsequenzen aus diesem, den Frieden
Europas im höchsten Maße
bedrohenden Widerstande Grie-

Spezialkorrespondenten, veröffentlicht wurde, ist lediglich
als Nachricht von Privatkorre-
spondenten anzusehen. (Auf
eine spezielle Anfrage beim
Wolffschen Bureau hatten wir
von diesem die Auskunft erhalten, das von diesem Büreau
am 26. Februar veröffentlichte
und an andere Telegraphenagenturen versandte Kommuniqué sei ihm als authentisch
und aus amtlicher russischer
Quelle stammend aus Petersburg zugekommen. Die Auf-
klärung des zwischen den Behauptungen der beiden Telegraphenagenturen sich ergeben-
den Widerspruches muß ihnen
selbst überlassen bleiben. (An-
merkung des k. k. Telegraphen-
Korrespondenz-Bureaus.)

chenlands zu ziehen und
mit schärferen Repressalien
gegen dasselbe vorzugehen, als
deren erste es die bereits von
ihm akzeptierte Blockade der
Häfen ansieht.

Im Bewußtsein von der
Einigkeit mit Frankreich und
dem absoluten Einverständnisse
mit Deutschland und Österreich-
Ungarn wird Rußland, selbst
wenn einzelne Mächte sich den
Schritten nicht anschließen
sollten, in der Lage sein, den
Frieden Europas durch die
Vorgänge auf Kreta jedenfalls
nicht gefährden zu lassen. Mit
den übrigen Großmächten ist
Rußland der Ansicht, daß eine
Annexion Kretas durch Griechenland außer Betracht bleiben
und daß vor Eintritt in die
Verhandlungen über die zu-
künftige Gestaltung Kretas
der völkerrechtswidrigen Aktion
Griechenlands ein Ende zu
machen sei. Dementsprechend
verständigte sich Rußland mit
den Mächten dahin, nach der
Räumung Kretas durch die
griechische Militärmacht zunächst
wieder Ruhe und Ordnung
auf der Insel herzustellen und
sodann dort unter dem Schutze

der Großmächte und Suzer=
änität des Sultans die Autono=
mie einzuführen."

Anläßlich dieses Fälscher-Stückleins schrieb ich in der
Abend-Ausgabe der Wiener „Deutschen Zeitung" am 27. Febr.:

Das russische „Ultimatum" — eine offiziöse
Fälschung.

Die zweideutige Stellung und Unzuverläßlichkeit des halb
amtlichen, halb Bleichröder=Reuterschen „Wolff"=Bu=
reaus ist wiederholt, so erst in der heutigen Morgenaus=
gabe der „Deutschen Zeitung", von uns gebührend gekenn=
zeichnet worden. Es ist die Politik dieses Bureaus, in be=
wegten Zeiten zu Gunsten seiner dunklen Hintermänner falsche
Alarmnachrichten zu verbreiten und derart zu entstellen, daß
die vorher davon in Kenntnis gesetzten Aktionäre des Bureaus
an der Börse einen großen Schlag machen können. Der
gestrige Tag hat einen weiteren überraschenden Be=
weis für die Wahrheit unserer Behauptung gebracht. Es
stellt sich nämlich heraus, daß das angebliche russische Ulti=
matum, das gestern in der für hochoffiziöse Auslassungen
üblichen Form von dem Wolffschen Bureau verbreitet wurde,
nichts weiter als eine publizistische Privatleistung ist und
offenbar Zwecken dienen sollte, die wir nicht erst mehr beim
Namen zu nennen brauchen.

Wir möchten die Gelegenheit benützen, um auf eine
ähnliche Irreführung der öffentlichen Meinung durch das
Wolffsche Bureau hinzuweisen. Ende Oktober 1895 sandte
das Bureau eine aus Petersburg vom 29. Oktober datierte
Depesche aus, in der es einen Artikel des „Regierungsboten"
über die Lösung der armenischen Frage anführte, der nach=
stehende Sätze enthielt:

Die Wolff'sche Fälschung.	Das amtliche Dementi.
„Nach der Meinung poli=	Petersburg, 1. No=
tischer Kreise gibt es keine mit	vember. Die „Russische Tele=

dem Orient durch wesentliche Interessen verknüpfte Macht, die sich nicht empörte über die Manieren einer zweideutigen Politik der britischen Diplomatie, die beinahe die Frage einer Teilung der Türkei berührte. Niemals äußerte sich in Europa das Gefühl des Mißtrauens gegen die Richtung der englischen Politik und ihre Ziele in so handgreiflicher Gestalt wie gegenwärtig."

graphen=Agentur" meldet: „Es hat kein Artikel im „Regierungsboten" über die Beziehungen Rußlands zu England gestanden. Die telegraphisch mitgeteilten Äußerungen in der Nummer des „Regierungs=boten" vom 29. Oktober sind Auszüge aus der Rubrik „Nachrichtenaus dem Auslande" dieser Zeitung, sie sind nur eine Beurteilung der in der ausländischen Presse erschienenen Artikel. Die gegenwärtige Lage der Dinge wird hier als eine solche betrachtet, die vollständig friedlich sei und in keiner Weise Beunruhigungen einflößen könne."

Die Ähnlichkeit der beiden Wolffschen Meldungen, der gestrigen und der vom 29. Oktober 1895 ist zu augenfällig, als daß sie noch eines weiteren Kommentars bedürfte. Nur die eine Frage möchten wir daran knüpfen: Wie lange noch werden sich die europäischen Regierungen hergeben, die schmutzigen Handlangerdienste der internationalen Großfinanz zu besorgen?

Diese Meldung, die aus Anlaß der damals bis auf das Äußerste gespannten russisch=englischen Beziehungen ungeheures Aufsehen erregte und zu wilden Vorgängen an der Börse führte, wurde von dem Wolff'schen Bureau nicht den Berliner Blättern, wohl aber dem k. k. Korrespondenz-bureau gegeben, das sie in der Wolff'schen Form weiter ver-

breitete. Aber schon am 1. November veröffentlichte das
Wolff'sche Bureau das amtliche Dementi.

Man sollte es nicht für möglich halten, aber es ist Tat=
sache, leider Gottes Tatsache, daß das Wolff'sche Bureau noch
immer das Vertrauen der deutschen Regierung besitzt. Selbst
aus Berliner Börsenkreisen erhob sich der Ruf nach einer
Reform der himmelschreienden Mißwirtschaft, nach einer Ver=
staatlichung des Wolff'schen Bureaus. Das enge Beziehungen
zur Berliner Finanz unterhaltende „K l e i n e J o u r n a l"
des Dr. Leo Leipziger schrieb in seiner Ausgabe vom 5. Februar
1900 wie folgt:

Der am Sonnabend zu Ende geführte Prozeß in
Sachen der vielfachen Durchstechereien im Wolff'schen Tele=
graphenbureau hat arge Mißstände aufgedeckt, gegen welche
unter allen Umständen ein sicheres und wirksames Vor=
beugungsmittel zu schaffen wäre. Höchst bedenklich ist be=
sonders ein Umstand, welcher durch eine Zeugenaussage
klargelegt ist. Ein hiesiges sehr angesehenes Bankhaus,
welches Besitzer eines Teils der Aktien ist und dazu den
Vorsitz führt im Aufsichtsrat der Aktiengesellschaft besagten
Telegraphenbureaus, hat, wie der Direktor des Wolff'schen
Telegraphenbureaus, Dr. Mantler, selber zugab, in einzelnen
Fällen von den Depeschen vor ihrer Veröffentlichung Kennt=
nis genommen.

Es ist klar, daß derartige Vorkommnisse in Zukunft
unmöglich gemacht werden müssen. Das Wolff'sche Tele=
graphenbureau müßte der Willkür und dem Einfluß privater
Personen ein für alle Mal entzogen werden. Denn es
handelt sich hier um ein offiziöses Institut, das mit der
Veröffentlichung und Verbreitung Allerhöchster Kundgebungen,
staatlicher und amtlicher Mitteilungen von den höchsten Be=
hörden betraut wird. Begreiflich also, daß man den
Wunsch hegt, es möchten die Meldungen des offiziösen Tele=
graphenbureaus bis zu dem Zeitpunkt der allgemeinen Ver=

öffentlichung sozusagen als Amtsgeheimnisse behandelt werden.
So geschieht es in Österreich und man hat auch dem
Wiener Korrespondenzbureau noch niemals irgend etwas
Ähnliches nachsagen können aus dem einfachen Grunde, weil
das österreichische Telegraphenbureau ein staatliches Institut
ist. Nun wäre es wohl an der Zeit, daß man auch bei
uns auf diesem Gebiet mit einer Verstaatlichung einsetzte,
zumal da jener Prozeß die Notwendigkeit eines solchen
Schrittes nahegelegt hat. Das verstaatlichte Telegraphen=
bureau würde etwa in das Ressort des Staatssekretärs des
Reichspostamts fallen, und von Herrn v. Podbielski wäre
ohne Weiteres zu erwarten, daß das neu zu organisierende
Institut in die denkbar beste Verfassung gesetzt würde.
Dann hätten wir Staatsbeamte als Funktionäre des Bureaus
und damit die Garantie, daß Unregelmäßigkeiten oder Be=
vorzugungen irgend welcher Art einfach ausgeschlossen wären.
Das wäre jedenfalls das beste und sicherste Mittel, die Be=
unruhigung, die der erwähnte Prozeß hervorgerufen, aus
der Welt zu schaffen.

Wird es im Deutschen Reichstage
Männer geben, die den Mut haben, die
hier aufgedeckten Mißstände im Wolff'=
schen Telegraphenbureau zur Sprache zu
bringen und dessen Verstaatlichung zu
beantragen?

Korrupt und unzuverläßlich wie Reuter und Wolff ist auch
die „Associated Press", das große amerikanische
Depeschen=Bureau, dessen erste Anfänge in die Zeit des Bürger=
krieges zurückreichen, als sich eine Anzahl amerikanischer Zei=
tungsherausgeber zusammentat und einen gemeinsamen De=
peschendienst organisierte, wodurch sie nicht nur eine bessere
oder schnellere Berichterstattung erzielten, sondern auch deren
Kosten wesentlich verminderten. Der Geschäftsumfang der
„Associated Press" vergrößerte sich seither mit jedem Jahre.

doch wurde sie dem großen Publikum Europas und speziell
Deutschlands erst seit Beginn des spanisch-amerikanischen
Krieges bekannt. Mit dem Eintritt der Vereinigten Staaten
in die aktive Weltpolitik nahm auch das Interesse der amerikanischen Zeitungsleser an auswärtigen Angelegenheiten zu
und die „Associated Press" sah sich gezwungen, diesem Um-
stande Rechnung zu tragen. Während sie früher nur in London in der Person des Herrn Walter Neef einen Hauptver-
treter unterhielt, dessen Bureau sich in den Reuterschen Ge-
schäftsräumen befand, errichtete sie jetzt auch ständige Vertretungen in Berlin, Wien, Paris und Petersburg. Sie ist
mit Reuter und Wolff auf das Engste liiert und bildet mit
diesen zusammen einen formidablen Dreibund, dessen Politik
das Geschäft, dessen Geschäft die Politik ist, und dessen rücksichtslose Leiter vor nichts zurückschrecken, um ihre Ziele zu
erreichen.

Wie die unabhängige amerikanische Presse über die
„Associated Press" denkt, geht aus einem mir vorliegenden
Artikel des „N e w - Y o r k A m e r i c a n" hervor, der kein
Blatt vor den Mund nimmt. Es heißt darin:

„In den jüngsten Jahren scheint die Direktion der
„Associated Press" in die Hände von Männern gefallen
zu sein, die sie für Zwecke ausnützen, die mit der Organisation nichts zu tun haben. Sie hat sich zu einer politischen
Maschine ausgewachsen und, schlimmer noch als das, sie hat
sich zu einer politischen Maschine für die Unterdrückung der
Wahrheit und die Verbreitung falscher Nachrichten ausgewachsen. Die Zeitungen, welche Mitglieder der „Associated
Press" sind und ihren Beitrag zu den Ausgaben des Nachrichtendienstes zahlen, sind zu der Forderung berechtigt, daß
die geschäftliche Leitung jener kleinen Coterie von Männern
entzogen werde, die die Organisation zur Förderung ihrer
eigenen bösen Endzwecke mißbrauchen. Für entfernt lebende
Mitglieder ist es äußerst schwierig, den Generalversammlungen

der „Associated Press" beizuwohnen und die Beamten=
wahlen müssen daher stets durch Stellvertreter erfolgen.
Hierdurch wurde es einem kleinen Innenring seit Jahren
möglich, die „Associated Press" zu beherrschen und die
Spalten der amerikanischen Zeitungen zur Förderung ihrer
eigenen Pläne zu benutzen, Börsenmanöver auszuführen, eine
politische Rolle zu spielen und ihre eigenen Freunde in Amt
und Stellung zu erhalten. Als ein Mitglied der „Associated Press" haben wir das Recht, eine ehrliche, wahrhafte
und unparteiische Berichterstattung zu verlangen, und wir
protestieren daher gegen die Fälschungen der „Associated
Press" und werden mit unseren Protesten fortfahren, bis
alle Ursachen zur Klage beseitigt sind."

Noch drastischer als der „New=York American" drückte sich
die „New=York Sun", deren Herausgeber der Inhaber
von Laffans Depeschenbureau ist, über die „Associated Press"
in einem drei Spalten engen Satzes füllenden Artikel aus,
dem sie nachstehende Überschriften gab:

CHEATS PRESS AND PUBLIC.

THE ASSOCIATED PRESS CABLES LIES
THAT BILK ITS CLIENTS.

News Stealing its business, News Manufacturing its
profession and Swindling its recreation. The biggest and
worst trust of all, it has the newspapers by the throat
and cheats and misleads the public at will.

Zu deutsch:
Betrügt Presse und Publikum.

Die Associated Preß kabelt Lügen, welche
ihre Klienten täuschen.

Das Stehlen von Nachrichten ist ihr Geschäft, Fabri=
kation von Nachrichten ihr Beruf und Schwindeln ihre Zer=
streuung. — Von allen der größte und schlimmste Trust,
sie packt die Zeitungen bei der Gurgel und täuscht und
führt das Publikum nach Belieben irre."

Aus dem Artikel selbst, dessen vollständige Wiedergabe
ich mir aus Rücksicht auf den mir zur Verfügung stehenden
Raum versagen muß, greife ich die folgenden charakteristischen
Sätze heraus, indem ich gleichzeitig bemerke, daß die „Associated Press" sich nicht veranlaßt gesehen hat, eine Beleidigungs=
oder Verleumbungsanklage anzustrengen. Das Blatt des
Herrn Laffan schreibt:

„Es ist gegenwärtig von besonderem Interesse, die
öffentliche Aufmerksamkeit auf die Bande von Dieben, Nach=
richtenfälschern und Schwindlern zu lenken, welche unter
dem ehrfurchteinflößenden Titel „Associated Press" operieren
und praktisch der ganzen Presse des Landes die Kehle zu=
schnüren. Die Ausdrücke „Diebe", „Nachrichtenschwindler"
und „Fälscher" sind von uns absichtlich gebraucht wor=
den . . . . . Die Diebe, Nachrichtenfälscher und Schwind=
ler bieten den Gerichtshöfen des Landes Trotz, erklären sich
keinem Gesetze unterworfen und erkennen keinerlei Autorität
an . . . . . Während die Friedenskommission in Paris tagte
und das ganze Volk nervös und ängstlich hinsichtlich des
Ausganges der Verhandlungen war, sandte die „Associated
Press" eine Lüge des Inhalts aus, daß die spanischen
Kommissare die Verhandlungen abgebrochen und sich zurück=
gezogen hätten. Wenn dies der Fall war, so gab es nur
ein Resultat — die Wiederaufnahme der Feindseligkeiten.
Dieser Bericht wurde ebenso wie andere Lügen der „Associated Press" über das ganze Land, nach Norden und
Süden, Osten und Westen versandt. Er traf hier spät am
Nachmittag, gerade vor Börsenschluß, ein, als es zu spät
war, das authentische Dementi zu veröffentlichen.

Am Tage der letzten Präsidentschaftswahl, als es be=
reits unumstößlich feststand, daß die Freunde gesunden Geldes
und der Prosperität den jetzigen Kongreß erobert und die
Sache der gegenwärtigen Administration aufrecht erhalten
hatten, sandte die „Associated Press" den Lügenbericht
aus, daß die Anhänger Bryans gewonnen hätten. Es war
eine so verwegene Lüge, wie sie die „Associated Press"
nur je fabrizierte. Die „Associated Press" sandte die
Lüge ihren Klienten, und das Land war beunruhigt. Der
Preis verschiedener Aktien ging um 1 bis 3 Punkte her=
unter, doch fielen nicht alle. Am nächsten Tage wurde die
Lüge wiederholt. Es war unverzeihlich am ersten Tage,
aber ein Verbrechen am Tage darauf. Noch einige Aktien
fielen. Es war unmöglich, die Lüge länger als zwei Tage
aufrechtzuerhalten; es wäre aber, wenn die „Sun" nicht
die Wahrheit gesagt hätte, möglich gewesen, daß die Speku=
lanten an der Börse ein ungeheures Vermögen verdient
hätten . . . .

Es sind dies nur einige Beispiele von vielen. Man
mache sich aber die Möglichkeiten klar. In den Händen
gewissenloser Menschen kann jede Zeitung im Lande zum
Werkzeuge dieser Männer gemacht und irgend Jemand
durch ein einziges Wort ruiniert werden. Es ist möglich,
den Kredit irgend einer Körperschaft zu zerstören. Die
Kurse an den Börsen können nach Belieben in die Höhe
oder nach unten getrieben und der Friede der Nation kann
gefährdet werden, wie es schon bei mehr als einer Gelegen=
heit geschehen ist. Die Größe dieser Macht ist kaum glaub=
haft, und die „freie Presse" gibt ihr Werkzeug ab — die
getäuschte und beschwindelte „freie" Presse!"

Ist schon die Größe der Macht der „Associated Press"
allein kaum glaubhaft, um wieviel größer und gewaltiger muß
die Macht der drei Telegraphenbureaus, Reuter, Wolff und
Associated Press zusammengenommen sein, die, wie ich er=

wiesen habe, eng und unlösbar mit einander verknüpft sind?!

Die „Associated Press" ist nicht immer so deutschfreundlich gewesen wie sie jetzt zu sein vorgibt. Zu jener Zeit, als ich in die Dienste der Deutschen Botschaft trat, war sie sogar ausgesprochen deutschfeindlich und bei mehr als einer denkwürdigen Gelegenheit schlug sie es dem Botschafter schlankweg ab, die ihr von diesem gesandten Kommuniqués zu veröffentlichen. Ich entsinne mich eines besonderen Falles, in welchem Herr von Bülow dem Botschafter kabelte, eine gewisse Nachricht, die in der „Washington Post" erschienen war, durch diese wie die „Associated Press" zu dementieren. Der verantwortliche Leiter der Letzteren in der Bundeshauptstadt, General Boynton, erwiderte mir in kurzer, ja fast unhöflicher Form, daß er das gewünschte Dementi nicht annehmen könne, und ich war herzlich froh, als sich nach vielem Bitten der Nachtredakteur der „Washington Post" entschloß, es in die Spalten des Blattes aufzunehmen. Erleichtert atmete Herr von Holleben auf, als er nach Berlin telegraphieren konnte, daß der Auftrag seines hohen Chefs ausgeführt sei. Der Vorfall hatte am nächsten Morgen noch ein kleines komisches Nachspiel, da weder der Botschafter noch seine Sekretäre und Attachés das fragliche Dementi in der „Washington Post" zu entdecken vermochten. Sofort wurde ein Diener in meine Wohnung gesandt, um mich vor Seine Exzellenz zu zitieren, die noch immer mit gerunzelter Stirn vor der „Washington Post" saß und in deren Spalten nach dem Bülow'schen Dementi suchte.

„Nun habe ich nach Berlin telegraphiert, daß das Dementi in dem Wische da erscheinen würde, und nun ist es doch nicht darin zu finden, obwohl ich es seit länger als einer Stunde suche. Was soll ich von Ihnen denken?"

Unwirsch reichte mir Seine Exzellenz die Zeitung.

Nicht ohne innere Heiterkeit deutete ich mit meinem Finger auf eine am Fuße einer Spalte ganz unauffällig gedruckte Notiz, die der malitiöse Redakteur absichtlich an eine Stelle verbannt hatte, wo kein Mensch die Auslassung des Deutschen Reichskanzlers vermutete.

„Hier ist das Dementi," entgegnete ich.

Erstaunt blickte mich der Botschafter an, putzte seinen Kneifer, setzte sich diesen auf die Nase, überzeugte sich von der Wahrheit meines Ausspruches und sagte dann: „Diese amerikanischen Journalisten soll der Teufel holen!"

Besonderes Ärgernis erregten um jene Zeit die Berliner Drahtmeldungen der „Associated Press", deren reichshauptstädtischer Vertreter Herr Wolf von Schierbrand war.

Im Mai desselben Jahres traten die Herausgeber der bedeutendsten deutschen Blätter der Vereinigten Staaten in Chicago zusammen, um gegen die tendenziöse Deutschenhetze der „Associated Press" zu protestieren. Es waren 46 Zeitungen vertreten, und die Konferenz endete mit der Begründung eines Verbandes der deutsch-amerikanischen Zeitungsherausgeber zur Wahrnehmung gemeinsamer Interessen.

Wie die „Associated Press" einen Frontwechsel vornahm und aus einer Feindin zu einer Freundin der Deutschen Politik wurde, wie Herr von Schierbrand in Berlin einen Ausweisungsbefehl erhielt und Deutschland verlassen mußte, um einem Korrespondenten Platz zu machen, dessen Berichte in der Wilhelmstraße nicht länger Anstoß erregten, erzähle ich in dem nächsten Kapitel, in dem ich in der Darstellung meiner Erlebnisse nach meiner Trennung von der Botschaft fortfahre.

XIV.

Rückkehr nach Wien. — Der „größte deutsche Grobian" Amerikas besucht mich auf dem Dampfer. — Unter dem Schwarzen Adlerorden tat er's nicht. — Ich komme mit dem amerikanischen Gesandten in Wien, Herrn von Schierbrand, Geh. Legationsrat Dr. Hammann und Dr. Heinrich Mantler in Berlin zusammen. — Meine Ernennung zum Vertreter der „Associated Press" wird durch Reuter hintertrieben. — Ein Empfehlungsbrief A. v. Mumms. — Mein Empfang durch den Fürsten Eulenburg. — Angriffe der österreichischen Alldeutschen verschnupfen in Berlin. — „Wolff'sche Machinationen." — Eine Äußerung Dr. Franz Schneiders über offiziöse Journalistik. — Briefwechsel mit Herrn von Holleben. — Wieder über den Ozean! — Der deutsche Generalkonsul als Vermittler. — Ich sende eine Erklärung nach Berlin. —

————

Mit meiner Familie schiffte ich mich Mitte Februar des Jahres 1900 in Baltimore auf dem Norddeutschen Lloyddampfer „Dresden" nach Bremen ein. Am Abend vor der Abfahrt besuchte mich mein guter, alter lieber Freund Eduard Leyh, der seither verstorbene Chefredakteur des „Deutschen Korrespondenten", auf dem Schiffe und brachte mir die ihm gerade zugegangene letzte Nummer der Chicagoer „Freien Presse" mit, in der sich an leitender Stelle ein Artikel, betitelt „Die Taten der Herren von Holleben und Bünz" befand, in dem das lange Sündenregister dieser beiden Deutschen

Diplomaten aufgezählt wurde. Ich las den Artikel, zuckte mit den Achseln und gab ihn zurück mit den Worten, daß ich noch ganz andere Heldentaten von diesen beiden Herren erzählen könnte, wenn ich wollte. Dann holte ich aus meiner Brusttasche den Einführungsbrief an den Fürsten Eulenburg hervor, zeigte ihn Herrn Leydh und machte ihm gleichzeitig von der Warnung Herrn von Sternburgs Mitteilung.

Nie werde ich das Donnerwetter vergessen, das sich nun aus dem Munde meines Besuchers entlud. Eine urwüchsige und grundehrliche Haut, war Eduard Leyh in den ganzen Vereinigten Staaten als der „größte deutsche Grobian" des Landes bekannt und nicht wenig stolz auf diesen Titel. „Wenn du willst, Bruder Witte," — wir standen auf dem vertrauten „Du"-Fuße, — „so schlage ich auf die beiden — — — — los und ich garantiere, daß sie nach vier Wochen nicht mehr in Amerika sein werden."

Erschrocken ergriff ich ihn bei der Hand. „Du darfst mir das nicht antun, Bruder Leyh," beschwor ich ihn, „denn man würde mich dafür verantwortlich machen und die Folgen würden, wie ich meine guten Freunde kenne, für mich schrecklich sein."

Lange stritt ich mich mit ihm herum, ehe ich ihm das Versprechen entrang, nichts gegen die beiden Deutschen Diplomaten zu unternehmen. Ich darf hier wohl beiläufig erwähnen, daß Eduard Leyh der Deutschen Regierung, zu der Zeit, als Herr von Eisendecher Gesandter in Washington war und in Schwierigkeiten mit der Administration geriet, in der Verlegenheit half und solche Dienste erwies, daß sie ihm später einen Orden anbot. „Aber unter dem Schwarzen Adlerorden nehme ich keinen an," lautete die Antwort des starren Republikaners und damit war die Ordensangelegenheit erledigt, wenigstens soweit Eduard Leyh in Betracht kam, „Der größte deutsche Grobian in den Vereinigten Staaten", ein Mann mit goldenem Gemüt und dem Herzen

eines Kindes, starb im Jahre 1901; sein Tod war ein unersetz=
licher Verlust für das ganze Deutschtum in Amerika wie für
die deutsch=amerikanische Presse, in der so unabhängige, ehr=
liche, überzeugungstreue und hochgebildete Männer, wie er
einer war, weiße Raben sind.

Nach meiner Ankunft in Wien sprach ich auf der ameri=
kanischen Gesandtschaft vor, wo mich mein alter Freund,
Charles B. Herbliska, mit aufrichtiger Freude begrüßte. Er
stellte mich dem inzwischen neu ernannten Gesandten Addison
C. Harris aus Indianapolis, Indiana, mit dem Bemerken
vor, daß ich der einzige wahre Freund gewesen sei, den die
Vereinigten Staaten zu Beginn ihres Krieges mit Spanien
in Österreich und dem Deutschen Reiche gehabt hätten. Herr
Harris drückte mir die Hand, bot mir eine Zigarette an und
teilte mir dann mit, daß die „Associated Press" sich durch ihren
Berliner Vertreter, Herrn Wolf von Schierbrand, an ihn mit
der Bitte gewandt habe, ihr eine tüchtige journalistische Kraft
zur Übernahme ihrer Wiener Vertretung zu empfehlen.

„Ich glaube, Sie sind unser Mann," so schloß der Ge=
sandte, „und ich will Ihnen gern eine Empfehlung an Herrn
von Schierbrand geben, den Sie wohl am besten in Berlin
selbst aufsuchen, um die Angelegenheit mit ihm abzuschließen."

Ich nahm die sehr warm gehaltene Empfehlung und reiste
damit nach Berlin, wo ich Herrn von Schierbrand in seiner
Wohnung in der Lessingstraße aufsuchte. Es war eine ebenso
interessante wie instruktive Zusammenkunft, an die ich noch
heute mit Vergnügen zurückdenke. Herr von Schierbrand
plauderte von seinen Erlebnissen in Berlin, ich von den mei=
nen in Washington, und er fand mich über die geheimsten und
intimsten Vorkommnisse der deutsch=amerikanischen Politik
so gut unterrichtet, daß er seinem Erstaunen und seiner Bewun=
derung darüber Ausdruck verlieh, wobei er von meiner früheren
Stellung an der Deutschen Botschaft natürlich keine Ahnung
hatte.

„Kein Zweifel, daß Sie der rechte Mann für Wien sind. Leider ist die Entscheidung über die Ernennung unseres Wiener Korrespondenten nicht mehr von mir, sondern von Herrn Walter Neef, unserem Londoner Vertreter, abhängig, dem ich den Brief des Gesandten senden und Sie gleichzeitig von mir aus auf das Angelegentlichste empfehlen werde. Sie werden in kürzester Zeit nach Wien Nachricht empfangen."

Nachdem ich den geschäftlichen Teil meines Besuches erledigt hatte, ergingen wir uns in einem vertraulichen Gedanken- und Meinungsaustausch. „Sie können sich keine Vorstellung von den Schwierigkeiten meiner Stellung machen," so erzählte er mir, „als der Krieg zwischen den Vereinigten Staaten und Spanien ausbrach. Die Haltung der deutschen Presse ist Ihnen zu gut bekannt, als daß ich Ihnen darüber zu berichten brauche. Ich tat nur meine Pflicht als Berichterstatter der „Associated Press", indem ich die unfreundlichen Zeitungsstimmen nach Amerika telegraphierte, von wo aus dem dortigen Blätterwald ein ebenso unfreundliches Echo nach Deutschland zurückdrang. Das hiesige Auswärtige Amt wurde alarmiert, und suchte mich zu einem Frontwechsel zu veranlassen. Man appellierte zuerst an mich in meiner Eigenschaft als Deutscher. „Als deutscher Edelmann und einstiger deutscher Offizier, können Sie doch unmöglich wissentlich die Hand dazu bieten, unserer Politik Schwierigkeiten zu bereiten! Ist es denn notwendig, nach den Vereinigten Staaten zu berichten, wie wir, Regierung, Presse und Völker über den Krieg denken? Wäre es nicht besser, Sie ersparten Ihrer Gesellschaft die großen Depeschenkosten und gingen mit Stillschweigen über die abfälligen Preßstimmen hinweg?!" Auf solche Vorstellungen erwiderte ich, daß ich meine Pflicht als Korrespondent der „Associated Press" vernachlässigen würde, wenn ich meine Berichterstattung entstellte, färbte oder verstümmelte und daß ich unter keinen Umständen von meiner Haltung abweichen dürfte. Da die gütlichen Mittel nicht ver-

fangen wollten, verfuchte man es mit Drohungen und Ein-
fchüchterungen. „Wir werden Sie als läftigen Ausländer aus=
weifen, wenn Sie durch Ihre Berichterftattung fortfahren,
in Amerika eine deutfchfeindliche Stimmung gegen uns
hervorzurufen,“ gab man mir zu verftehen, und ich habe es
in der Tat nur der Intervention des amerikanifchen Bot=
fchafters, Andrew D. White, zu danken, daß ich nicht fchon
längft ausgewiefen worden bin.“

Im darauffolgenden Jahre fand, wie ich hier gleich er=
wähnen will, die Ausweifung Herrn von Schierbrands aus
Berlin doch ftatt. Es wurde ihm zur Laft gelegt, in der
„New=York=Evening=Poft“ einen beleidigenden Artikel über
den Kaifer veröffentlicht zu haben, auf Grund deffen es der
Regierung unmöglich wäre, ihm noch länger die Gaftfreund=
fchaft Preußens zu gewähren. Vergebens beteuerte Herr
von Schierbrand, daß er den fraglichen Artikel nicht gefchrieben
hätte; fein Schickfal war befiegelt und er mußte den Schauplatz
feiner jahrelangen Tätigkeit räumen. Die verantwortlichen
Leiter der „Associated Press“ waren zu der Überzeugung ge=
kommen, daß es vorteilhafter für fie und die Revenuen der
Gefellfchaft fei, wenn fie mit den Machthabern in der Wil=
helmftraße gute Beziehungen unterhielten, und Herr von
Schierbrand fiel als Opfer der neuerwachten Freundfchaft
des amerikanifchen Depefchenbureaus für das deutfche Reich.
Von einem hohen Verwaltungsbeamten der „Associated
Press“, Oberft Diehl, deffen Sympathien Schierbrand gehör=
ten, erfuhr ich fpäter, daß diefe meine Auffaffung der Gründe
der Ausweifung Herrn von Schierbrands richtig war. Dem
General=Direktor der Gefellfchaft, M e l v i l l e E. S t o n e,
fei hierdurch neidlos beftätigt, daß er fich feit jener Zeit redlich
Mühe gegeben hat, fich auch fernerhin das Wohlwollen des
Berliner Auswärtigen Amtes und der Regierung zu v e r =
d i e n e n.

Zum Schluffe meiner Unterredung mit Herrn von Schier=

brand, die sich bis in die frühen Morgenstunden hinzog, kün=
digte ich ihm an, daß es meine Absicht sei, auf dem Auswär=
tigen Amte und dem Wolff'schen Bureau vorzusprechen und
mich bei letzterem zu erkundigen, wie es dazu gekommen sei,
sich den Plan meiner „deutsch=amerikanischen Korrespondenz"
anzueignen.

„S i e h a b e n M u t!" lautete Herrn von Schierbrands
vielsagender Kommentar.

Am nächsten Tage führte ich meinen Vorsatz aus, sprach
auf dem Auswärtigen Amte vor und sandte Dr. H a m m a n n
meine Karte. Mein Empfang war eisig und die Rede des
Geheimen Legationsrates ging über das biblische „Ja, ja"
und „Nein, nein" nicht hinaus. Um ihm auf den Zahn zu
fühlen, erwähnte ich, daß Herr von Holleben die Güte gehabt
hätte, mir einen Empfehlungsbrief an den Fürsten Philipp
Eulenburg in Wien mit auf den Weg zu geben.

„Ich will wünschen, daß er Ihnen etwas nützen möge,"
lautete Dr. Hammanns lakonische Antwort.

I c h s a h j e t z t, d a ß B a r o n v o n S t e r n b u r g
m i t s e i n e r W a r n u n g r e c h t g e h a b t h a t t e.
D a s G i f t f i n g b e r e i t s a n, s e i n e W i r k u n g
z u ü b e n.

Nach einigen Minuten verabschiedete ich mich von dem
Herrn Geheimen Legationsrat, der offenbar nicht mehr gern
an die Zeit denkt, da er ein kleiner schlechtbezahlter Redakteur
der antisemitischen „Tagesnachrichten" war, und wagte mich in
die W o l f f s s c h l u c h t. Ich fand noch Alles so wie früher. Da
war der dicke Portier, der den auf dem Bureau aus= und eingehen=
den Journalisten vertraulich zunickt, da waren die Wolff'schen
Depeschenboten, die den Zeitungen die gedruckten Depeschen
bringen, und — ja, da war ja auch schon mein lieber alter
Freund, Herr Direktor F. B a n s e, der mir in früheren Jahren
immer die Reuterschen Gelder auszuzahlen hatte. Ein braver,
ehrlicher Mann, der mit den krummen Praktiken der Gesell=

schaft nichts zu tun hat und schlicht und recht seine Pflicht erfüllt, die darin besteht, den administrativen Teil des Geschäfts-
ganges zu leiten. Er erkannte mich sofort wieder, trotzdem
wir uns viele Jahre nicht mehr gesehen hatten, und reichte
mir, wenn auch sichtlich verlegen, die Hand zum Gruße.

„Womit kann ich Ihnen dienen, Herr Witte?"

„Ich möchte gern eine Frage an Sie richten, und Sie um
eine freimütige Antwort bitten, Herr Direktor," so ging ich
unvermittelt auf mein Ziel los. „Wie kommt es, daß
das Wolff'sche Bureau die „deutsch-amerikanische Korrespondenz" herausgibt, zu
welcher der Plan von mir ausgegangen
ist und die ins Leben zu rufen ich unter Da-
ransetzung meiner Stelle von Wien nach
Washington übersiedelte?"

Der Herr Direktor vermied es, mich anzusehen und rieb sich
verlegen die Hände.

„Ja," so entrann es sich ruckweise seinen Lippen, „es ist
uns bekannt, daß Sie mit Ihrer Familie nach Amerika über-
siedelten, um dort eine Korrespondenz für die deutschen Zeitungen herauszugeben, und es ist uns ferner bekannt, daß
Sie der Deutschen Botschaft in Washington attachiert waren;
auch, daß Sie nicht mehr bei der Botschaft sind — und daß
Sie sich von Washington zurück nach Wien gewandt haben.
Herr von Holleben hat — doch nein, es ist am besten, wenn
Sie mit Dr. Mantler sprechen, dem ich Sie sofort melden will."

Nach einigen Minuten, während derer im angrenzenden
Zimmer ein ziemlich erregter Wortwechsel stattfand, erschien
der allmächtige General-Direktor des Wolffschen Bureaus
selbst, stellte sich dicht vor mich hin und starrte mich mit zorn-
blickenden Augen an.

„Sie — Sie — Sie verlangen von uns zu wissen, wie
wir dazu kommen, Ihre deutsch-amerikanische Korrespondenz herauszugeben? Herr! Wir sind Ihnen keine Rechen-

schaft über unser Tun und Treiben schuldig und — und —
wir werden mit Ihnen schon fertig werden!"

Ich machte ihm eine tiefe ironische Verbeugung, „Au
revoir, Monsieur le docteur Mantler," ant=
wortete ich, „nous nous reverrons!"

Wiederum fiel mir die Warnung Herrn
von Sternburgs ein. Ich verglich den Empfang, den
ich auf dem Auswärtigen Amte wie in der Wolffsschlucht ge=
funden, wiederholte im Geiste die von mir gehörten Mittei=
lungen und kam zu ganz eigentümlichen Schlußfolgerungen.

Nach Wien von meinem Berliner Ausfluge zurückgekehrt,
wartete ich zunächst den Erfolg der von Herrn von Schier=
brand unternommenen Schritte ab. Am Morgen des 14. März
empfing ich von dem Kollegen eine Zuschrift, in der er mir
zu meiner Ernennung als Wiener Vertreter der „Associated
Press" gratulierte und mir vertraulich dringend riet, bezüglich
meiner Ansprüche nicht in den alten deutschen Fehler allzu=
großer Bescheidenheit zu verfallen. „D'ont be a cheap man",
(seien Sie kein billiger Mann) lautete das Schlußwort.

Es verging eine Woche, ohne daß ich mein Bestellungs=
dekret aus London empfing. Dann erhielt ich ein zweites
Schreiben von Herrn von Schierbrand, in dem er bedauerte,
mir mitteilen zu müssen, daß meine bereits vollzogene Ernen=
nung auf Reutersches Betreiben rückgängig gemacht worden
sei. „Reuter würde es als eine unfreundliche Handlung von
unserer Seite ansehen, wenn wir Sie zu unserem Wiener
Vertreter ernennen würden, und die Verbindung zwischen
der „Associated Press" und „Reuter" ist so eng, daß wir
Reuters Wünsche nicht mißachten dürfen."

Wolff, Reuter und Associated Press waren also wider
mich verschworen, und abermals fiel mir Herrn
von Sternburgs Warnung ein.

Noch hatte ich den Einführungsbrief Herrn von Hollebens
an den Fürsten Eulenburg nicht überreicht. Ich war zwar be=

züglich des Erfolges eines solchen Schrittes bereits sehr skep-
tisch geworden, beschloß aber, wenn es sein mußte, den bittern
Kelch bis auf die Neige zu kosten. Ich schrieb daher an Herrn
v o n M u m m, der damals Deutscher Gesandter in Luxemburg war und mich vor seinem Scheiden aus Washington ausdrücklich aufgefordert hatte, mich, wenn immer ich eines Freundes bedürfte, vertrauensvoll an ihn zu wenden, machte ihn
mit meinen letzten Erlebnissen in der amerikanischen Bundeshauptstadt vertraut und bat ihn in der schwierigen Lage, in
der ich mich befand, um seinen guten Rat. Er sandte mir darauf gleichfalls ein Einführungsschreiben an den Fürsten Eulenburg, das ich hier als eine Stilprobe des modernen Diplo-
matendeutsch folgen lasse:

Luxemburg, 11 März 1900.

Durchlauchtigster Fürst!

Herr Emil Witte, ein z. Zt. in Wien ansässiger Journalist,
welcher bis vor kurzem von Washington aus für deutsche
und österreichische Zeitungen korrespondierte, hat mich um
eine Empfehlung an Euere Durchlaucht gebeten.

Ich gebe ihm dieselbe mit Vergnügen, da er während
seines Aufenthaltes in Washington der dortigen Kaiserlichen
Botschaft stets bereitwilligst seine Dienste zur Verfügung
gestellt hat, und mir bei Einziehung von Erkundigungen etc.
vielfach von Nutzen gewesen ist.

Ob und welches spezielle Anliegen Herr Witte etwa
hat, weiß ich nicht, doch bitte ich Euere Durchlaucht, denselben,
wenn er sich vorstellt, gütig aufnehmen zu wollen.

Indem ich hierfür im Voraus meinen verbindlichsten
Dank ausspreche, habe ich mit dem Ausdruck ausgezeichnetster
Hochachtung die Ehre zu sein

Euerer Durchlaucht

ganz ergebenster

A. v. Mumm.

Eine merkwürdige Umschreibung der Herrn von Mumm

Witte.   10

bekannten Tatsachen, und noch merkwürdiger die eigentümliche
Fassung der Empfehlung! Ich kann der Wahrheit gemäß versichern, daß ich nie „Erkundigungen" für Herrn von Mumm
eingezogen habe und was er unter „etc." versteht, ist mir ein
Rätsel, es sei denn, daß er all' die Reklameartikel meint, die
ich in seinem Auftrage über ihn und den Reichskanzler zu
schreiben hatte. Fast möchte es scheinen, als ob Herr von Mumm
seine verblüffend schnelle Karriere auch dem Talente zu danken
habe, unverständliche und tiefsinnige diplomatische Noten zu
schreiben, von dem der schön stilisierte Satz: „Ob und welches
spezielle Anliegen Herr Witte etwa hat, weiß ich nicht", eine
glänzende Probe ablegt.

Mit den beiden Briefen des Herrn von Holleben und
des Herrn von Mumm bewaffnet, sprach ich nun in der Deut=
schen Botschaft vor. Ein Diener in der hechtgrauen Livree
des Fürsten führte mich ohne Verzug zu dem Freunde des
Deutschen Kaisers und Dichter des „Sanges an Aegir". Der
große Herr empfing mich sehr gnädig. Nachdem er die beiden
Briefe gelesen, wandte er sich an mich mit den Worten:

„Sie sind mir von meinen Kollegen so warm empfohlen
worden, daß ich mich herzlich freue, Ihre Bekanntschaft zu
machen und mich gern bereit erkläre, für Sie alles zu tun,
was nur in meinen Kräften steht. In welcher Weise kann ich
mich Ihnen von Nutzen erweisen?"

„Meine Wünsche sind die bescheidensten, Durchlaucht.
Es war mir in Washington vergönnt, meine Feder in den
Dienst des Reiches zu stellen, und ich würde mich glücklich
schätzen, auch hier in Wien, wo jetzt der Kampf der Geister
entbrannt ist, für die Deutsche Sache eintreten zu dürfen.
Ich habe vor dem spanisch-amerikanischen Kriege der Redaktion der „Deutschen Zeitung" angehört, glaube, daß ich dort
wieder eintreten könnte, und möchte nun an Durchlaucht die
Bitte richten, mir durch Ihren Einfluß zur Erlangung einiger
reichsdeutschen Korrespondenzen behilflich zu sein, sowie mir

zu gestatten, auf der Botschaft zwecks Entgegennahme von Informationen vorzusprechen."

„Ihr Anliegen ist nicht unbescheiden," meinte der Botschafter, „und ich will sehen, was sich da tun läßt. Sie sind mir von meinen Kollegen so dringlich empfohlen, daß ich nicht Bedenken trage, Sie auf der Botschaft zu empfangen und auch Ihnen, wie unseren anderen guten Freunden, unsere Informationen zu erteilen. Ich werde übrigens nächstens nach Berlin reisen und mit dem Grafen Bülow Rücksprache nehmen."

Ich sprach Seiner Durchlaucht meinen tiefgefühltesten Dank aus.

„Halt," fiel der Fürst mir in die Rede, der erst später in einen offenen Gegensatz zu dem Reichskanzler geriet, „da fällt mir noch etwas ein. Graf Bülow wird von der radikal-nationalen Presse in Österreich z. Zt. scharf angegriffen und man ist in Berlin für eine unfreundliche Kritik von alldeutscher Seite sehr empfindlich. Versuchen Sie doch, die alldeutschen Angriffe auf den Reichskanzler zum Schweigen zu bringen und man soll in Berlin erfahren, auf wessen Rechnung man die Besserung zu setzen haben wird."

Ich erlaubte mir, den Botschafter darauf aufmerksam zu machen, daß in den alldeutschen Kreisen Österreichs seine ablehnende Haltung gegenüber dem Kampfe der Deutschen um die Erhaltung ihrer Nationalität tief beklagt würde.

„Es ist mir verboten, wie Sie wissen, mich in die inneren Angelegenheiten der Monarchie einzulassen, i m m e r h i n d ü r f e n S i e a b e r I h r e n F r e u n d e n v o n m i r d i e E r k l ä r u n g g e b e n, d a ß i c h j a k e i n D e u t- s c h e r s e i n u n d m i r k e i n d e u t s c h e s H e r z i m B u s e n s c h l a g e n m ü ß t e, w e n n i c h n i c h t a n d e n K ä m p f e n d e r D e u t s c h e n i n Ö s t e r r e i c h d e n i n n i g s t e n A n t e i l n ä h m e u n d i h n e n v o n H e r z e n d e n v o l l s t e n E r f o l g w ü n s c h t e!"

„Das war gesprochen wie ein deutscher Mann, Durchlaucht," entgegnete ich ihm, „und Namens meiner deutschen
Freunde danke ich Ihnen für diese mannhafte Erklärung."

Durchlaucht geruhten mir beim Abschied die Hand zu
schütteln. Ich wollte schon gehen, da hielt mich der Fürst noch
einen Augenblick zurück. „Versuchen Sie in der radikal-deut-
schen Presse hier die Haltung der Deutschen Regierung im
Burenkrieg zu erklären und zu rechtfertigen. Man wird Ihnen
das in Berlin hoch anrechnen. Und — Sie werden mir auf
der Botschaft stets willkommen sein."

Was der Botschafter von mir verlangte, war keine leichte
Aufgabe. Man sagte es in den allbeutschen Blättern Wiens
frei und offen heraus, daß die beiden kleinen Burenrepub-
liken sich in den Kampf mit ihrem übermächtigen Nachbar
nur im Vertrauen auf die Unterstützung des deutschen Kaisers eingelassen, dessen berühmtes Telegramm an den Präsidenten Krüger nach dem Jameson'schen Raubzuge noch unvergessen war, man wollte und konnte die Politik des deutschen Reichskanzlers nicht verstehen, der die hartbedrängten
Stammesgenossen ihrem Verhängnis überließ, ohne auch
nur mit den Wimpern zu zucken. Und diese Politik sollte ich
in den Augen der Allbeutschen weißzubrennen versuchen! Ich
gestehe freimütig, daß ich diesen Versuch unternahm, wenn
auch nicht mit besonderem Enthusiasmus. Ich kam mir vor
wie ein Kriminalanwalt, der eine böse Sache vor Gericht zu
vertreten hat und dessen Pflicht es ist, den Auftrag zu übernehmen, selbst wenn er nicht nach seinem Herzen und Geschmack ist. Ich setzte mich hin und schrieb einen Artikel, in
welchem ich das Verhalten der Deutschen Regierung aus
Gründen der Staatsraison zu rechtfertigen mich bemühte.
Das Deutsche Reich habe, so etwa führte ich darin aus, als
afrikanische Kolonialmacht mit weitreichenden, der großen
Mehrheit unbekannten Plänen ein gewichtiges Interesse daran, seine eigene Stellung im dunkeln Erdteil in jeder Hinsicht

zu kräftigen. Eine mächtige Burenrepublik mit einer Armee von hunderttausend Burenscharfschützen in unmittelbarer Nachbarschaft der Deutschen Kolonien entstehen und sich über Südafrika ausbreiten zu sehen, sei unvereinbar mit den letzten Zielen der deutschen Afrikapolitik, die vielmehr bedacht sein müsse, ihre beiden Hauptwidersacher in Afrika in dem Kampfe um die Eroberung des schwarzen Erdteils tunlichst zu schwächen. Ein unglücklicher Verlauf des Krieges für die Buren müsse schließlich dazu führen, daß sie engeren Anschluß an die deutschen Kolonien sowie an das Deutsche Reich suchten, dem sie dann die wertvollsten Freunde und Bundesgenossen zur Verwirklichung seiner Kolonialpläne in Afrika werden würden. Die Ansichten, die ich in dem Artikel vertrat, bildeten, wie ich wußte, die Richtschnur der verantwortlichen Staatsmänner in Berlin.

Ich sandte das Manuskript an die Redaktion von Karl Hermann Wolf's „Ostdeutscher Rundschau", an deren guter Meinung dem Fürsten Eulenburg und dem Grafen Bülow soviel gelegen war. Umgehend erhielt ich die Einsendung mit einem höflichen Begleitschreiben zurück, in dem in unzweideutigen Worten dargelegt war, daß die Sympathien der „Ostdeutschen Rundschau" voll und ganz auf Seite der um ihr Volkstum und ihre nationale Existenz kämpfenden Buren stünden und daß keinerlei Gründe der Staatsraison in ihren Augen die Haltung des Grafen Bülow zu rechtfertigen vermöchten. Wenngleich mein Artikel zurückkam, so freute ich mich doch über die Antwort und unterließ nicht, sie zur Kenntnis des Fürsten Eulenburg zu bringen, der kurz darauf seine Fahrt nach Berlin antrat.

In der Zwischenzeit war mir meine frühere Stelle an der Redaktion der „Deutschen Zeitung" wieder angetragen worden. Es war zu einer feierlichen Aussprache zwischen mir und dem Herausgeber des Blattes, Dr. Wähner, gekommen, der es mir nie so recht verzeihen wollte, daß ich

nach dem spanisch-amerikanischen Kriege meinen Posten auf-
gegeben hatte, um, wie er sagte, einem Phantom — und als
solches erwies sich ja in der Folge wirklich meine selbsterwählte
Mission der Pflege der guten Beziehungen zwischen dem
Deutschen Reiche und Amerika — nachzujagen. Zum Schlusse
der Aussprache reichten wir uns die Hände, zündeten
eine Friedenszigarre an, begossen die wieder erneuerte Freundschaft mit einem Tropfen Hennessy und ich verließ Dr. Wähner mit dem Versprechen, mich am nächsten Morgen um
10 Uhr wieder auf meinem alten Platze einzufinden.

Der Morgen kam und ich wollte gerade meine Wohnung verlassen, als es an der Tür klopfte. Herein trat der
Geschäftsführer der „Deutschen Zeitung", Herr K a r l R o l -
l e d e r, ein guter Freund von mir, der sich aufrichtige Mühe
gegeben hatte, eine Annäherung zwischen Dr. Wähner und
mir herbeizuführen. Zu meiner Überraschung teilte er mir
mit, der Herausgeber der „Deutschen Zeitung" sei während
der Nacht bezüglich der Besetzung meines Postens zu einem
anderen Entschlusse gelangt und könne den mir am Abend
zuvor gestellten Antrag nicht länger aufrecht erhalten. Auf
meine Bitte um Erklärung erwiderte mir Herr Rolleder, er
könne mir nichts Bestimmtes sagen, doch glaube er, daß in
der Nacht ein unfreundlicher Einfluß wider mich ausgespielt
worden sei. Herr Rolleder, der ein geschworener Feind aller
krummen Wege und der Korruption in jeder Form ist, sprach
mir sein persönliches Bedauern über das Vorgefallene aus
und entfernte sich.

Es waren kaum wenige Minuten vergangen, als ein Wagen vor dem Hause, in dem ich wohnte, vorfuhr. Die Klingel
zu meiner Wohnung ertönte ein zweites Mal und gleich darauf stand ein Beamter der Deutschen Botschaft vor mir, der
mir „im höheren Auftrage" erklärte, Seine Durchlaucht, Fürst
Philipp Eulenburg, habe während seines Berliner Aufenthaltes
wiederholt mit dem Reichskanzler über mich gesprochen, be-

daure jedoch, mir mitteilen laſſen zu müſſen, daß er nicht in
der Lage ſei, ſich in irgend welcher Weiſe für mich zu ver=
wenden oder ſeine mir früher erteilten Zuſagen aufrecht zu
erhalten.

Die Warnung Herrn v. Sternburgs trat
mir wiederum vor die Seele. So lange und ſo
ſehr ich mich auch geſträubt hatte, es zu glauben, ſo konnte ich
angeſichts der überwältigenden Beweiſe nicht länger daran
zweifeln, daß ich das Opfer einer böswilligen und grauſamen
Intrigue war. Einmal zu dieſer Erkenntnis gelangt, beſchloß
ich zu handeln. Ich ſandte am 22. Mai einen eingeſchriebenen
Brief an den Reichskanzler, worin ich ihn von meinen eigen=
artigen Erfahrungen in Wien unterrichtete und ihn gleich=
zeitig davon in Kenntnis ſetzte, daß Herr von Sternburg mich
vor dem Einführungsbriefe des Deutſchen Botſchafters in
Waſhington an den Fürſten Philipp Eulenburg gewarnt habe.
Mein Schreiben endete mit der Bitte um Unterſuchung
der Angelegenheit.

Keine Antwort!

In den nächſten Monaten erfuhr ich immer wieder aufs
Neue, daß mir unbekannte, unfreundliche Einflüſſe tätig waren,
um mich als politiſchen Geheimagenten der Deutſchen Regie=
rung zu brandmarken.*)

---

*) Gewiſſe Wiener Blätter, mit denen ich vor dem Strafrichter
noch nähere Bekanntſchaft zu machen hoffe, brachten nach dem Zwiſchen=
fall vom 12. März 1902 die inſpirierte Verleumdung, ich ſei ſeinerzeit
auf Veranlaſſung des Grafen Goluchowsky aus Wien ausgewieſen
worden und hätte mich in New York in Unterſuchungshaft befunden.
Ich ſetze hierdurch eine Belohnung von zehntauſend Mark für
Erbringung des Nachweiſes aus, daß ich aus Öſterreich ausgewieſen
ſei, oder mich in New York in Unterſuchungshaft befunden hätte. Ein
Jeder, der den Nachweis erbringen kann, hat Anſpruch auf dieſe Be=
lohnung, ſelbſt der biedere Wiener Schmock, der ſich im Intereſſe der
Berliner Wolffsſchlucht und ihrer dunklen Hintermänner zu dieſer
ſchmutzigen journaliſtiſchen Henkersarbeit hergegeben hat.

Im Juli fuhr ich zum Besuche der Weltausstellung nach Paris. Dort schrieb ich, auf Anraten Dr. Franz Schneiders, des Korrespondenten der „Kölnischen Zeitung", das in den früheren Kapiteln enthaltene Manuskript meiner Erlebnisse auf der Botschaft in Washington und gab es ihm zur Durchsicht. Als er es gelesen, schüttelte er mit dem Kopfe, drückte mir teilnehmend die Hand und sagte:

„Ja, das ist unser Beruf und unser Lohn. Es gibt kein schimpflicheres, ehrloseres Handwerk als die offiziöse Journalistik. Ich, der ich in sechs verschiedenen europäischen Hauptstädten Korrespondent der „Kölnischen Zeitung" gewesen bin, ich habe es am eigenen Leibe erfahren."*)

Dr. Schneider, ein ehrlich- und gerechtdenkender Mann, war von der Lektüre meines Manuskriptes, das ich ihm an einem Sonntage gebracht hatte, so aufgeregt, daß er sich erbot, sofort zur Botschaft zu fahren und bei dem Fürsten Münster dahin vorstellig zu werden, daß das Interesse des Reiches eine sofortige Untersuchung meines Falles erheische.

Wir trafen uns später in einem vereinbarten Café.

„Es ist mit dieser schwerfälligen Gesellschaft nichts anzufangen," teilte er mir mit. „Der alte Mann hat für nichts mehr Interesse und will in seiner Ruhe nicht gestört sein. Er ist für alle Vorstellungen unzugänglich. Ich rate Ihnen, selbst auf die Botschaft zu gehen."

Ich folgte seinem Rate und ging am nächsten Tage auf die Botschaft, wo mich der zweite Sekretär, Graf Göben, wenn ich mich recht entsinne, empfing. Ich erklärte ihm, daß

*) Ähnlich sprach sich mir gegenüber später Herr Rudolf Cronau aus, der zu Beginn des Krieges zwischen Spanien und Amerika als Washingtoner Korrespondent der „Kölnischen Zeitung" entlassen worden war, weil er sich geweigert hatte, auf Befehl gegen die Vereinigten Staaten zu hetzen!

ich im Interesse des Ansehens des Deutschen Reiches und des guten Rufes der Deutschen Diplomatie die Vermittlung und Hilfe der Botschaft anrufe, um eine Untersuchung meines Falles herbeizuführen. Graf Göben lauschte meiner Erzäh= lung mit Spannung. „Einfach unerhört, — unglaublich — skandalös", entrang es sich wiederholt unwillkürlich seinen Lippen und er erbot sich, an Herrn von Mumm in Luxemburg zu telephonieren und dessen Intervention zur Herbeiführung einer Untersuchung anzurufen.

Achselzuckend kehrte er zu mir zurück.

„Ich kann das nicht verstehen," begann er. „Herr von Mumm will Ihnen wohl, wie Sie mir mitgeteilt haben, er kennt Sie gut, hat Ihre Feder für sich in Anspruch genommen, und lehnt es trotzdem ab, sich in die Sache einzumischen. Können Sie mir das erklären?"

„Ja, ich glaube, daß ich das kann. Herr von Mumm hat mir wiederholt gestanden, daß es das Ziel seines Ehrgeizes sei, der Nachfolger des Herrn von Holleben in Washington zu werden und er handelt der Form nach vollständig korrekt, wenn er es ablehnt, in meiner Angelegenheit zu intervenieren. Er rechnet damit, daß mein Fall in die Öffentlichkeit dringen und unangenehme Folgen für Herrn von Holleben nach sich ziehen werde."

Ich habe Graf Göben seit unserer Unterredung nicht wieder gesehen, auch nicht von ihm gehört. Es schien mir, daß er keiner von den Diplomaten jenes Schlages war, denen die Sprache von Gott gegeben ward, um ihre Gedanken zu ver= bergen. Kein Wunder, wenn er nicht so schnell Karriere macht wie Herr von Mumm oder Baron von Sternburg!

Wieder nach Wien zurückgekehrt, unternahm ich meine nächsten Schritte. Ich richtete an Herrn von Holleben, der mittlerweile auf Urlaub nach Europa gekommen war, die Anfrage, ob er bereit sei, die zwischen uns schwebende Schwierigkeit einem Ehren= oder Schiedsgericht zu unter=

breiten und sich dem ev. Wahrspruche ebenso zu unterwerfen, wie ich dazu bereit wäre. Es kam zu einer längeren Korrespondenz, aus der ich die nachstehenden Briefe Seiner Exzellenz hier anführe:

Paris, 18. X. 1900.

Geehrter Herr!

Auf Ihr Schreiben vom 12. d. M., das ich heute erhielt, erwiedere ich, daß ich mich auf Verhandlungen der von Ihnen angedeuteten Art ohne Autorisation des Auswärtigen Amtes nicht einlassen kann, und ich Sie folglich bitten muß, sich dorthin zu wenden. Am 1. XI. — nicht früher — gedenke ich in Berlin zu sein. Da ich Paris schon dieser Tage verlasse, so bitte ich Sie, falls Sie mir vor dem 1. XI noch Mitteilungen zu machen haben, mir solche unter der Adresse der Königl. Preußischen Gesandtschaft in Karlsruhe zugehen zu lassen.

Hochachtungsvoll
Holleben.

Karlsruhe, 27. X. 1900.

Geehrter Herr!

Auf Ihren durch Vermittlung der hiesigen Königl. Gesandtschaftskanzlei mir zugegangenen Brief erwidere ich das Folgende:

Nach meiner besten Überzeugung hat mein Verhalten Ihnen gegenüber das Urteil Dritter nicht zu scheuen; ich hege also persönlich nicht das geringste Bedenken, mich einem solchen auszusetzen, ich vermag aber nicht, wie ich Ihnen schrieb, mich ihm ohne Ermächtigung des Auswärtigen Amtes vorab zu unterwerfen. Wenn Sie nun, wie es scheint, Bedenken tragen, Ihre diesbezüglichen Wünsche dort vorzutragen, so scheue ich mich gar nicht, mich meinerseits im gedachten Sinne auszusprechen; jedoch müßte ich immerhin zunächst zu

wissen wünschen 1) was mir überhaupt vorgeworfen wird,
2) wen Sie für Äußerungen eines Wahrspruches vorschla=
gen würden.

Aus Ihrem Schreiben vermag ich nicht zu ersehen, in
welcher Weise ich Sie durch Unterstützung Ihrer Feinde ge=
schädigt haben soll. Ich kann jedenfalls für die
Wolff'schen Machinationen in Wien nicht ver=
antwortlich gemacht werden.

Aus dem Vorstehenden werden Sie ersehen, daß mir
ein sogenannter Schiedsspruch gegenstandslos erscheint. An=
derseits bin ich gern bereit, Ihnen, wo ich Ihnen helfen
kann, mit Rat und Tat beizustehen. Eine gefl. Rückäußerung
trifft mich in Berlin W., Hotel Bristol, Unter den Linden.

Hochachtungsvoll
Holleben.

———

Hotel Bristol, Unter den Linden,
Berlin, 3. XI. 1900.

Geehrter Herr!

Ich trage kein Bedenken, Sie Herrn von Siemens zu
empfehlen, doch möchte ich zunächst eine ausführliche Dar=
legung Ihrer früheren Leistungen als auch eine Detaillie=
rung Ihrer Wünsche bezüglich Konstantinopels besitzen. In
dieser Form allein kann eine Empfehlung wirksam sein.

Hochachtungsvoll
Holleben.

———

Hotel Bristol, 7. XI. 1900.

Geehrter Herr!

Ich bitte die Materialien bezüglich Ihrer Einführung
zu beschleunigen, da ich nicht mehr lange in Berlin ver=
bleibe. Ich bemerke übrigens, daß ich nach wie vor keine

Scheu trage, die ganze Angelegenheit dem Urteil eines Dritten zu unterbreiten. Als solchen würde ich den jedenfalls vollkommen vorurteilsfreien Geh. Legationsrat Hammann bezeichnen. Auch Baron Sternburg, der sich in Deutschland befindet, könnte zu Verhandlungen herangezogen werden.

Hochachtungsvoll
Holleben.

Da ich die von Seiner Exzellenz in Vorschlag gebrachten Schiedsrichter, bei aller Anerkennung ihrer persönlichen Ehrenhaftigkeit, mit Rücksicht auf den abhängigen Charakter ihrer Stellung nicht annehmen zu dürfen glaubte, brachte ich den Fürsten Herbert Bismarck in Vorschlag. Hierüber wurde Seine Exzellenz so indigniert, daß sie mir das nachstehende Schreiben übersandte und sich nach New York einschiffte, ohne die in ihren früheren Briefen erteilten Zusagen gehalten zu haben.

Berlin, 12. XI. 1900.

Geehrter Herr!

Nach Rücksprache mit für mich maßgebenden Persönlichkeiten sehe ich mich außer Stande, die Korrespondenz fortzusetzen.

Hochachtungsvoll
Holleben.

Ich sandte dem Botschafter hierauf noch eine Antwort, in der ich mich bereit erklärte, Herrn von Sternburg als Schiedsrichter anzuerkennen und wandte mich etwas später mit einer Beschwerde an den Sekretär für die Auswärtigen Angelegenheiten, Baron von Richthofen, dem ich meine Korrespondenz mit dem Botschafter übersandte. Selbstredend erhielt ich auf diese Eingabe wiederum keine Antwort.

Die Umstände drängten mich zu einem Entschluß. Die „Wolff'schen Machinationen in Wien", wie der Botschafter sie nannte, hatten mir den Aufenthalt dortselbst verleidet;

nach Berlin zu gehen, erschien mir kaum ratsam und ich sah, so
sehr ich meinen Kopf auch zermarterte, keinen andern Aus=
weg, als den, mit meiner Familie nach den Vereinigten
Staaten zurückzukehren.   Die Rücksicht auf meine Familie
zwang mich, die Angelegenheit in dem einen oder andern
Sinne endlich zum Abschluß zu .bringen.

Etwa um den 15. Dezember trafen wir wieder in New= York
ein und ich machte dem Botschafter von der Ankunft Mit=
teilung, indem ich ihn gleichzeitig ersuchte, sich bis zum kom=
menden Sonntag Mittag 12 Uhr über seine Absichten zu
äußern.

Fünf Minuten vor Ablauf der festgesetzten Frist über=
brachte mir ein Eilbote den nachstehenden Brief des Herrn
Botschafters:

Washington, 22. XII. 1900.

Geehrter Herr!

Ich habe Herrn Generalkonsul Dr. Bünz ersucht, sich
mit Ihnen in Verbindung zu setzen.   Ob er dazu schon im
Laufe des Sonntags in der Lage sein wird, vermag ich
nicht zu sagen.

Sie werden meinen Brief vom 12. XI. erhalten haben,
der Ihrige vom gleichen Datum wurde mir hierher nachge=
schickt, ich habe ihn auch beantwortet, doch tut der Inhalt
der Antwort jetzt nichts mehr zur Sache.

Hochachtungsvoll

Holleben.

Fünf Minuten nach Empfang dieses Briefes erhielt ich
ein Telegramm des Deutschen Generalkonsuls, Dr. Karl Bünz,
worin dieser mich einlud, ihn am Nachmittag in seiner am
Central=Park gelegenen Wohnung zu besuchen.   Ich kam der
Aufforderung nach und fand mich pünktlich zur angegebenen
Stunde dort ein.

„Das ist eine böse Geschichte zwischen Ihnen und Herrn
von Holleben," eröffnete der Herr Generalkonsul, nachdem er

mich empfangen hatte, das Gespräch, „und ich möchte Sie bitten, mir doch freundlich Ihre Seite der Angelegenheit zu geben, da ich mir über diese nach den Angaben des Herrn Botschafters allein kein klares Bild zu formen vermag.“

Ich erzählte ihm meine Geschichte, berichtete ihm, daß ich durch die Perfidie des Wolff'schen Agenten, Paul Haedicke, aus meiner Washingtoner Stellung verdrängt worden sei, und daß sich dieser außerdem meinen Plan zur Herausgabe einer Korrespondenz angeeignet hätte, daß ich auf Anraten des Botschafters nach Wien zurückgekehrt sei und daß Herr von Sternburg mich vor dem Briefe an den Fürsten Eulen= burg gewarnt habe; daß in Wien das Gerücht über mich aus= gesprengt worden wäre, ich sei ein politischer Geheimagent der Deutschen Regierung und daß ich nun endlich einmal Klarheit haben wollte.

Der Herr Generalkonsul ging einige Mal im Zimmer auf und ab.

„Es ist eine bitterböse Geschichte,“ wiederholte er, „und Sie haben sie noch verschlimmert, indem Sie sich mit einer Beschwerde an Herrn von Richthofen wandten. Je mehr ich über die Sache nachdenke, je weniger kann ich es Ihnen ver= argen, wenn Sie einigermaßen mißtrauisch geworden sind. Sie haben sehr üble Erfahrungen gemacht und — — Herr von Sternburg hat mir ja auch so manches erzählt, wenn er hier bei mir war und wir — with our souls naked —dasaßen. Es ist Ihnen wirklich übel mitgespielt und das Leben erschwert worden. Es geht wider die menschliche Natur, derartige Sachen stillschweigend hinzunehmen, selbst wenn man ein guter Christ und des biblischen Wortes eingedenk ist, daß wir unsern Fein= den vergeben sollen. Ich — hm, habe wirklich keine schlechte Meinung von Ihnen und hm — glaube wohl, daß wir zu einer Verständigung gelangen werden. Wenn Sie nur nicht jene Beschwerde an Herrn von Richthofen gerichtet hätten! Ich habe“ — hier hm — hm — hm — hmte der Generalkonsul ganz

bedenklich, „von dem Herrn Botschafter den Auftrag, Ihnen
mitzuteilen, daß er durchaus bereit sei, gutzumachen, was
Ihnen, wie Sie annehmen, durch seine — hm, hm — Handlungsweise etwa an Nachteilen erwachsen sei. Er muß aber
aus bestimmten Gründen," hier packte den Herrn Generalkonsul wieder ein leichter Hustenanfall, „das Ersuchen an Sie
richten, noch heute an den Herrn Staatssekretär für die Auswärtigen Angelegenheiten in Berlin ein Schreiben zu richten und darin zu erklären, daß Ihre Schwierigkeiten mit dem
Herrn Botschafter gütlich beigelegt seien. Sie blicken mich
erstaunt an —"

„Wenn es nur wahr wäre!" entgegnete ich.

„Ja — ich kann es Ihnen ja nachempfinden, daß Sie
mißtrauisch sind und — ich will ja auch zugeben, daß Ihr Mißtrauen nicht ganz unberechtigt sein mag. Aber —" der
Herr Generalkonsul stellte sich vor mich hin und legte beteuernd
die Hand aufs Herz: „Wenn i ch Ihnen nun m e i n E h r e n -
w o r t gebe, daß Sie es nicht zu bereuen haben werden,
diese Erklärung an Herrn von Richthofen abzusenden. Wenn
i ch Ihnen m e i n E h r e n w o r t verpfände, daß Sie nicht
mehr Anlaß haben werden, über Herrn von Holleben zu klagen und daß er seine Zusagen diesmal halten wird, so könnten
Sie doch die Erklärung nach Berlin senden."

Ich vermochte dem Herrn Generalkonsul nicht sofort zu
antworten. Unentschlossen sann ich nach. Endlich entgegnete
ich ihm mit einer Stimme, aus der die innere Erregung sprach:
„Ich will I h n e n glauben, Herr Generalkonsul, und mich
auf I h r Ehrenwort verlassen, daß diese schmachvollen Machenschaften jetzt aufhören werden und daß man mir und meiner
Familie nicht länger die Daseinsmöglichkeit unterbinden
wird."

Der Herr Generalkonsul hielt mir beide Hände hin:
„S i e h a b e n m e i n E h r e n w o r t," erklärte er mit
erhobener Stimme. Er ging alsdann an seinen Schreibtisch

und holte ein Blatt Papier hervor, auf dem sich die folgende, von seiner Hand geschriebene Erklärung befand:

Euere Exzellenz!

Unter Bezugnahme auf meine Eingabe an Euere Exzellenz vom 22. November v. J. betreffend Differenzen zwischen Exzellenz v. Holleben und mir, möchte ich es nicht unter= lassen, Euerer Exzellenz hierdurch gehorsamst mitzuteilen, daß nach meiner Rückkehr hierher ein vollständiger Ausgleich der zwischen Seiner Exzellenz und mir bestehenden Meinungs= verschiedenheiten stattgefunden hat und damit meine Grava= mina sich in allem Umfang erledigen.

Euerer Exzellenz gehorsamster
E. Witte.

„Wenn Sie sich an meinen Schreibtisch jetzen, diese Er= klärung abschreiben und in ein von Ihrer Hand adressiertes Kuvert stecken wollen, so werde ich dafür Sorge tragen, daß sie noch heute an ihre Bestimmung abgeht."

Ich tat, was der Herr Generalkonsul von mir verlangte, und stellte ihm die Erklärung, die sich heute wohl zweifellos bei den Akten meiner Angelegenheit in der Wilhelmstraße be= findet, aus. Es kam darauf durch die Vermittlung des Herrn Bünz zu einer Vereinbarung, auf Grund derer Herr von Holleben die Verpflichtung einging, mir meine tatsächlichen Reiseauslagen zu ersetzen, sowie mir, unter Anerkennung des Umstandes, daß es mir infolge der Wolff'schen Indiskre= tionen schwer fallen mußte, eine passende Stellung zu finden, eine auskömmlich dotierte Beschäftigung zu vermitteln.

Mit Ausstellung und Absendung der Erklärung nach Berlin war für meine bei= den hohen Gönner die Sache abgetan!

Im Monat März erhielt ich zu meiner Überraschung ein aus Calcutta 15. Februar datiertes Schreiben, in dem Baron Speck von Sternburg sich bereit erklärte, auf Er= suchen des Herrn von Holleben die Rolle des Schiedsrichters

in dem Streite zwischen Seiner Exzellenz und mir zu übernehmen. „Mein verehrtester Herr Witte," begann der Brief,
und endete mit den Worten: „Sie können versichert sein, daß
ich alles tun werde, um einen geeigneten Ausgleich herbeizuführen. Ihr ganz ergebener Frh. Speck von Sternburg,
Kaiserlich Deutscher Generalkonsul."

Bald darauf nahm ich mir die Freiheit, Herrn von Holleben an seine mir durch Herrn Generalkonsul Karl Bünz erteilte Zusage zu erinnern. Er schrieb mir wiederum, daß er
den Herrn Generalkonsul ersucht hätte, sich mit mir in Verbindung zu setzen. Am 9. März erhielt ich von diesem Herrn
das folgende Telegramm:

„New=York, 9. März.

Lehne jede Verhandlung ab. Reise heute auf vier
Wochen nach Floriba.

Bünz."

Aus diesem Telegramm geht zweifellos hervor, daß Herr
Bünz dem Wunsche des Herrn v. Holleben nachgekommen wäre,
wenn er nicht zur Erholung von seinen Einsiedlerstrapazen
auf vier Wochen hätte nach Floriba reisen müssen. Der Umstand, daß Herr Bünz es überhaupt für angezeigt hielt, auf
diese Reise hinzuweisen, beweist, daß er sich des Ungehörigen
seiner Handlungsweise vollkommen bewußt war.

Herrn Bünz trifft daher die Verantwortung für die Folgen seiner Unter-
lassung.

XV.

Meine Odyssee im amerikanischen Westen. — Die korrupteste Stadt der Welt! — Der Bismarck von St. Louis. — Ein deutsches Blatt, das dreien Herren dient. — Auf der schwarzen Liste. — Beamte des deutschen Konsulats in Chicago vermitteln die Verschmelzung zweier deutscher Zeitungen, um die Angriffe der dortigen „Freien Presse" zum Schweigen zu bringen. — Ich spreche Oberst Diehl von der „Associated Press". — Mein Aufenthalt in Milwaukee. — „Deutschland ist erzbereit." — Was mir Emil von Schleiniß erzählte. — Erdenwallen deutscher Journalisten in Amerika. — Ich richte eine neue Eingabe an Herrn von Richthofen. —

Wenn ich heute an jenen trüben Abschnitt meines Lebens zurückdenke, komme ich mir fast wie der vielgeprüfte Dulder Odysseus vor, der die absonderlichsten Irrfahrten und Abenteuer zu bestehen hatte, ehe er in die geliebte Heimat zurückkehrte und schreckliche Rache an den übermütigen Freiern nahm. Entschlossen, mit der ganzen Vergangenheit zu brechen, begab ich mich zu Anfang Mai nach St. Louis, um Anschluß an die Weltausstellungs-Gesellschaft zu suchen, die sich gerade mit einem echt amerikanischen „Boom" gebildet hatte. Ich hatte mir von dem Achtbaren Martin Glynn in Albany, N.-Y., einem der Bundeskommissare der Ausstellung, Einführungen erwirkt und zweifelte nicht, daß sich mir endlich das geeignete

Feld zur Betätigung meiner in Europa gesammelten viel=
seitigen Kenntnisse und Erfahrungen bieten würde. Dieser
Meinung war auch Dr. Emil P r a e t o r i u s, der ehrwür=
dige Nestor der deutsch=amerikanischen Presse, der an der
Spitze der Verlagsgesellschaft der dortigen „W e ſ t l i c h e n
P o ſt" ſtand. „Es war eine außerordentlich geſcheite Idee
von Ihnen, hierherzukommen und Ihre Dienste den Leitern
der Ausstellung zur Verfügung zu ſtellen, die solche Männer
wie Sie gebrauchen können. Was ich für Sie tun kann, wird
geschehen. Bitte, besuchen Sie mich auf meinem Bureau,
wo alles weitere vereinbart werden kann. Sie werden, meine
ich, auf mindeſtens drei Jahre eine gut bezahlte Stellung bei
uns finden. Die Schwierigkeiten, die Sie mit der Deutſchen
Regierung hatten und über die ich genau unterrichtet bin,
bilden für uns kein Hindernis."

Ich drückte dem alten Achtundvierziger erfreut die Hand.
Endlich hatte ich einen M a n n gefunden, der wie ein M a n n
dachte und ſprach!

Als ich mich am nächſten Tage zur angegebenen Stunde
in dem Privatzimmer des Herrn Dr. Praetorius im Gebäude
der „Weſtlichen Poſt" melden ließ, kam er mir verlegen ent=
gegen: „Sie müſſen ſehr mächtige Feinde haben, die hier
gegen Sie arbeiten. Ich habe mein Beſtes für Sie verſucht,
konnte aber nichts erreichen. Sprechen Sie doch einmal mit
Herrn S c h r ö e r s."

Herr John Schröers, an den er mich verwies, war und
ist der Geſchäftsführer des Verlags der „Weſtlichen Poſt"
und läßt ſich gern den „Bismarck von St. Louis" nennen.
Er gründet seinen Anspruch auf diesen stolzen Titel vornehm=
lich auf die Tatsache, daß er das schwierige Kunſtſtück fertig=
gebracht hat, die verschiedenen dort erscheinenden deutschen
Blätter unter einen Hut zu bringen. Es ist wohl nur in Amerika
und dort auch wohl nur in St. Louis möglich, daß eine in dem=
selben Verlage erscheinende Zeitung in ihren verschiedenen

Ausgaben ebenſo vielen politiſchen Herren dienen kann.
Stramm republikaniſch in der Morgenausgabe, welche als
„Weſtliche Poſt" erſcheint, halb demokratiſch und halb ſozia-
liſtiſch in der „Anzeiger"-Abend-Ausgabe, und neutral bezw.
allen drei Parteien in der als „Miſſiſſippi-Blätter" bekannten
dickbäuchigen Sonntagsausgabe dienend — das iſt das berühmte deutſche Blatt in der Stadt des großen deutſchen
Bierbrauers Adolphus Buſch!

Wie in Amerika alles nur nach einem Rieſenmaßſtab
gemeſſen wird und gemeſſen ſein will, ſo erhebt St. Louis den
zweifelhaften Anſpruch, die „korrupteſte Stadt der Welt" zu
ſein, und die gerichtlichen Unterſuchungen der bis zum Himmel
ſtinkenden Korruption in allen Sphären des öffentlichen Lebens
der Stadt haben bewieſen, daß dieſer Anſpruch voll und ganz
begründet iſt. Leider muß es geſagt werden, daß bei den bekannt gewordenen Korruptionsgeſchichten viele Deutſche eine
traurige Rolle ſpielten.

Ich folgte dem Rate des Herrn Praetorius und ſuchte
Herrn John Schröers in ſeinem Bureau auf. Er hatte kaum
meinen Namen gehört, als er ſich mir mit beſchwörender
Handbewegung näherte und mir mit Nachdruck erklärte:

„Ich weiß, was Sie nach St. Louis führt
und ich ſage Ihnen, es iſt alles vergebens,
was Sie hier unternehmen mögen. Sie
werden hier niemals eine Stellung oder
Beſchäftigung finden und je eher Sie St.
Louis verlaſſen, um ſo beſſer wird es für
Sie und Ihre Familie ſein!"

„Wie ſoll ich Ihre Worte verſtehen?" fragte ich ihn.
„Herr Dr. Emil Praetorius hatte mir doch ſein Wort darauf
gegeben, daß ich mit meinen europäiſchen Kenntniſſen und
Erfahrungen der Weltausſtellungs-Geſellſchaft hoch willkommen ſein und mindeſtens auf drei Jahre lohnende Beſchäftigung finden würde."

Herr Schröers erhob Augen und Hände zum Himmel. „Ich kann nur wiederholen, was ich Ihnen eben erklärt habe. Sie werden nie eine Stelle in St. Louis finden!"

Die Worte des Herrn Schröers wurden zur traurigen Wahrheit. Ich setzte alle zulässigen Hebel in Bewegung, fand aber alle Türen verschlossen. Als ich dem St. Louiser Kongreßrepräsentanten Richard Bartholdt gegenüber mein Befremden aussprach, daß die mir von dem schon erwähnten Bundeskommissar Martin H. Glynn mitgegebene Empfehlung so wenig Gewicht hätte, lachte er ironisch auf: „Glynn ist der einzige Demokrat in der Kommission und seine Empfehlungen sind daher nichts wert."

Von einer dem Deutschen Konsulat nahestehenden Seite erfuhr ich, daß an alle Konsulate im Lande der Auftrag gegangen sei, dafür zu sorgen, daß ich nirgends Beschäftigung erhielte. Ich ging auf das Konsulat und verlangte eine Unterredung mit dem Konsul. In verletzender Weise wurde mir geantwortet, dieser sei nicht für mich zu sprechen. Ich wußte genug. Es nahm mich daher nicht mehr sonderlich Wunder, daß der Besitzer einer in St. Louis erscheinenden englischen Wochenschrift, der ich regelmäßig Beiträge lieferte, mir eines Tages erklärte, er müsse sich nach einem andern Mitarbeiter für deutsche Angelegenheiten umsehen, da ihm zu verstehen gegeben worden wäre, daß er einen großen Teil seiner Anzeigen verlieren würde, wenn er noch länger meine Artikel veröffentlichte. Es erging mir in St. Louis wie in Wien.

Des fruchtlosen Kampfes müde, beschloß ich, mein Glück in der „Königin des Westens", in Chicago, zu versuchen. Ich ließ meine Familie in St. Louis zurück und reiste allein nach der Stadt am Michigan-See, wo ich Herrn Richard Michaelis, Herausgeber der „Freien Presse", aufsuchte, in dessen Blatt der bereits erwähnte Artikel „Die Taten der Herren von Holleben und Bünz" erschienen war. Herr Michaelis, dem in früheren Jahren nachgesagt worden war, daß er ein Bismarckiches Reptil gewesen wäre, hatte kaum meinen Namen vernommen, als er mich in sein Privatkontor bitten ließ.

„Ich habe bereits von Ihnen gehört," so begann er, „und ich gestehe, daß mich Ihr Fall aus mehr als einem Grunde sehr interessiert. Sagen Sie mir doch, welche Zeitungen von der Botschaft „gefüttert" worden sind."

Ich erzählte ihm einiges und bemerkte schließlich, daß man mir auf der Botschaft, wie ich vernommen hätte, die Urheberschaft des in seinem Blatte erschienenen Artikels „Die Taten der Herren von Holleben und Bünz" zugeschoben hätte. Gleichzeitig erwähnte ich auch, daß es in der Absicht Eduard Leyghs, des Chefredakteurs des „Deutschen Korrespondenten", gelegen, im Anschluß an diesen Artikel eine Preßkampagne gegen den Botschafter von Holleben und Konsul Bünz zu eröffnen und daß ich ihn nur mit Mühe davon abgehalten hätte.

Herr Michaelis schmunzelte: „Selbstredend weiß ich, daß Sie nicht der Verfasser der „Taten der Herren von Holleben und Bünz" sind. Mir hat der Artikel Glück gebracht; denn bald nach seinem Erscheinen suchte mich ein Deutscher Vicekonsul auf und beschwor mich, doch mit meinen Angriffen gegen die beiden genannten Beamten aufzuhören. Man würde sich erkenntlich zu erweisen wissen, und meinem Blatte, wo es nur ginge, helfen. Da die „Illinois Staats-Zeitung" noch immer meine stärkste Konkurrentin war, so kam durch den Einfluß des Konsulats eine Transaktion zustande, durch welche ich die Kontrolle über die „Illinois Staats-Zeitung" erhielt, deren Konkurrenz mir nun weiter keine Sorge macht. Sie befinden sich, wie ich sehe, in einer schiefen Lage, brauchen aber deswegen noch nicht zu verzagen. Sie haben eine gute und gerechte Sache und die Wahrheit muß schließlich doch triumphieren."

In jene Zeit fiel die Ausweisung des Herrn von Schierbrand, Korrespondenten der „Associated Press", aus Berlin. Die Erinnerung an unsere Zusammen= kunft war noch frisch in meinem Gedächtnis und ich wollte ihm, wenn möglich, einen Dienst zu erweisen suchen. In einer Zusammenkunft mit Oberst Diehl, dem dortigen Chef der „Associated Press", wies ich darauf hin, daß das Aus= wärtige Amt die Ausweisung wahrscheinlich zurückziehen würde, wenn es zu der Ansicht gelangte, daß diese Auswei= sung einen schlechten Eindruck in Amerika hervorgerufen hätte. „Sie haben es in Ihrer Hand," so stellte ich ihm vor, „durch die Vermittlung von Reuter und Wolff in der ganzen deut= schen Presse die Meldung zu verbreiten, die Ausweisung Herrn von Schierbrands aus Berlin würde in den Vereinig= ten Staaten als eine Wiederaufnahme der anti=amerikani= schen Preßkampagne in Deutschland aufgefaßt und es läge die Gefahr nahe, daß die amerikanische Presse ihrerseits mit einer neuen Deutschenhetze antworten würde."

„Das ist der einzige Weg, wie wir Schierbrand retten können," antwortete mir Oberst Diehl, „und ich danke Ihnen in seinem wie in unserem Namen. Ich werde sofort das Er= forderliche veranlassen."

Wenn Oberst Diehl wirklich irgendwelche Schritte zur Rettung Herrn von Schierbrands unternommen hat, so blieben sie auf jeden Fall ohne Erfolg. Die Ausweisung war im hohen Rate der „Associated Press" in New=York und des Auswärtigen Amtes beschlossen und daran vermochten weder Oberst Diehl noch ich etwas zu ändern.

Im Übrigen glichen meine Erfahrungen in Chicago denen in St. Louis wie ein Ei dem andern.

Mein nächstes Ziel war die angeblich deutscheste Stadt der Union, Milwaukee. Ich traf an demselben Tage ein, an dem die dort erscheinende „Germania" einen begeisterten Lobeshymnus auf Herrn von Holleben veröffent=

licht hatte. Ich suchte den Chefredakteur, Herrn E m i l v o n
S ch l e i n i ß, auf und erklärte ihm, weshalb ich nicht seiner
Ansicht sein könne. Herr von Schleiniß gab die Richtigkeit
meiner Argumente zu und bedauerte lebhaft, nicht schon
früher Bestimmteres über meine Schwierigkeit mit Herrn
von Holleben vernommen zu haben. Er sagte wörtlich:

„Ich war im Vorjahre in Berlin, und habe sowohl mit
dem Staatssekretär für die Auswärtigen Angelegenheiten
wie mit dem Reichskanzler gesprochen. Es wurden mir G e l d
u n d O r d e n s a u s z e i ch n u n g e n angeboten. Auch
vom Kaiser sollte ich empfangen werden, doch fand die Audienz
nicht statt, da die kaiserlichen Dispositionen im letzten Augenblick geändert wurden. Zu schade, daß ich damals nichts von
Ihrer Angelegenheit wußte, ich hätte sie mit einem Wort
ins Reine bringen können! Immerhin will ich aber heute
noch an den Geschäftsträger der Deutschen Botschaft, G r a f
Q u a d t, nach Washington schreiben und ihn ersuchen, sich
für gütliche Beilegung des Falles zu verwenden.“

Herr von Schleiniß wünschte von mir zu hören, was ich
über die K r i e g s b e r e i t s ch a f t D e u t s ch l a n d s
g e g e n A m e r i k a wüßte.

„D e u t s ch l a n d i s t e r z b e r e i t,“ entgegnete ich,
„wie es das ja auch sein muß.“

„Ich weiß — ich weiß“, ergänzte Herr von Schleiniß.
„Ich weiß sogar noch mehr. Ich habe mit hohen Offizieren
in Berlin gesprochen und erstaunliche Dinge zu hören bekommen. Man r e ch n e t s e h r s t a r k a u f d i e D e u t -
s ch e n i n d e n W e s t s t a a t e n.“

Herr von Schleiniß und ich blickten einander in die Augen:
wir wußten!

Nach einigen Tagen traf ich mit dem Chefredakteur der
„Germania“ wieder zusammen. Er hatte einen Brief von dem
Geschäftsträger der Botschaft bekommen und las ihn mir
im Auszuge vor. „Mit verbindlichstem Danke,“ so etwa lau-

teten die Worte, die ich hörte, „für diesen neuen Beweis Ihres
freundlichen Interesses bedauere ich Ihnen mitteilen zu
müssen, daß es mir nicht möglich ist, in der betreffenden Angelegenheit irgend welche Schritte zu unternehmen. Ich
überlasse es Ihrem Ermessen, sich mit einer schriftlichen Eingabe nach Berlin zu wenden."

Herr von Schleinitz wußte sichtlich noch mehr als er mir
sagte, hielt es aber für geraten, sich über den weiteren Inhalt
des Briefes auszuschweigen. Nach einer Weile begann er
aufs Neue: „Die deutschen Journalisten in Amerika haben
oft ein schweres Los zu tragen. Fast keinem von uns ist der
Daseinskampf in seiner schlimmsten Form erspart geblieben.
Ich selbst habe als Tagelöhner in einer Fabrik gearbeitet, wie
das auch unser Kollege, Georg von Skal, der Chefredakteur
der „New-Yorker Staats-Zeitung" getan hat. Manche, die
stellenlos sind, irren auf der Landstraße umher oder nehmen
die Unterstützung der Wohltätigkeits-Gesellschaften in Anspruch. Ich kann es Ihnen nachempfinden, daß Sie einen
harten Kampf kämpfen und daß Sie umsomehr darunter leiden,
als Sie für eine große Familie zu sorgen haben. Behalten
Sie aber den Kopf oben und lassen Sie sich durch Ihr
Unglück nicht niederdrücken. Sie haben es in der Hand,
großes Unheil anzurichten, aber als guter Deutscher werden
Sie das unter keinen Umständen tun."

„Was Sie mir sagen, habe ich in den verschiedensten
Variationen schon früher gehört," erwiderte ich ihm. „Man
appelliert an meinen Patriotismus als Deutscher, schneidet
mir aber gleichzeitig jede Möglichkeit ab, ein anständiges
Unterkommen zu finden. Weshalb bietet mir denn Ihr
großer Verlag nicht eine angemessene Beschäftigung an?"

Herr von Schleinitz blieb mir die Antwort schuldig. Ich
will übrigens gern anerkennen, daß ich an seinem guten Willen,
mir eine Stellung an seinem Blatte anzubieten, glaubte und
noch heute glaube; nur war er den stärkeren Einflüssen gegen-

über, die wider mich aufgeboten wurden, machtlos. Was
er mir vom deutschen Journalistenelend in Amerika erzählte,
war mir nicht neu. Ich selbst hatte einmal, als ich noch Jung=
geselle war, meinem Kollegen, Dr. Alexander Theodor
de Purh, einem früheren deutschen Offizier, dem Sproß
eines der vornehmsten deutsch=schweizerischen Adelsgeschlechter,
der einst der Privatsekretär des Eisenbahnkönigs Henry Vil=
lard und später lange Jahre Legislaturkorrespondent der
„New Yorker Staats=Zeitung" in Albany, N.=Y)., gewesen
war, und der sich mit seiner Familie in denkbar traurigsten
Verhältnissen befand, meine Stelle als Redakteur am „Pitts=
burger Volksblatt" (heute „Volksblatt und Freiheitsfreund")
geopfert und war lieber nach Europa zurückgekehrt, als die
leidige deutsch=amerikanische Journalistenmisere an mich her=
antreten zu lassen, von deren vollem Umfang ich damals noch
gar keine Ahnung hatte. Zu Anfang jeden Jahres veröffent=
licht die „New=Yorker Staats=Zeitung" eine Liste der deut=
schen Toten des Vorjahres, und unter diesen befinden sich
immer mehr oder weniger — meistens jedoch mehr — Mit=
glieder der deutsch=amerikanischen Presse, die die Daseins=
bürde nicht länger zu tragen vermochten, und durch eigene
Hand ihrem Leben ein Ziel setzten!*)

Fast hätte mich mein Mut in jenen Tagen verlassen.
Das Leben schien mir nicht mehr des Lebens wert, und ich
fragte mich ernstlich, ob es nicht besser sei, im Verein mit
meiner Familie den aufsichtslosen Kampf mit den Mächten
der Finsternis aufzugeben, die uns das Dasein zur unerträg=
lichen Höllenqual machten und freiwillig in den Tod zu gehen.

---

*) Sehr lustig schildert Viktor Friedländer in seiner Gedicht=
sammlung, „Aus der Grünhornzeit" des deutsch=amerikanischen Journa=
listen Erdenwallen und berichtet dann aus eigener Erfahrung, wie ihm
während seiner Redaktionstätigkeit an der New Yorker „Plattdeutschen
Post" der Stuhl unter dem Leibe versteigert wurde, auf dem er bei
der Arbeit saß.

Aber immer wieder hielt mich der Gedanke, daß ich meinen Gegnern damit den Gefallen erweisen würde, nach dem ihr Herz am meisten verlangte, von der Tat zurück. Nein, ich wollte es nicht tun! Mochte es kommen wie es wollte. Irgend wo mußte es doch noch Gerechtigkeit geben. Wenn die Men= schen mich im Stiche ließen, so mußte Gott ein Einsehen haben. Zu Ihm, der letzten Zuflucht der Bedrängten und Verfolgten, habe ich in jenen Tagen heiß und inständig gebetet.

— — — — — — — —

Da auch meine Reise nach Milwaukee vergeblich ge= wesen war, kehrte ich nach St. Louis zu meiner Familie zu= rück. Es unterlag mir nicht dem mindesten Zweifel, daß wir alle elend zu Grunde gehen mußten, wenn ich nicht etwas t a t. Aber w a s tun? Ich richtete noch eine Eingabe an Herrn von Richthofen, den Staatssekretär für die Auswär= tigen Angelegenheiten in Berlin, in der ich von manchen den Botschafter und die Botschaft betreffenden Angelegenheiten den Schleier lüftete, der sie bis dahin schützend verhüllt hatte, und nochmals eine Untersuchung mit dem Bemerken forderte, daß ich, falls mir diese versagt bliebe, es für mein gutes Recht ansehen würde, mit allen gesetzlich zulässigen Mitteln für die durch verwerfliche Machenschaften schwerbedrohte Existenz meiner Familie zu kämpfen. H e r r   v o n   R i c h t h o f e n m ö g e   i n   d i e s e m   B r i e f e   d i e   R i c h t s c h n u r   f ü r m e i n   s p ä t e r e s   V e r h a l t e n   e r b l i c k e n. Dann trat ich mit Herrn Professor Hugo M ü n s t e r b e r g, dem vielgenannten und vielgerühmten Professor von der Har= vard=Universität in Cambridge, Massachusetts, in eine Korre= spondenz, über die das nächste Kapitel weiteren Aufschluß bringen wird.

XVI.

Eitle Professoren! — Professor Hugo Münsterberg von der Harvard-Universität, Cambridge, Mass. —
Sein Ausspruch über die deutsch-amerikanischen Journalisten. — Er verschafft dem Botschafter einen Doktortitel. — Eine Anrempelung Professor Gustav Virchows. — Professor Münsterbergs Verbindung mit der
Botschaft und dem Auswärtigen Amte in Berlin. —
Er droht mir mit der Verfolgung des Deutschen Reiches! — Professor Hermann Schönfeld in Washington. —
Seine beispiellose amerikanische Laufbahn. — Wie er
amerikanischer Konsul in Riga wurde. — Nach einander
in spanischen, deutschen und türkischen Diensten. —
Sein Plan zur Gründung einer großen englischen
Monatsschrift. — Bedenken des Botschafters. —
Türkische Finanzmisere. — Eine Erklärung des Chefs
der Washingtoner Polizei. — Professor Schönfeld und
Karl Hau. — The Spider and the Fly.

„Eitle Professoren!" So soll einer Kabel-
meldung der „New Yorker Staats-Zeitung" zufolge, bald
nach dem Zwischenfalle des 12. März 1902, der Deutsche Kaiser sich über gewisse deutsche Professoren in den Vereinigten
Staaten geäußert und damit in erster Reihe den sehr ehrenwerten und achtbaren Professor Hugo Münsterberg von der
Harvard-Universität zu Cambridge, Mass. gemeint haben.
Der Kaiser traf mit diesem Ausspruche, wie so oft, den Nagel
auf den Kopf und sprach damit vielen Deutsch- und Anglo-

Amerikanern, denen das Treiben der „politischen" Professoren deutscher Geburt an den Universitäten der Vereinigten Staaten schon längst ein Stein des Anstoßes war, aus dem Herzen.

Daß es überhaupt einen Professor Hugo Münsterberg auf Erden gab, erfuhr ich erst, als sich im deutsch-amerikanischen Blätterwalde ein gewaltiges Rauschen und Raunen über eine Äußerung des Herrn Professors erhob, der in einem englischen Magazin den deutsch-amerikanischen Journalisten nachgesagt hatte, daß sie beständig in einem Dunstkreise von Bier und Sauerkraut lebten und nicht den Schimmer einer blassen Ahnung von den amerikanischen Verhältnissen hätten, über die sie schrieben.

Das war zu Beginn meiner Tätigkeit bei der Botschaft. Bald sollte ich mehr von ihm hören. Seine Exzellenz, der Herr Botschafter von Holleben, trat eines schönen Tages die Reise nach Cambridge, dem Sitze der Harvard-Universität, an, war der Gast des Herrn Professors und kehrte, mit einem Ehrendoktorhut geschmückt, wieder nach Washington zurück, so stolz und glücklich über diese Auszeichnung wie ein Pfau. „Ein t ü c h t i g e r M a n n, dieser Münsterberg," so raunte man sich auf der Botschaft zu, wo viele heitere Gesichter zu sehen waren. Amerikanische Doktortitel werden in Europa und namentlich in Deutschland nicht sonderlich hoch bewertet, und die Massenverleihung des Titels an amerikanische Politiker und europäische Diplomaten, die an allen anderen Brüsten als denen der „Alma Mater" gelegen haben, kann nicht zur Erhöhung der allgemeinen Wertschätzung eines honoris causa verliehenen Doktorgrades beitragen. Daß später Präsident Roosevelt und selbst Baron Speck von Sternburg, der als alter Soldat wie Blücher ein geschworener Feind aller Tintenfuchser und Federfexe ist, sogar mehrfach mit dem amerikanischen Doktortitel gekränkt wurden, ändert nichts an der Tatsache.

Ein weiteres bedeutsames Zeichen von der ersprießlichen

Tätigkeit und dem Charakter des Herrn Professors erhielt ich, als mir eines Tages auf der Botschaft mit der Schreib= maschine hergestellte und vervielfältigte Abzüge eines Ar= tikels gegeben wurden, der in einem Bostoner Blatte erschienen war. Es war eine rüpelhafte Anrempelung Professor Virchows, der, weil er in einer Rede die Kolo= nialpolitik der Deutschen Regierung abfällig zu kritisieren sich unterfangen hatte, darin ein kindischer alter Meergreis genannt wurde, den selbst in Deutschland Niemand mehr ernst nähme und dessen Reden und Taten außerhalb des Deutschen Reiches überhaupt keine Bedeu= tung beizumessen seien.

„Den Artikel hat Professor Münster= berg geschrieben," erklärte mir auf Befragen Hofrat Kinne, der Intimus des Botschafters, „und Seine Exzellenz läßt Sie ersuchen, die Abschriften den hiesigen Korresponden= ten zu geben und so für eine möglichst große Verbreitung zu sorgen."

Ich errötete über die Schamlosigkeit der Zumutung, nahm die Abschriften und versenkte sie in meinen Papierkorb, dort, wo er am tiefsten war. Nur ein Exemplar davon gab ich einem andern akademischen Lehrer, dem nicht minder ehrenwerten Professor Hermann Schönfeld von der columbischen Universität in Washington, der sich über das Machwerk höchlichst entrüstete und den Verfasser eine Schande für den ganzen deutschen Professorenstand in Amerika nannte.

Auf Grund dieser Vorkommnisse fing ich an, mir ein eigenes Urteil über Professor Münsterberg zu bilden. Weiteres Material hierzu erhielt ich, als eines Tages meine Aufmerk= samkeit auf einen Artikel in dem katholischen „Boston Pilot" gelenkt wurde, in dem Bundes=Senator Henry Cabot Lodge, der bekannte Freund des Präsidenten Roosevelt, in unerhört scharfer Weise angegriffen und das einzige Hindernis für die Anbahnung eines freundschaftlichen

Verhältnisses zwischen Deutschland und den Vereinigten Staa=
ten genannt wurde. Der Artikel fand seinen Weg, wie ich
glaube, durch Paul Haedickes „Deutsch-amerikanische Korre=
spondenz" in die reichsdeutsche Presse, wurde von dieser bei=
fällig kommentiert und von dem Wolff'schen Bureau in Ber=
lin an die „Associated Press" als Ausfluß der deutschen
öffentlichen Meinung nach Amerika zurücktelegraphiert, wo
er dann, mit entsprechenden Zutaten, von der ganzen deutsch=
amerikanischen Presse nachgedruckt wurde.

„Ein feiner Kopf, der Herr Professor," hieß es wiederum.

All' dieser und anderer Intriguen ungeachtet aber ist es
bisher nicht gelungen, das Vertrauen des Präsidenten Roose=
velt zu Senator Lodge zu erschüttern oder diesen gar zu Falle
zu bringen.

Wenn irgend einer, schien mir Professor Münsterberg
der geeignete Mann zu sein, einen gütlichen Ausgleich meiner
Angelegenheit herbeizuführen, und ich rief daher brieflich
von St. Louis seine Intervention an, indem ich bemerkte,
daß ich gezwungen sein würde, mich in die Öffentlichkeit zu
flüchten, wenn ich nicht fair play erhielte. Ich empfing von
dem Herrn Professor vier Schreiben, aus denen ich die nach=
stehenden bemerkenswerten Sätze herausgreife:

Aus dem Briefe vom 13. September 1901.

„Sie haben Recht, wenn Sie annehmen, daß ich gern bereit
bin, Alles zu tun, was eine Störung der freundlichen Be=
ziehungen zwischen Deutschland und den Vereinigten Staaten
verhindern kann, daher würde ich bereit sein, mich bei Graf
Quadt oder bei der Deutschen Regierung in Berlin sofort
für Sie telegraphisch zu bemühen."

Aus dem Briefe vom 19. September 1901.

„Der Gesamteindruck Ihres Briefes an mich ist, daß Sie
unverschuldet ins Unglück geraten sind und nun in Ihrer
begreiflichen Aufregung Ihren Zorn auf Herrn v. Holleben
richten. Andererseits ist es klar, daß, wenn Sie auch nur

den geringsten Schritt tun, um Herrn v. Holleben hier in den Zeitungen oder bei den amtlichen Personen in Mißkredit zu bringen, Sie für alle Zeit die Verfolgung des Deutschen Reiches auf sich zögen. Sie allein haben daher Alles zu fürchten. Wenn Sie dagegen mit einem Ruck Ihr ganzes Verhalten umgestalten, freimütig zugestehen, daß Sie durch Mißverständnisse verblendet waren und unbedeutende Kleinigkeiten zu gewichtigen Anschuldigungen erhoben haben, und daß Sie von jetzt an wieder voll zum Deutschen Reiche stehen wollen, ernsthaft bemüht, Ihre schönen Gaben für gute Zwecke zu verwenden, kurz, wenn Sie Herren von Holleben und Richthofen einen ehrlichen, freimütigen, Sie selber ehrenden Brief des Bedauerns schreiben — so kann und wird sich Ihre Zukunft hundertmal günstiger und erfreulicher gestalten, als wenn Sie in Feindschaft verharren. Heute ist es für Sie noch nicht zu spät, sich eine wirkliche, ehrenhafte, tüchtige Existenz in Deutschland aufzubauen und mit Ihren Kenntnissen der amerikanischen Verhältnisse drüben viel Gutes zu tun. Ich verspreche Ihnen, daß ich von Herzen gern mein Äußerstes tun will, um Ihnen dabei zu helfen."

Aus dem Briefe vom 27. September 1901.

„Sie dürfen nicht ungeduldig werden. Würde ich nach Berlin kabeln, so würden die Herren mich an Graf Quadt verweisen, und würde ich an Graf Quadt schreiben, so würde er mich bitten, Alles bis zur mündlichen Aussprache aufzuheben, da ich Graf Quadt am 5. oder 6. bei mir zu sehen hoffe. Da hilft nichts, bis zum 6. Oktober etwa müssen Sie da schon warten, sonst gelingt nichts. Ist Alles erst einmal eingeleitet, so läßt sich das Weitere schnell erledigen. Es tut mir das sehr leid, doch es ist in Ihrem eigenen Interesse."

Brief vom 6. Oktober 1901.

„Es ist mir nach den langen Verhandlungen außerordentlich

betrübend, daß ich Ihnen nicht aus Ihrer Not helfen kann, ja, daß ich mich an der ganzen Angelegenheit zunächst nicht weiter beteiligen kann. Ich kann nur sagen, daß es mir aufrichtig leid tut, daß Sie nun vielleicht vor schweren Zeiten stehen. Halten Sie nur an der gerechten, versöhn= lichen Stimmung fest. Mit den besten Wünschen für Ihre Zukunft

Ihr
Hugo Münsterberg."

Ich lehnte es zu jener Zeit ab, die Zumutungen des Herrn Professors zu erfüllen, und jenen „mich selbst ehrenden, ehrlichen, freimütigen Brief des Bedauerns" an Herrn von Holleben und Herrn von Richthofen zu schreiben.

Meine Odyssee war noch nicht zu Ende. Ende November reiste ich von St. Louis nach Washington, wohin der Bot= schafter gerade von seinem europäischen Urlaub zurückgekehrt war. Mein erster Besuch galt Hermann Schönfeld, Professor an der columbischen Universität und Kaiserlich Ottomanischem Generalkonsul, einem der Männer, auf die des Kaisers Ausspruch „eitle Professoren" gemünzt war. Hermann Schönfeld darf als Typus des deutsch=amerikani= schen Strebers gelten. An demselben Tage, an dem er zum ersten Male seinen Fuß auf amerikanischen Boden setzte, schwor er dem Deutschen Kaiser die Untertanentreue ab und nahm das sogenannte „erste Papier" heraus, eine Formali= tät, die für Erlangung des amerikanischen Bürgerrechtes un= erläßlich ist. Er empfing dieses kostbare Dokument an dem Tage, an welchem die gesetzmäßige fünfjährige Frist abge= laufen war, und gleichzeitig seine Ernennung zum amerikanischen Konsul in Riga. Einen solchen „Rekord" hatte vor ihm kein zweiter deutsch=amerikanischer Professor aufzuweisen gehabt und der, wie so viele kleine Menschen, von Natur aus eitle Mann nahm mit stolzem Lächeln die Glückwünsche seiner Bekannten und Kollegen ent=

gegen. Was es mit dieser plötzlichen „Beförderung" eigentlich
für eine Bewandtnis hatte, erzählte mir einmal Freund Edu=
ard Leygh, der Chefredakteur des „Deutschen Korresponden=
ten" in Baltimore in seiner urwüchsigen Manier:

„Kam da eines Tages dieser kleine, an Großmannssucht
leidende jüdische Professor zu mir auf mein Bureau und
sagte: „Herr Leygh, ich weiß, welch' hohen Ansehens Sie sich
bei der Administration in Washington erfreuen und welchen Ein=
fluß Sie auf diese ausüben. Ich habe mich in letzter Zeit auf
das Studium der slavischen Sprachen geworfen und möchte,
um mich darin zu vervollkommnen, gern den Posten als ame=
rikanischer Konsul in Riga haben, der jetzt frei geworden ist.
Ich bin sicher, den Posten zu bekommen, wenn Sie mich recht
kräftig dafür empfehlen." Ich lachte (so fuhr Eduard Leygh
in seiner Erzählung fort) „und gab ihm einen Einführungs=
brief, worin ich ausführte, daß sich nach meinem Dafürhalten
kein amerikanischer Hund um den mageren Knochen reißen
und daß es daher ebensogut sein würde, ihn dem Überbringer,
einem schlecht bezahlten Professor von der John Hop=
kins Universität, zuzuwenden und diesen damit zum Schwei=
gen zu bringen. So ein verdutztes Gesicht, wie es der Professor
machte, als er den Empfehlungsbrief las, habe ich noch mein
ganzes Leben lang nicht gesehen. ‚Was', fragte er mich,
‚diesen Empfehlungsbrief soll ich abgeben?' Ja, diesen
Empfehlungsbrief sollen Sie abgeben, erwiderte ich ihm,
und ich stehe für den Erfolg. Der Professor bestellte den Brief
richtig an seine Adresse und — erhielt das Konsulat, das eines
der schlechtbezahltesten im amerikanischen Konsulardienste ist.
Einige Wochen später hatte ich etwas auf dem Staats=De=
partement in Washington zu tun und fast alle Beamten,
hohe wie niedrige, verließen, als sie von meiner Anwesenheit
hörten, ihre Zimmer, um mich anzusehen und mir die Hand
zu schütteln. ‚Sind Sie der Mann, der d i e Empfehlung für
Professor Schönfeld geschrieben hat?' so stürmten sie auf

mich ein, und immer wieder hieß es aus ihrem Munde: ‚Glad to make your aquaintance, Mr. Leygh!‘“

Von Riga kehrte Professor Schönfeld nach Washington zurück und fand dort eine Anstellung an der columbischen Universität. Da er sich nicht in geordneten finanziellen Verhältnissen befand, war er darauf bedacht, sich ergiebige Nebeneinnahmen zu erschließen und sein abenteuernder Geist ließ ihn auf den Gedanken verfallen, seine Dienste den fremdländischen Diplomaten in der Bundeshauptstadt anzubieten. Es gelang ihm, sich dem spanischen Gesandten D e p u y d e L o m e zu nähern, der in der für Spanien kritischen Periode eine außerordentlich exponierte Stellung in Washington einnahm und in der Wahl seiner Agenten nicht allzu gewissenhaft sein konnte. Schönfeld, der sich Dritten gegenüber rühmte, das Vertrauen de Lomes in besonderem Maße zu genießen, ging für diesen in einer speziellen Mission nach Cuba, von wo er einzelnen Zeitungen im Deutschen Reiche Berichte über die dortige Lage lieferte. Als der spanische Gesandte Washington hatte verlassen müssen, besann sich Professor Schönfeld auf die Tatsache, daß er einmal ein Untertan des Deutschen Kaisers gewesen war, und warb mit heißem Eifer um die Gunst Herrn von Sternburgs, der die Geschäfte der Botschaft in Abwesenheit des Herrn von Holleben selbständig leitete und nicht zögerte, sich das historische Wissen sowie die gewandte Feder Schönfelds dienstbar zu machen. Ich lernte Professor Schönfeld durch Vermittlung eines gegenseitigen Bekannten kennen. Er wußte mir allerhand interessante und für mich wertvolle Aufschlüsse über das gesellschaftliche und politische Leben in Washington zu erteilen und mein Vertrauen bald in dem Maße zu gewinnen, daß ich ihn dem Botschafter auf das Allerwärmste als ein sehr brauchbares und vielseitig verwendbares Werkzeug empfahl.

„Es ließe sich darüber wohl reden,“ empfing ich zur Antwort, „wenn der Professor in geordneteren Verhältnissen lebte!“

12*

Der Professor, ein ständiger Besucher in meinem Hause, wurde nicht müde, dem Plan der Gründung einer großen Monatsrevue in englischer Sprache das Wort zu reden, die einen Sammelpunkt für alle Freunde des Deutschen Reiches in Amerika bilden und dem Botschafter einen allzeit verläßlichen Rückhalt in der öffentlichen Meinung der Vereinigten Staaten gewähren sollte. Ich stand dem Plan sympathisch gegenüber und rang Herrn von Holleben schließlich das Versprechen ab, empfehlend darüber nach Berlin zu berichten.

„Aber," fügte er hinzu, „die erste Nummer muß im Manuskript fertig vorliegen, damit ich sie meinem Berichte beischließen und so eine Stellungnahme seitens des Auswärtigen Amtes herbeiführen kann. Als ich Gesandter in Japan war, habe ich einmal das erste Heft einer neuen japanischen Monatsschrift im Manuskript nach Berlin gesandt und damit guten Erfolg erzielt."

Professor Hermann Schönfeld machte sich mit Feuereifer an die Aufgabe, verschaffte sich auf allerhand Umwegen einige wichtige Berichte aus der französischen Botschaft und legte dem Botschafter in kurzer Zeit das Manuskript für das erste Heft der neuen Monatsrevue vor, das dieser prompt nach Berlin beförderte, wo es aber aus dem einen oder anderen Grunde liegen blieb. Jedenfalls hatte der Professor dem Deutschen Botschafter seine Brauchbarkeit und Verwendbarkeit durch eine praktische Probe zu demonstrieren verstanden.

Mittlerweile hatte er sich auch dem türkischen Gesandten, Ali Ferrouh Bey, unentbehrlich zu machen verstanden. Dieser befand sich, wie fast alle türkischen Diplomaten, in ständiger Geldverlegenheit und war daher für Vorschläge, wie dieser abzuhelfen sei, leicht zugänglich. Die von Dr. Theodor Herzl in Wien und Max Nordau in Paris ins Leben gerufene Zionistenbewegung hatte auch

unter dem starken Judentum Amerikas Wurzeln geschlagen,
und was lag daher näher, als sie zum Vorwand zu nehmen,
um der Ebbe in den Finanzen des türkischen Diplomaten
abzuhelfen! Ein merkwürdig stilisiertes Kommuniqué erschien in den großen Blättern der Vereinigten Staaten Ameri=
kas des Inhaltes, daß, falls die amerikanischen Zionisten es
sich einfallen ließen, sich als politische Partei zu organisieren
und den Besitz Palästinas durch Anwendung anderer als vom
Sultan gebilligter Mittel zu erstreben suchten, sie sich demselben
Schicksal aussetzen würden das den Armeniern beschieden
gewesen sei. Professor Schönfeld bekannte sich mir gegenüber als Verfasser des Artikels, der von der gesamten jüdischen
Presse des Landes als ein schamloser Erpressungsversuch
charakterisiert wurde. In kurzer Frist sah sich Herr Schönfeld für seine Tätigkeit im Interesse des Großherrn aller
Gläubigen und seines Vertreters durch seine E r n e n n u n g
z u m K a i s e r l i c h o t t o m a n i s c h e n G e n e r a l -
k o n s u l in der amerikanischen Bundeshauptstadt belohnt.
Er empfing das Exequatur, rechnete sich damit zum diplomatischen Corps und glaubte den Tag nicht mehr fern, da ihn
das Vertrauen des Padischah auf einen hohen Posten nach
Konstantinopel berufen werde.

Trotz seiner hohen Stellung, wie er sie selbst nannte,
verschmähte es der Herr Generalkonsul nicht, die intimsten
Beziehungen zu dem Kanzleipersonal der Deutschen Botschaft zu unterhalten. Er mietete sich ein Haus grade gegen=
über dem des geheimen expedierenden Sekretärs Simroß,
der mit den Verhältnissen auf der Botschaft nicht sehr zufrieden war, und erwarb sich auch dessen volles Vertrauen. Selten verging ein Tag, wo sie sich nicht freundnachbarliche Besuche abstatteten.

Aber auch mit den amerikanischen Regierungskreisen in
Washington wußte er sich auf besten Fuß zu stellen und er
ging im Staatsdepartement wie in den anderen Ministerien

ein und aus. Die naiven Amerikaner glaubten wirklich, daß Professor Schönfeld in der Lage sei, auf dem Umwege über Konstantinopel die unruhigen mohamedanischen Moros auf den Sulu-Inseln im Zaum zu halten und zu l o y a l e n U n = t e r t a n e n der Vereinigten Staaten — denn als vollbe= rechtigte Bürger werden sie nicht anerkannt — zu erziehen. Einem Mitglied der e n g l i s c h e n Botschaft erteilte er „deutschen Unterricht" und konnte daher als einer der bestinformierten Männer der Bundeshauptstadt gelten.

Zu ihm lenkte ich, wie schon gesagt, meine Schritte. Er empfing mich mit offenen Armen: „Herzlich willkommen, mein lieber Herr Kollege! Wie geht es Ihnen und Ihrer werten Familie? Und Ihre Angelegenheit mit dem Bot= schafter? Hoffentlich ist sie doch gütlich beigelegt?"

Als Antwort zog ich die Originale der von Professor Münsterberg an mich gerichteten Briefe aus meiner Tasche und reichte sie ihm hin. Er las sie sorgfältig und sein Gesicht verfinsterte sich.

„Aber das ist doch himmelschreiend," rief er aus. „Hätte man m i r nicht den Posten Münsterbergs geben können? Fünf= tausend Dollars bezieht der Mann von Harvard und ebenso= viel von Berlin — d a f ü r h ä t t e i c h s a u c h g e m a c h t ! Ja, vertrauen Sie mir diese Briefe an und ich will damit zum Botschafter gehen, um bei ihm für eine gütliche Bei= legung der Angelegenheit vorstellig zu werden."

Ich vertraute ihm die Briefe an und wir verabredeten eine Zusammenkunft am nächsten Tage in der Universität.

„Ich habe Ihnen eine sehr böse Mitteilung zu machen," begann er die Unterredung. „S i e s c h w e b e n i n g r o ß e r p e r s ö n l i c h e r G e f a h r. S i e h a b e n d a s L e b e n d e s B o t s c h a f t e r s bedroht und der Chef d e r h i e s i g e n P o l i z e i, M a j o r S y l v e s t e r, h a t m i r e r k l ä r t, daß er Sie ohne Weiteres v e r h a f t e n l a s s e n und Ihnen nicht einmal

Gelegenheit geben würde, der Presse eine Mitteilung zu machen, wenn Sie nicht Washington noch heute verlassen."

Ich lachte ihm ins Gesicht und verließ ihn. Auf Veranlassung eines Freundes suchte der Lokal-Redakteur der „Washington-Post" Major Sylvester auf und erfuhr von diesem, daß er mit dem Professor Schönfeld überhaupt nicht zusammengetroffen war und daß sich dieser eines unerhörten Mißbrauchs des Namens und der Autorität des Chefs der Washingtoner Polizei schuldig gemacht hatte.

Später hörte ich, daß der Professor für sein Verhalten mir gegenüber sehr gewichtige und vollklingende Gründe gehabt hat. Er war übrigens, wie ich hier bemerken möchte, insgeheim ein eifriger Förderer der jungtürkischen Bewegung, korrespondierte mit deren in London lebenden Führern und äußerte sich in privaten Kreisen wiederholt, daß es für die Geschicke der Türkei am besten sein würde, wenn dem Sultan das Schicksal so vieler seiner Vorfahren beschieden wäre.

Professor Schönfeld und Karl Hau.

Bei dem gewaltigen Aufsehen, welches der Karlsruher Prozeß gegen den der Ermordung seiner Schwiegermutter, der Frau Geh. Medizinalrat Molitor in Baden-Baden, angeklagten und von zwölf Geschworenen schuldig befundenen Washingtoner Rechtsanwalt Karl Hau in der ganzen zivilisierten Welt hervorgerufen hat, halte ich es für publizistische Anstandspflicht, wenn ich im Interesse der Wahrheit und Gerechtigkeit an dieser Stelle die in der Öffentlichkeit erwähnten geschäftlichen und privaten Beziehungen zwischen Hermann Schönfeld und Karl Hau kritisch beleuchte.

Die folgenden fünf Tatsachen sind in den Verhandlungen vor den Geschworenen zu Karlsruhe aktenmäßig festgestellt worden:

1. Karl Hau war trotz seiner Jugend „Privatsekretär"

des Kaiserlich Ottomanischen Generalkonsuls, Pro=
feffors Schönfeld.

2. Karl Hau war trotz seiner Jugend „juriftifcher Be=
rater" des Kaiserlich Ottomanifchen Botfchafters in
Wafhington.

3. Karl Hau war trotz seiner Jugend „Profeffor" des deut=
fchen Rechtes an der columbifchen Univerfität zu Wa=
fhington.

4. Karl Hau war trotz seiner Jugend Mitinhaber
einer profperierenden Anwaltsfirma in Wafhington,
die die Gefchäfte Morgan's, Rockefeller's und anderer
„Truftmagnaten" beforgte.

5. Karl Hau war trotz seiner Jugend Vertreter eines
Wafhingtoner Syndikats, das ihn als seinen Vertreter
zur Verwirklichung abenteuerlicher Finanzprojekte nach
der Türkei fandte.

Außer der Feftftellung diefer nackten Tatfachen erfchien
in der deutfchen Preffe kein Wort über Karl Hau's Aufenthalt
in Wafhington. Aber auch die amerikanifche Preffe beob=
achtete hierüber, wie mir der Berliner Korrefpondent des
N.=Y. „American" und „Morgen=Journal", Herr Ernft Wallen=
berg, auf Befragen mitteilte, ein auffälliges Stillfchweigen.
Warum? Hatte Hau vielleicht noch Mitfchuldige, die das
Licht der Öffentlichkeit fcheuten und die man aus dem einen
oder anderen Grunde fchützen wollte?

Am 29. Juli richtete ich ein Schreiben an den Vertei=
diger Hau's, Dr. Ed. Dietz in Karlsruhe, worin ich ihm mein
Erftaunen über diefe befremdliche Erfcheinung ausfprach und
ihn gleichzeitig auf Grund meiner perfönlichen Erlebniffe mit
Schönfeld, bat, wenn möglich Aufklärung über einige wich=
tige Punkte zu fchaffen, und zwar:

1. Hat Karl Hau als „Privatfekretär" Schönfeld's irgend=
welches Gehalt bezogen?

2. Hat Karl Hau als „juristischer Berater" des türkischen Botschafters irgendwelches Gehalt bezogen?

3. Hat Karl Hau als „Professor" des deutschen Rechtes an der columbischen Universität zu Washington irgendwelches Gehalt bezogen, ev. in welcher Höhe?

4. Hat Karl Hau als Vertreter des Washingtoner „Syndikats" irgendwelches Gehalt bezogen?

In seiner Antwort vom 31. Juli d. J. teilte mir Herr Dr. Dieß mit, daß er erst später auf meine Fragen zurückkommen würde, da die Sache noch nicht abgeschlossen sei.

Nach meiner Kenntnis der Washingtoner Verhältnisse halte ich es für völlig ausgeschlossen, daß Schönfeld überhaupt in der Lage war, sich einen „Privatsekretär" zu engagieren und zu besolden. Auch die Verhältnisse des türkischen Botschafters in Washington sind nicht derart, daß sie ihm den Luxus der Anstellung und Besoldung eines „juristischen Beraters", der obendrein vom türkischen und amerikanischen Recht blutwenig wußte, gestatteten. In beiden Fällen waren die Stellungen Hau's Honorarstellungen ohne Honorar! Und ähnlich verhielt es sich mit seiner „Professur" an der columbischen Universität.

Hier der Schlüssel zum psychologischen Verständnisse des Falles Hau:

Der unglückselige Karl Hau kam als blutjunger Ehemann mit seiner bedauernswerten Frau nach Washington, von dem ernsten Vorsatze beseelt, ein neues Leben anzufangen und sich in Amerika eine achtbare Existenz aufzubauen. Es hätte ihm nicht fehlen können, wenn er an die richtige Schmiede geraten wäre.

Sein Unstern führte ihn mit Schönfeld zusammen, an den er sich als deutschen Lehrer an der columbischen Universität natürlich zuerst mit der Bitte um Rat und Auskunft wandte. In seinen bedrängten Verhältnissen erschien diesem das junge, reichbemittelte Ehepaar aus Deutschland wie vom Himmel gesandt. Wenn irgend einer in ganz Amerika, so erklärte er wohl im Brusttone der Überzeugung seinem grünen Besucher, war er, Professor Hermann Schönfeld, und Kaiserlich Otto= manischer Generalkonsul, der Mann, der Karl Hau auf die Bahn des Erfolges leiten konnte! Und Karl Hau lauschte gierig .den faustdick aufgetragenen Schmeicheleien dieses Mannes, glaubte seinen Versprechungen von einer goldenen Zukunft und geriet so sehr unter den Einfluß dieses ränke= webenden Intriguanten, daß er sich nicht mehr von ihm befreien konnte.

Wo ist alles Geld geblieben, das Karl Hau und seine Frau aus Deutschland mitbrachten und sich nach Washington nach= senden ließen? Warum war er überhaupt auf dieses deutsche Geld angewiesen und warum mußte er die Frau seines Was= hingtoner Kompagnons noch um ein Darlehen von 20 000 Mk. angehen, wenn er doch über so glänzende „amerikanische" Ein= nahmen als „Privatsekretär" des Herrn Generalkonsuls, als „juristischer Berater" des Herrn Botschafters, als „Professor" an der columbischen Universität und als Mitinhaber einer prosperierenden Rechtsanwaltsfirma, die die Geschäfte Mor= gans und Rockefellers besorgte, verfügte?!

Die „abenteuerlichen Projekte", die in dem Prozesse als Belastungsmaterial gegen Hau vorgebracht wurden und für deren geistigen Urheber man ihn hielt, waren nicht seinem Gehirn entsprungen. Sie entstammten vielmehr dem frucht= baren Kopfe Professor Schönfelds, der schon mich dafür zu interessieren gesucht hatte.

Auch in seinem Hange zu erotischen Exzessen dürfte Karl Hau nicht zu seinem Vorteil von dem Jugendbildner und Generalkonsul Schönfeld beeinflußt worden sein. Wäh= rend der Dauer meines Aufenthalts in Washington versuchte dieser es wiederholt, mich zu nächtlichen Streifzügen in das als Hooker's Division bekannte Stadtviertel zu bewegen, in dem die Halbwelt ihr Hauptquartier aufgeschlagen hat und in

dem Venuspriesterinnen der jüngsten Altersstufen und aller
Rassen, weiße, schwarze, gelbe, rote, braune, den nach etwas
Abwechslung begierigen Herren der Schöpfung den Becher
der Liebe kredenzen und selbst den verwöhntesten Geschmack,
die ausschweifendste orientalische Fantasie zufrieden zu stellen
wissen! Ein einziges Mal folgte ich, zusammen mit einigen
Herren der deutschen Botschaft, dem Lockrufe dieses muster=
haften Jugenderziehers, der sich uns als Cicerone anbot, und
ich sah zu meinem Bedauern, welch' außerordentlicher Popu=
larität sich Hermann Schönfeld in „Hooker's Division" erfreute.

Ein Menschenleben galt in Schönfeld's Augen nicht viel.
Er hat, wie er mir selbst erzählte, als Student in Paris im
Duell einen Mann erschossen, der ihn wegen unziemlicher
Beziehungen zu seiner Braut zur Rede gestellt hatte, und
er rühmte sich mir gegenüber der Tat, die ihn zwang, Hals
über Kopf aus Frankreich zu flüchten. Und Karl Hau war
Schönfeld's gelehriger Schüler!

Ob die Geschworenen wohl zu einem anderen Wahr=
spruche gelangt wären, wenn sie mehr Licht über das Leben
und den Aufenthalt des Angeklagten in Washington erhalten
hätten? Ich wage es nicht, diese Frage zu beantworten, meine
aber, daß Karl Hau auf alle Fälle mildernde Umstände zu=
zusprechen gewesen wären, denn er ist das Opfer schlechter,
verderblicher Einflüsse geworden, die, statt seinen Charakter
zu bilden, und seinen Blick aufwärts auf das Wahre und Rechte
zu lenken, ihn auf die abschüssige Bahn drängten, die schließ=
lich zu seinem Untergange führte und ewige Trauer, unaus=
löschliche Schmach über zwei hochachtbare deutsche Familien
brachte.

XVII.

Dunkle Tage in New-York. — Ich rufe Roosevelt's Schutz an. — Ein Bundesgeheimdienst-Agent
sucht mich auf. — Das schwarze Kabinet in New-York. —
Urteil der amtlichen amerikanischen Kreise über meine
Angelegenheit. — Unerklärliches Verhalten des Botschafters. — Herr von Holleben von der Polizei es-
kortiert. — Der deutsch-französische Champagnerkrieg. — Der Botschafter telegraphiert, daß bei der
Taufe des „Meteor" deutsches „Rheingold" zur Verwendung gelangte, obwohl er wußte, daß französischer
Champagner benutzt worden war. — Merkwürdiges
Schreiben des Botschafters an den amerikanischen Vertreter der deutschen Schaumweinfirma. — Was in dem
Prozesse Moet et Chandon contra Söhflein festgestellt
wurde. —

Ich hielt mich nach meinem Intermezzo mit Prof.
Schönfeld noch einige Tage in Washington auf und fuhr
dann nach New York, um dort noch einmal den Kampf
um die Existenz aufzunehmen. Wiederum war alles vergebens.
Mein Mut begann zu erlahmen, meine Kraft mich zu verlassen. Das Weihnachtsfest kam heran, und ich war von meiner Familie getrennt, glaubte nicht, daß ich sie noch einmal
wiedersehen würde. Ich verlebte entsetzliche Tage, qualvolle
Nächte. Sollte ich dem Trauerspiel ein Ende bereiten? . . .
In einer dunkeln Stunde schrieb ich an Präsident Roosevelt und rief seinen Schutz an gegen die Verfolgungen, denen

ich auf amerikanischem Boden seitens des Botschafters und seines Heeres geheimer Agenten ausgesetzt war.

Es waren mehrere Tage vergangen und ich hatte von Washington keine Antwort erhalten. Unendlich langsam schlichen die Minuten dahin und die Ungewißheit über das Schicksal meiner Familie, die noch immer fern von mir in St. Louis weilte, trieb mich zur Verzweiflung. War es nicht meine heiligste und erste Pflicht, um der Frau und Kinder willen nichts unversucht zu lassen und vor keinem Opfer, mochte es auch noch so demütigend sein, zurückzuschrecken, wenn es nur Erlösung brachte?!

Mir fiel die Stelle aus jenem Briefe Professor Münsterbergs ein, in der er mir riet, dem Botschafter von Holleben in Washington und dem Staatssekretär für die Auswärtigen Angelegenheiten in Berlin, Freiherrn von Richthofen, einen „mich selbst ehrenden, freimütigen und ehrlichen Brief des Bedauerns" zu schreiben, da sich dann meine Zukunft hundertmal günstiger und erfreulicher gestalten würde.

Nein, ich durfte nicht länger zaudern, wollte ich nicht der Mörder meiner unschuldigen Kinder sein! Ich setzte mich hin, schrieb in einem Zuge die beiden verlangten Briefe und brachte sie selbst zur Post. Ich kehrte sofort in meine Wohnung zurück und fand — es waren zwischen meinem Gehen und Kommen noch keine drei Minuten vergangen — einen Mann vor meiner Tür.

„Sind Sie Herr Witte?" fragte er mich und fuhr, als ich bejahend antwortete, fort:

„Mein Name ist P e e k e , i c h b i n e i n B e a m t e r d e s B u n d e s g e h e i m d i e n s t e s . Sie haben einen Brief an den Präsidenten Roosevelt nach Washington geschrieben und ich bin beauftragt, die Angelegenheit zu untersuchen. Ich habe eigentlich schon heute Morgen hier sein wollen, bin aber durch unaufschiebbare Geschäfte abgehalten worden, früher zu Ihnen zu kommen."

Es war zu viel für meine Nerven. Überraschung, Schreck, Aufregung, alles vereinte sich, und ohnmächtig wäre ich zu Boden gefallen, wenn der Mann mich nicht aufgefangen und auf ein Sofa gelegt hätte.

„Was fehlt Ihnen? Sind Sie krank?" forschte er.

„Z u s p ä t! — — — Drei Minuten zu spät!" Ha, ha, ha!

„Warum zu spät? Was bedeuten Ihre Worte? Fassen Sie sich und erklären Sie mir Alles. Es riecht hier brenzlich, was ist das?"

Ich hatte einen Teil meiner Papiere dem Ofen über= geben, ehe ich zur Post gegangen war und, das Feuer geriet erst jetzt in Zug.

Mit einem Sprunge war er am Ofen, griff mit der Hand in die Flamme und holte die kohlende Papiermasse heraus.

„So etwas sollten Sie nicht tun," meinte er. „Die Pa= piere können Ihnen noch einmal von großem Nutzen sein. Und nun erklären Sie mir, was dies Alles zu bedeuten hat."

Es vergingen wohl fünf Minuten, ehe ich mich wieder so weit gefaßt hatte, daß ich ihm Rede und Antwort zu stehen vermochte. Ich erzählte ihm, daß ich soeben Briefe zur Post gebracht hätte, die mein an Präsident Roosevelt gerichtetes Gesuch belanglos machten, daß mir sehr schlecht sei und daß er mir einen Gefallen tun würde, wenn er sich wieder ent= ferne und mich mit meinen Gedanken allein ließe.

„Aber das kann ich nicht tun, das geht wider meinen Auftrag. Ich habe Order, einen ausführlichen Bericht über Ihre Person und Ihre Klage zu erstatten und muß meinen Auftrag ausführen."

Ich deutete auf die vor mir liegende Sammlung von Briefen und Papieren, die ich zu vernichten gedacht hatte.

„„Es ist mir jetzt Alles gleichgültig," gab ich zur Antwort. „Sie sehen, daß ich die Sachen verbrennen wollte, Sie dürfen sie mitnehmen, Sie können sie auch liegen lassen und meinet=

wegen wieder in den Ofen werfen, es kommt für mich Alles auf dasselbe hinaus."

Der Washingtoner Geheimagent packte die Papiere sorgfältig in eine mitgebrachte Tasche und verabschiedete sich dann mit den Worten: „Sie werden mehr von uns hören."

Und ich hörte mehr von ihnen.

Am nächsten Morgen wurden mir die Briefe, die ich an Herrn von Holleben und an Herrn von Richthofen zur Post gegeben hatte, angeblich uneröffnet zurückgegeben; ich sage angeblich, denn der noch feuchte Klebestoff auf der Innenseite der Umschläge bewies mir, daß irgend eine Manipulation mit ihnen vorgenommen worden war.

„Wir haben Order," erklärte mir Peele, „diese Briefe nicht an ihre Adresse abgehen zu lassen."

Der große Apparat des amerikanischen Bundesgeheimdienstes war in Tätigkeit gesetzt worden, um die Untersuchung herbeizuführen, die ich vergebens von dem Deutschen Reichskanzler und dem Staatssekretär für die Auswärtigen Angelegenheiten in Berlin gefordert hatte.

Nach einigen Tagen wurde ich verständigt, daß der Chef des Bundesgeheimdienstes meine Papiere geprüft hätte und mich seiner besonderen Sympathie versichere. Das amerikanische Urteil über meine Angelegenheit wurde in die Worte zusammengefaßt, von denen ich amtlich Kenntnis erhielt: „You have a very strong case against the German Government!"

Diese Vorfälle fanden noch vor der ersten Ankündigung der Amerikafahrt des Prinzen Heinrich statt, durch welche der allgemeinen an sich schon höchst bedenklichen Lage ein neues Moment der Gefahr und Spannung hinzugefügt wurde, das nicht ohne Einfluß auf meine Angelegenheit blieb.

Als die Ankündigung des Prinzenbesuches erfolgte, mußte
sich Herr von Holleben, der in erster und letzter Reihe für den
Erfolg der Reise wie für das Leben und die Sicherheit des
Prinzen verantwortlich war, sagen, daß es seine vornehmste
und ausschließlichste Pflicht sei, alle Steine des Anstoßes aus
dem Wege zu räumen, die den Erfolg und die Mission des
Prinzen irgendwie gefährden konnten. Fürst Bismark hat
einmal gesagt, wenn ich mich recht entsinne, daß die Diplomatie die Rache nicht kennen dürfe und vor allen Dingen darauf bedacht sein müsse, einmal begangene Fehler nicht zu
wiederholen. Als einstiger Schüler des ersten Reichskanzlers
hätte Herr von Holleben die Nutzanwendung dieses Satzes
ziehen sollen. Er tat es nicht — zu seinem Schaden. Sein
Adelsdünkel, der dem Kanzleipersonal der Botschaft eine nie
versagende Quelle des Spottes bot, ließ es nicht zu, einem
bürgerlichen Manne der Feder ein Zugeständnis zu machen.
Zu seiner Entschuldigung und Rechtfertigung konnte er allerdings anführen, daß ich mich auch nach Berlin mit dem Verlangen nach Untersuchung gewandt hatte und daß meine Klage
dem Reichskanzler wie dem Staatssekretär für die Auswärtigen Angelegenheiten nicht unbekannt sein mußte. Vielleicht
hatte er sogar, — ich lasse das dahingestellt sein — von oben
her die Direktive für sein Verhalten wider mich erhalten. Auch
die intime Verbindung des Wolff'schen Bureaus in Berlin
mit dem Auswärtigen Amte, der freundschaftliche Verkehr
zwischen dem Botschafter in Washington und dem Wolffschen Vertreter in New York, Paul Haedicke, müssen in Betracht gezogen werden, wenn man nach einer Erklärung für
das sonst völlig unbegreifliche Verhalten des Botschafters
sucht.

Wie dem auch sein mochte, ob er nun durch „höheren
Auftrag" von Berlin aus gedeckt war oder nicht, so muß ich
auch heute noch nach soviel Jahren gestehen, daß ich für das
Verhalten des Botschafters keine befriedigende Erklärung zu

finden vermocht habe. Und noch weniger für das des Reichskanzlers und des Auswärtigen Amtes in Berlin. Wie konnte
man einen Mann, der die Tragweite einer kleinen persönlichen Intrigue gegen einen einfachen Journalisten
nicht zu übersehen vermochte, mit einer ersten diplomatischen Vertretung des Reiches im Auslande betrauen?!

Herr von Holleben beging unter den Umständen eine un-
verzeihliche Torheit. Um mich einzuschüchtern, und sich im
Voraus die Möglichkeit einer Entschuldigung für ein etwaiges
Fiasko der Prinzenreise zu verschaffen, lancierte er in die
Washingtoner Lokalpresse eine Mitteilung, die in erster Reihe
an meine Adresse gerichtet war. Am 1. Februar brachte mir
die Post eine Nummer der „Washington Post" vom Tage
zuvor, in welcher der folgende Paragraph blau angestrichen war.

GUARDED BY THE POLICE.

German Ambassador recipient of letter threatening him with violence.

A special detail of two policemen from the Second
precinct station has been constantly on duty at the German Embassy on Massachusetts Avenue Northwest, dur-
ing the past ten days or two weeks, and will be conti-
nued indefinitely. The officers are furnished with wheels
and attend Herr von Holleben, the German Ambassador, whenever he leaves his residence. They are attired
in plain clothing, and attract but little attention. as they
endeavor to remain only within calling distance of the
Ambassador.

The reason for the extra precaution is due to the
fact that the Ambassador received a threatening communication from New York about two weeks ago, stating
that he was in danger of personal violence. The communication was anonymous, but is supposed to have come

from an employé who was discharged from service at
the embassy several weeks ago, and who was very an-
gry at having lost his position. Little importance is at-
tached to the communication, but the detail is maintain-
ed as a precautionary measure.

In deutscher Übersetzung:

Unter polizeilichem Schutz.

Der Deutsche Botschafter Empfänger eines
Briefes, worin ihm Gewalttätigkeit angedroht wird.

Ein Spezialaufgebot von zwei Polizisten der Station
des zweiten Bezirkes hat seit etwa zehn Tagen oder zwei
Wochen an der Deutschen Botschaft an Massachusetts-Avenue
Posten gestanden und wird auf unbestimmte Zeit dort
bleiben. Die Polizisten haben Fahrräder erhalten und
folgen Herrn von Holleben, wenn immer er seine Wohnung
verläßt. Sie tragen Zivilkleidung und ziehen nur wenig
Aufmerksamkeit auf sich, da sie sich dem Botschafter nur bis
auf Rufweite nähern.

Diese besondere Vorsichtsmaßregel hat ihren Grund in
der Tatsache, daß dem Botschafter vor etwa zwei Wochen
ein Drohbrief aus New York zugegangen ist, der die Mit=
teilung enthielt, daß er persönliche Gewalttätigkeiten zu be=
fürchten habe. Die Mitteilung war anonym, doch nimmt
man an, daß sie von einem Angestellten kam, der vor einigen
Wochen entlassen wurde und über den Verlust seiner Stelle
aufgebracht war. Man mißt der Mitteilung nur wenig
Bedeutung bei, hält aber das Polizeiaufgebot als Vorsichts=
maßregel aufrecht.

Der Kreuzbandumschlag, in welchem die Nummer der
„Washington Post" enthalten war, trug meine Adresse in der
mir wohlbekannten Kanzleihandschrift des Hofrates Kinne
von der Deutschen Botschaft, auf den die unbeholfene Stili=
sierung der Notiz als Verfasser hinwies. Ich lachte laut auf und
wie ich, so hat auch die ganze Washingtoner Gesellschaft laut auf=

gelacht, als sie die Nachricht las. Die Vorstellung des Bildes von dem kleinen dicken Botschafter, der links und rechts von einem Fahrradpolizisten flankiert wurde, war von einer Komik, die umso unwiderstehlicher wirkte, als man bereits seit langer Zeit durch Privatandeutungen des Majors Sylvester auf dieses durchsichtige Manöver des Botschafters vorbereitet war.

Noch possenhafter, abstoßender und widerwärtiger mußte auf das amtliche Washington und die eingeweihten Kreise die unrühmliche Rolle des Botschafters bei der von „Prinzeß" Alice Roosevelt in Gegenwart ihres Vaters und des Prinzen Heinrich vollzogenen Taufe der Kaiseryacht „Meteor" und der sich daran knüpfende lustige „deutsch-französische Champagnerkrieg" wirken. Am 23. Februar 1902 fand der Stapellauf der Yacht statt und die Tochter des Präsidenten zerbrach am Bug des Fahrzeuges eine Flasche mit schäumendem Champagner. Stolz schrieb die „New Yorker Staats-Zeitung" in ihrer Ausgabe vom 26. Februar: „Auf deutschem Weinboden ist der Rebensaft gezogen worden, dessen Umhüllung am Bug der Kaiserlichen Yacht zerschellte, ehe diese dem Element ihrer Bestimmung zueilte."

„Aber nit!" sagte die französische Champagnerfirma Moët & Chandon, „auf französischem Boden ist der edle Rebensaft gezogen worden," und sie erbrachte den Beweis für ihre Behauptung. Wie ging das zu?

Die beste Darlegung des amüsanten Falles, der zwei Welten zum Lachen auf Kosten Seiner Exzellenz des Kaiserlich Deutschen Botschafters in Washington brachte, findet sich in der Pariser Ausgabe des „New York Herald" vom 31. März d. J. Sie ging auch in die New Yorker Ausgabe über, und ich gebe hier einen Auszug in Übersetzung wieder:

„Eine Schadenersatzklage von einer Million Mark ist von Moët & Chandon gegen die deutsche Firma Söhnlein & Co., welche die deutsche Sektmarke „Rheingold" in den Handel bringt, vor den Wiesbadener Gerichten angestrengt worden. Der deutsche Kaiser, der Präsident der Vereinigten Staaten und der Deutsche Botschafter von Holleben figurieren in der Kontroverse. Obwohl der „Herald" berichtet hatte, daß bei der Taufe des „Meteor" französischer Schaumwein benutzt worden war, schenkte die deutsche Firma diesem Berichte keinen Glauben und fragte durch Kabeldepesche bei dem Deutschen Botschafter an, wie sich die Sache verhalten habe, der darauf zurückkabelte, daß „Rheingold" der Taufwein gewesen wäre. Söhnlein & Co. waren über die Auskunft entzückt und benutzten sie, um im In= und Auslande eine Riesenreklame für ihre Marke zu machen. Damit waren aber Moët & Chandon nicht einverstanden, die in der An= kündigung, daß „Rheingold" bei der Taufe benutzt worden wäre, einen Angriff auf die Ehre ihres Hauses erblickten. Sie teilten den Sachverhalt ihrem New Yorker Agenten, George Kessler, mit und forderten ihn auf, das Rätsel auf= zuklären, wobei sie bemerkten, daß Geld dabei keine Rolle spielen würde. Herr George Kessler nahm den nächsten Dampfer und fuhr nach Paris, von wo er nach Rücksprache mit den Inhabern der Firma das folgende Telegramm an den Deutschen Botschafter nach Washington sandte:

„Wenn Ihre Worte richtig wiedergegeben sind, so muß Euere Exzellenz falsch informiert gewesen sein, da Graf Quadt*) sehr wohl wußte, daß Moët & Chandon gebraucht worden war. Der Präsident der Schiffsbaufirma Townsend, Downey & Co. gab ihm die positive Information, da seine Firma volle und absolute Kontrolle über die Arrangements beim Stapellauf hatte, der auf ihre Kosten stattfand. Um den großen Verdruß wieder gut zu machen, der durch die Zeitungsartikel verursacht worden ist, welche die Glaub= würdigkeit des Hauses Moët & Chandon in Frage ziehen,

---

*) Zu jener Zeit der erste Sekretär und in Abwesenheit des Herrn v. Holleben Geschäftsträger der Botschaft.

bitte ich Euere Exzellenz, mir gütigst eine Richtigstellung für die Presse des Inhalts zu kabeln, daß nur Moët & Chandon bei der Taufe des „Meteors" gebraucht wurde.

Es ist von äußerster Wichtigkeit, der Öffentlichkeit die Wahrheit über diesen Vorfall mitzuteilen, da die Moët & Chandon-Gesellschaft sowie ich selbst moralisch und finanziell durch diese falschen Angaben schwer geschädigt worden sind.

Sollten Sie nicht geneigt sein, unserem Wunsche zu entsprechen, so werden wir uns genötigt sehen, den Fall dem Staats-Departement in Washington und der Regierung in Berlin zu unterbreiten.

George A. Keßler."

Die in ihrer Ehre gekränkte französische Champagner=firma hielt Wort. Wie die deutsche Firma über den Fall dachte, ergibt sich aus der folgenden Darstellung, die in der „New Yorker Staats=Zeitung" vom 3. April erschien:

Streit um den Taufwein.

(Spezial-Depesche der „N.-Y. Staats-Zeitung".)

Milwaukee, Wis., 2. April 1902.

Die mehrfach berührte Streitfrage, ob bei der Taufe der kaiserlichen Yacht „Meteor" der deutsche Schaumwein „Rheingold" oder der Champagner der französischen Firma Moët & Chandon zur Verwendung gelangte, zieht immer weitere Kreise. Sie wird in Berlin und in Paris mit demselben Eifer erörtert wie in New York und in Mil= waukee. Die hiesige General=Agentur für das deutsche „Rheingold" hatte, als die französische Firma zuerst mit der Behauptung hervortrat, daß nicht „Rheingold", sondern ihre Marke bei der Taufe der Yacht gebraucht worden sei, bei dem Botschafter von Holleben telegraphisch angefragt, wie die Sache sich verhalte. Prompt kam die Antwort, die Yacht sei mit „Rheingold" getauft worden. Die französische Firma wiederholte aber ihre Behauptung, worauf sich die General=Agentur des „Rheingold" zum zweiten Male an

Herrn von Holleben wandte, von dem nunmehr der nach=
stehende Brief eingetroffen ist:

Washington, den 29. März 1902.

Herren Jacob Best & Co.,

Milwaukee, Wis.

Ihr gefälliges Schreiben vom 26. d. M. hat sich mit
dem meinigen vom gleichen Datum gekreuzt. Nachdem sich
nunmehr herausgestellt hat, daß tatsächlich „Rheingold" bei
der Taufe keine Verwendung gefunden hat, stehe ich nicht
an, zu erklären, daß mir am 25. Februar morgens in
New York, als ich mich auf dem Wege zum Stapellauf be=
fand, mitgeteilt wurde, die Firma Townsend & Downey beab=
sichtige, sich eines anderen Weines bei der Taufe zu be=
dienen. Ich habe darauf auf das Bestimmteste erklärt, daß
dies unstatthaft sei, nachdem die genannte Firma das dies=
seits gelieferte „Rheingold" ausdrücklich angenommen hatte.
Bei dem Stapellauf selbst gewann ich die Meinung, daß
meiner Anordnung entsprechend „Rheingold" benutzt sei, wie
ich den von Milwaukee gesandten Kasten auf der Werft
stehen sah, worauf ich Herrn v. Schleinitz aufmerksam machte.
Daß die Firma Townsend & Downey auch nur den Ver=
such gemacht habe, einen anderen Wein zu benutzen, konnte
ich früher nicht äußern, weil ich dieselbe dadurch, ehe sie
selbst gesprochen, in einen falschen Verdacht hätte bringen
können, und ich überdies, wie angedeutet, glaubte, daß
wirklich „Rheingold" benutzt sei. Jetzt, wo Beweise vor=
liegen, ist es etwas anderes, und ist die Firma Townsend &
Downey allein für ihre verabredungswidrige Handlungs=
weise verantwortlich. Was den Kasten anbelangt, so habe ich
Miß Roosevelt darauf aufmerksam gemacht, daß derselbe
sowohl wie der Hammer und die Flasche ihr gehöre. Über
den Verbleib habe ich Näheres nicht erfahren.

Der Kaiserliche Botschafter Holleben."

Es ist sehr fraglich, ob die Annalen der modernen Diplomatie ein ähnliches Schrift-stück aufzuweisen haben wie diesen Brief.

Der Prozeß endete sowohl in Deutschland wie in Amerika mit dem Siege der französischen Firma. Herr von Holleben erschien später als Zeuge in Wiesbaden und bestätigte vor einem beauftragten Richter in einem dreistündigen Verhör, daß Moët & Chandon benutzt worden sei, während er auf An-fragen der Firma Söhnlein & Co. gekabelt hätte, daß „Rhein-gold" benutzt worden wäre.

Im Laufe des Prozesses wurde aktenmäßig festgestellt, daß Herr von Holleben ein Geschenk von „Rheingold"-Schaumwein unter der Bedingung angenommen hatte, da-für Reklame zu machen.

Herr von Holleben ist seit seinem Rücktritt aus der Diplomatie in wohlbegründeter Anerkennung seiner Ver-dienste um das Vaterland als lebenslängliches Mitglied in das preußische Herrenhaus berufen worden.

XVIII.

Weitere Entwicklung meiner Angelegenheit. — Zweideutige Rolle des Bundesgeheimdienst-Agenten Peeke, der später zu fünf Jahren Zuchthaus verurteilt wurde. — Ich verlange vergeblich meine Papiere zurück. — Der Staatssekretär John Hay „weiß von nichts". — Depeschenwechsel zwischen Prinz Heinrich und Präsident Roosevelt und was an demselben Nachmittage geschah. — Ich statte der Redaktion des „New-York Herald" einen nächtlichen Besuch ab. — Der Morgen des 12. März. — Erklärung des Herrn von Holleben über den Zwischenfall. — Anklagen des Botschaftspersonals wider Herrn von Holleben. — Etwa hundert Berichterstatter suchen mich in meiner Wohnung auf. — Ingenieur Buck veröffentlicht Einzelheiten über deutsche Kriegsbereitschaft gegen Amerika. — Wer war für den Zwischenfall verantwortlich? — Roosevelt im Urteil seiner Zeitgenossen und im Lichte seiner eigenen Werke. —

Wie sich alles weiter entwickelte, kann ich nur nach den mir bekannten Tatsachen berichten. Ich vermag auch heute nicht alle Fäden des feinen Intriguennetzes zu überschauen, die gesponnen wurden, um Deutschland und Amerika in einen Krieg zu treiben, zu dessen erstem Opfer ich ausersehen war. Zunächst will ich feststellen, daß der Geheimdienstagent Peeke, wie die Zukunft lehrte, durchaus unzuverlässig und nur auf seinen persönlichen Vorteil bedacht war. Da er zu Lebzeiten Mc Kinleys mit dessen persönlichem Schutze betraut war, erfreute er sich an erster Stelle des höchsten Vertrauens und wurde vorzugsweise zu Aufträgen benutzt, die unbedingte Zuverlässigkeit und die größte Diskretion erforderten.

Ob Peeke sein Amtsgeheimnis verletzt und das zu seiner Kenntnis gelangte Wissen an eine interessierte dritte Partei verkauft hat, wage ich nicht zu behaupten, möchte aber daran glauben, da Peeke einige Zeit später wegen Teilnahme an aus= gedehnten Naturalisationsschwindeleien zu fünf Jahren Zucht= haus verurteilt wurde.

Soviel steht fest, daß es eine Staatsaffäre war, die von einer herrischen Hand mit unbegrenzten Machtbefugnissen ge= leitet wurde — von einer Hand, die selbst nicht davor zurückschreckte, im tiefsten Frieden die Privatkorrespondenz des Botschafters einer befreundeten Macht zu überwachen und an ihn gerichtete Privatbriefe ab= fangen zu lassen.

Die Person des Geheimdienstagenten Peeke sowie ge= legentliche Äußerungen, die er fallen ließ, flößten mir Abnei= gung und Verdacht wider ihn ein und die Rolle, die er spielte. Mein Argwohn wurde rege und ich verlangte um die Mitte Februar in einem eingeschriebenen, an den Chef des Bundes= geheimdienstes, John E. Wilkie, gerichteten Briefe die sofortige Zurücksendung meiner Papiere. Der New Yorker Agent des Geheimdienstes, Kapitän Flynn, verständigte mich darauf brieflich, daß die Papiere zeitweilig „in andern Händen" wären. Wiederum verlangte ich die Papiere zu= rück, aber wiederum ohne Erfolg. Diesmal hieß es, daß der Staatssekretär John Hay die Papiere habe und daß es nicht angängig sei, sie von ihm zu verlangen, bis er mit ihrer Prüfung fertig sei. Auf meinen eingeschriebenen Brief an den Staatssekretär, der die dringende Bitte um sofortige Rückgabe der Papiere enthielt, kam die von dem Privatsekre= tär Herrn Hays unterzeichnete Antwort, daß die Papiere sich nicht im Besitze des Staatsdepartements befänden und daß Niemand etwas von ihnen wüßte.

Wenn aber der Staatssekretär nichts von den Papieren wußte, in wessen andern Händen waren sie dann?

Ich ging mit diesem Briefe zu Kapitän Flynn, der sehr betroffen ausschaute, sofort nach Washington telegraphierte und am Nachmittage den Agenten Peele mit der Bitte zu mir sandte, nicht mehr an Hay zu schreiben. Ich habe allen Grund zu der Annahme, daß Peele auch einen zweiten Brief, den ich an John Hay in der gleichen Sache richtete, abgefangen hat. Jedenfalls habe ich die Überzeugung, daß der Staats= sekretär John Hay, dem man später die Verantwortung für den Zwischenfall aufzubürden versuchte, daran unschuldig war. Amerikanische Bundesgeheimdienst=Beamte haben eigentüm= liche Machtbefugnisse, sie „wissen“ sehr viel und nehmen sich im Vertrauen auf dieses Wissen sehr viel heraus.

Die Reise des Prinzen Heinrich neigte sich ihrem Ende zu und es galt für einen möglichst wirksamen Abgang mit Kalzi= umlicht und allem sonst erforderlichen Beiwerk zu sorgen. Es sollte ein Finale geben, das man noch lange Zeit in Berlin nicht vergessen würde. Da ich nicht aufhörte, die Rückgabe meiner Papiere zu verlangen, ersuchte mich Kapitän Flynn, doch nicht ungeduldig zu werden. Wenn der Prinz nach New York käme, um sich nach Deutschland einzuschiffen, würde etwas „geschehen“, worauf ich meine Papiere sofort zu= rückerhalten würde.

Es geht aus dieser Äußerung des Chefs des New Yorker Bundesgeheimdienst=Bureaus hervor, daß die Drahtzieher hinter den Kulissen den Zwischenfall vom 12. März noch wäh= rend der Anwesenheit des Prinzen auf amerikanischem Boden in Scene zu setzen gedachten. Hierauf bezieht sich eine Mel= dung, derzufolge man in Washington und New York bereits acht Tage zuvor von dem Kommen des Skandals Kenntnis ge-

habt hätte. Ein deutscher Bankier der Metropole am Hudson —
vermutlich James Speyer, der später die Mittel für Errichtung eines Roosevelt-Lehrstuhles in Berlin hergab, — habe den
Präsidenten im Weißen Hause aufgesucht, um ein Hinaus-
schieben des Schlußaktes in dem historischen Schauspiel der
Prinzenreise zu erwirken. Ein in diesem Falle gewiß unbe-
fangener Zeuge, der Korrespondent des „Manchester Guar-
dian", telegraphierte an sein Blatt, daß er bereits vor einer
Woche von der Holleben-Affäre vertraulich Kenntnis erhalten
hätte. Es heißt, so berichtete er, die Beweise für Hollebens
Schuld seien Roosevelt und Hay vorgelegt worden. Diese
hätten beschlossen, die Sache bis nach dem Besuche Prinz
Heinrichs zu vertuschen. Holleben sagt (so heißt es weiter in
dem Bericht), er hätte Artikel für ein Preßbureau geschrieben,
doch seien die gutgeheißenen von ihm, die schlechten von einem
bezahlten Agenten verfaßt worden. Roosevelt hätte über
diese Ausrede verächtlich gelacht. Jedenfalls werde die ganze
Angelegenheit jetzt von der Presse ausgebeutet werden, und
obwohl es fast unglaublich sei, daß ein Diplomat von Hollebens Erfahrung einen solchen Fehler hätte machen können,
käme der Bericht doch von klar denkenden Leuten, die genau
überzeugt seien, daß sie sich nicht irrten.

Einzig und allein aus Furcht vor der
deutsch-amerikanischen Bevölkerung des
Landes, die den Machthabern in Washington einen dem
Bruder des Deutschen Kaisers zugefügten Schimpf an der
Wahlurne quittiert haben würde, unterließ man es, wenn
auch widerstrebend, die sorgfältig vorbereitete Mine springen
zu lassen, während der Prinz noch auf amerikanischem
Boden weilte. Kaum aber hatte er New-York den Rücken
gewandt, da ging der Spektakel los.

Am Vormittag des 11. März verließ der Prinz die
amerikanischen Gestade, nachdem er nach folgenden Depeschenwechsel mit dem Präsidenten ausgetauscht hatte:

„Hoboken, N. J., 11. März 1902.
An den Präsidenten der Ver. Staaten.

An diesem Tage meiner Abreise erlaube ich mir, Ihnen persönlich und ebenso der Nation, deren Gast ich war, für alle die Freundlichkeit, die Beweise aufrichtiger und herz= licher Gesinnung, welche mir während meines Besuches Ihres interessanten Landes zu Teil wurden, zu danken. Ich hoffe, daß mein Besuch das Gefühl der Freundschaft zwischen dem Lande, welches ich vertrete, und den Ver. Staaten stärken möge. Indem ich Ihnen Lebewohl sage, gestatten Sie mir, Ihnen jeden möglichen Erfolg zu wünschen, und bitte, er= wähnen Sie mich Frau Roosevelt und Fräulein Roosevelt gegenüber, welche in so reizender Weise und mit so viel Geschick ihre Aufgabe bei dem Stapellaufe Seiner Majestät Yacht „Meteor" löste. Noch einmal meinen herzlichsten Dank. Mögen wir uns wiedersehen.

Heinrich, Prinz von Preußen."

———

„Weißes Haus,
Washington, 11. März 1902.
Heinrich, Prinz von Preußen, Dampfer „Deutschland",
Hamburger Dock, Hoboken, N. J.

Nicht allein habe ich persönlich mich Ihres Besuches erfreut, sondern auch im Namen meiner Landsleute wünsche ich Ihnen das Vergnügen auszusprechen, welches es uns bereitete, Sie zu sehen und das wirklich Gute zu erkennen, das Ihr Besuch zur Förderung des Gefühles der Freund= schaft zwischen Deutschland und den Ver. Staaten gehabt hat. Es ist mein ernstlicher Wunsch, daß dieses Gefühl stets wachsen möge. Frau Roosevelt sendet ihre herzlichsten Grüße und so würde es auch Fräulein Roosevelt tun, wenn sie nicht abwesend wäre. Bitte, drücken Sie meine herz= lichsten Grüße Seiner Majestät, dem Deutschen Kaiser, aus.

Nochmals danke ich Ihnen für Ihren Besuch und wünsche Ihnen alles Glück, wo immer Sie auch sein mögen.

Theodore Roosevelt."

Wie herzlich klangen diese Worte! Wie aufrichtig und hoch mußte die Wertschätzung der beiden Männer sein, die sich solche Telegramme sandten! Aber schon am Nach= mittag desselben Tages herrschte in Wa= shington die wildeste Aufregung, die an die Tage vor Beginn des spanisch=amerika= nischen Krieges erinnerte, und die Meldung wurde ausgegeben, daß der Deutsche Bot= schafter seine Pässe empfangen hätte mit dem Ersuchen, die Vereinigten Staaten in 48 Stunden zu verlassen!!!!

Der 12. März 1902 kam, der mir den Besuch des Herrn Egan brachte, über den ich zu Anfang des Buches be= richtet habe.

Die Menschen hatten mich verlassen, aber Gott hatte mein Gebet und das meiner Kinder gehört und Er demütigte meinen übermütigen Feind in der Stunde seines vermeintlich größten Triumphes bis in den Staub.

Es mag vielleicht unchristlich erscheinen, wenn ich es sage; aber die Genugtuung, welche ich in dem Augenblicke empfand, da mir Herr Egan die Extra=Ausgabe der „New York World" mit der ominösen Meldung reichte, wog einen guten Teil mei= nes Unglücks und der erduldeten Unbilden wieder auf.

Ich erklärte, wie erinnerlich, Herrn Egan, daß ich mich einstweilen über die betreffende Meldung nicht äußern könne und daß ich Dr. Mantler, den Generaldirektor des Wolff= schen Telegraphenbureaus, mit dem er gesprochen hatte, ehe er zu mir gekommen war, bitten ließe, mich sofort in meiner Wohnung zu besuchen.

Obwohl es unter den Umständen seine erste und vornehmste Pflicht gewesen wäre, auch unaufgefordert bei mir zu erschei=

nen und eine Aussprache mit mir herbeizuführen, kam der
Direktor des halbamtlichen deutschen Nachrichtenbureaus nicht
zu mir. Sein Verhalten in jener denkwürdigen Stunde war
mehr als zweideutig.

Herr von Holleben und seine Berater handelten völlig
kopflos und zeigten sich der Lage in keiner Weise gewachsen,
wie aus den vielen einander widersprechenden Zeitungsmel=
dungen klar hervorging. In dem einen Blatte hieß es, daß
Herr von Holleben sich bereits mit dem Prinzen Heinrich nach
Deutschland eingeschifft hätte; in dem andern, daß er in einem
Sonderzuge nach New York gereist sei, um mit Generalkon=
sul Bünz und anderen Vertrauensmännern zu konferieren,
und in einem dritten war zu lesen, daß er plötzlich „schwer er=
krankt" und zu seiner Erholung an die See gereist sei. Ich selbst
hatte mir vorgenommen, über Alles zu schweigen und erst
dann zu sprechen, wenn der Botschafter seinen Mund öffnete.

Mit fiebernden Pulsen hatte ich mich an jenem Abend
zur Ruhe begeben, ohne indes den ersehnten Schlaf zu finden.
Plötzlich begann die elektrische Klingel wieder stark und an=
haltend zu läuten! Ich öffnete einem Vertreter des „N e w =
Y o r k H e r a l d" die Tür, der mich dringlichst zu sprechen
wünschte. Es sei, so sagte er mir, auf der Redaktion ein Tele=
gramm aus Washington von 1800 Worten eingelaufen, und
er hätte, wie er lächelnd hinzufügte, den Auftrag, mich tot
oder lebend mitzubringen. Ich erwiderte ihm, daß ich mich
über die Angelegenheit nicht äußern möchte, ließ mich aber
schließlich doch bereden, ihn zu begleiten und Einsicht in das
Telegramm zu nehmen.

In dem Redaktionssanktum des „Herald" fand ich dessen
leitende Geister um einen runden Tisch versammelt. Sie sahen
mich mit leuchtenden Augen an, als erwarteten sie große Dinge
von mir und bestürmten mich, mein Schweigen zu lösen. Aus
dem Telegramme, das sie empfangen hätten, ginge hervor,
so sagten sie, d a ß i c h ü b e r e i n e I n t r i g u e z w i =

ſchen dem demokratiſchen Präſidentſchafts=
kandidaten, William Jennings Bryan, und
dem Deutſchen Botſchafter, Herrn von Hol=
leben, Aufſchluß erteilen könne, welch'
letzterer dem erſteren die Unterſtützung
der deutſch=amerikaniſchen Stimmgeber
zugeſagt hätte, wenn dieſer im Falle ſeiner
Erwählung dem deutſchen Reiche den Beſitz
einer weſtindiſchen Flottenſtation garan=
tieren würde. Wenn ſich die Sache ſo verhielte,
brauchte ich ſie nur zu beſtätigen, und ſie würden dann für
das Übrige ſorgen.

Da war der Pferdefuß des Waſhingtoner republikani=
ſchen Urians zum Vorſchein gekommen. Die „Herald“=Atmo=
ſphäre ſchien mir plötzlich nach Schwefel zu riechen und ich er=
widerte, daß ich nicht in der Lage wäre, ihnen die Antwort,
die ſie ſichtlich von mir erwarteten, zu geben.

Ich ſah lange Geſichter. Auf dieſe Antwort waren ſie
nicht vorbereitet geweſen, und aus der erwarteten großen
„Herald“=Senſation konnte nichts werden. Gegen die Zu=
ſage, daß ſie abſolutes Stillſchweigen beobachten würden,
machte ich den anweſenden „Herald“=Redakteuren einige Mit=
teilungen über die Entſtehung meines Konfliktes mit Herrn
von Holleben. Die Zuſage wurde aber nicht gehalten und
meine Mitteilungen erſchienen in der nächſten Ausgabe des
„Herald“ in böswillig veränderter und entſtellter Form. Wa=
rum auch hatte ich dem „New York Herald“ nicht die erwartete
„Bryan=Senſation“ gegeben?

Am nächſten Morgen um ſechs Uhr klingelte es wieder in
meiner Wohnung und die elektriſche Glocke kam dann den
ganzen Tag nicht mehr zum Stillſtand. Der erſte meiner Be=
ſucher war ein junger Berichterſtatter des „New York
Evening Journal“, des William Randolph Hearſt ge=

hörigen gelbsten aller „g e l b e n" Nachmittagsblätter in Amerika, der kurz und geschäftsmäßig auf sein Ziel lossteuerte.

„Der Botschafter von Holleben sagt," so begann er und schob mir eine Morgenzeitung zu, „Sie hätten ihn der U n t e r = s c h l a g u n g v o n 15,000 D o l l a r s bezichtigt. Was können Sie mir darüber mitteilen?" Er holte sein Notizbuch hervor und lauschte mit gezücktem Bleistift auf meine Ant=wort.

Ich wollte meinen Ohren nicht trauen. Ja, da stand wirklich schwarz auf weiß zu lesen, was Seine Exzellenz als Erklärung für den wie ein Blitz aus heiterem Himmel ausge=brochenen internationalen Zwischenfall zu sagen hatte, daß es sich nämlich bei der ganzen Angelegenheit um den Racheakt eines früheren Angestellten handle, der ihn der Unterschlagung von 15,000 Dollars bezichtige.

Der Diplomat von Holleben hatte sich in dieser Erklärung selbst übertroffen!

Die Anklage, von der in Amerika Niemand etwas gewußt hatte und von deren Bestehen die Öffentlichkeit durch seinen eigenen Mund die erste Nachricht erfuhr, war nicht von mir, sondern von dem ihm untergebenen Kanzleipersonal der Bot=schaft erhoben worden, das ihn beschuldigte, gemeinsam mit einem seither ermordeten Diplomaten bei Ankauf des Bot=schaftsgebäudes, 1435 Massachusetts Avenue, sich eine Ver=mittlungsgebühr von 15,000 Dollars ausbedungen zu haben.*)

---

*) Seitens seines Personals war übrigens noch eine andere schwere Beschuldigung wider den Botschafter erhoben worden. Er habe, so hieß es, als ein im Staate Louisiana ansässiger reicher Deutscher ohne Hinterlassung von Leibeserben gestorben sei, e n t g e g e n d e n V o r = schlägen d e s d e u t s c h e n K o n s u l s i n N e w O r l e a n s einen ame=rikanischen Politiker mit der Regelung des Nachlasses betraut und da=durch die in Deutschland lebenden Erben um einige hunderttausend Mark geschädigt, für die das Reich regreßpflichtig wäre. Die Ein=leitung einer Disziplinaruntersuchung wider die schuldigen Beamten steht noch immer aus.

So groß die Versuchung war,*) vermied ich es doch, dem in gespannter Erwartung harrenden Berichterstatter gegenüber auf diese Frage einzugehen, gab ihm aber einige andere Auskünfte, die ihn vollauf befriedigten. Zum Schlusse schüttelte er mir dankbar die Hand. „Sie haben mir zu einem „scoop" über alle andern Blätter verholfen," sagte er, „und ich werde dafür sorgen, daß unser Blatt Ihnen Gerechtigkeit widerfahren läßt. Good bye."

Und er hielt Wort.

Kaum hatte er mich verlassen, so klingelte es wieder. Ein Berichterstatter und ein Photograph der „New York Evening World", des mit dem „New York Evening Journal" erfolgreich um die Palme der Sensation ringenden gelben Nachmittagsblattes des Herrn Joseph Pulitzer, standen vor mir. Der Berichterstatter konnte nicht klagen, daß ich ihn gegen seinen Kollegen zurückgesetzt hätte. Der Photograph nahm einige gelungene Aufnahmen von mir und den Mitgliedern meiner Familie. Wohl an die hundert Berichterstatter und Photographen sprachen an jenem Tage in meiner Wohnung vor.

Da Exzellenz von Holleben das Schweigen zuerst gebrochen hatte, lag für mich keine Veranlassung vor, meine bisherige Zurückhaltung noch länger zu beobachten und ich teilte meinen Besuchern aus meinen Erlebnissen und Erfahrungen mit, was ich für gut befand.

Unter meinen Besuchern befand sich auch der „New York Herald"-Mann, der mich in der Nacht aus meinem Bette

---

*) Da das von Herrn v. Holleben angekaufte Botschaftsgebäude für seine Bestimmung vollständig ungeeignet war, erhielt der Nachfolger des Botschafters, Herr v. Sternburg, den Auftrag, für Ersatz zu sorgen und dem Deutschen Reiche zu einem seiner würdigeren Etablissement zu verhelfen. Wenn ich mich recht erinnere, erfolgte der Ankauf des alten Botschaftsgebäudes durch Herrn Holleben im Jahre 1897. Es war das für die Steuerzahler des Deutschen Reiches ein ziemlich kostspieliger Scherz.

Witte.   14

geholt und bewogen hatte, ihn auf die Redaktion zu be=
gleiten. Auf meine Frage, wie es zuginge, daß das Blatt
des Herrn Bennett entgegen der mir gegebenen Zusage einen
entstellten Bericht meines Besuches auf der Redaktion ge=
bracht hätte, entgegnete er nicht ohne Verlegenheit, daß
nicht er, sondern einer der Redakteure des „Herald" das Ver=
sprechen gegeben und gebrochen hätte. Ich lehnte es kurz
ab, ihm irgendwelche Informationen zu erteilen. Die anwesen=
den Journalisten waren dem Vorgange mit Interesse gefolgt
und meinten, als sich ihr Berufsgenosse entfernt hatte: „So
macht es der „Herald" immer."

Da es bekannt war, daß sich meine Papiere noch immer
in Washington befanden und da man wußte, daß diese den
Anstoß zu dem Zwischenfall gegeben hatten, so entbrannte
unter den New Yorker Blättern ein edler Wettstreit um den
Besitz meiner Aufzeichnungen. Der Redaktion der
„New Yorker Staats=Zeitung" war es na=
mentlich darum zu tun, die von Professor Münsterberg an mich
gerichteten Briefe zu erhalten. Wiederholt sprach ihr Ver=
treter deswegen bei mir vor und stellte mir verlockende An=
gebote. „Die Briefe stehen zur Verfügung Ihrer Redaktion,"
entgegnete ich, „falls Sie auf Grund derselben eine Untersu=
chung der Angelegenheit verlangen wollen. Zu einem schmutz=
igen Kuhhandel gebe ich mich aber nicht her!" Aus dem
Handel wurde nichts.

Der Zwischenfall zeitigte noch ein bemerkenswertes Nach=
spiel in der Presse. Am 15. März brachte der „New York
American" eine Zuschrift des Ingenieurs H. A. Buck,
der früher in Berlin gelebt und dort aus dem Munde hochge=
stellter Offiziere aus der Umgebung des Kaisers gehört hatte,
daß Botschafter von Holleben und Professor Münsterberg
ein weitverzweigtes Spionagesystem in den Vereinigten Staa=
ten eingerichtet hätten. Professor Münsterberg sei auf direkten
Befehl des Kaisers nach Amerika gesandt worden, um die

dortige öffentliche Meinung über Deutschlands wahre Politik hinsichtlich der Vereinigten Staaten irrezuführen, und von
der Reise des Prinzen Heinrich hätte man in Berliner amtlichen Kreisen schon zwei Jahre, ehe sie stattgefunden, gesprochen. Im Falle eines Krieges, so äußerte sich Herr Buck,
würde die Deutsche Flotte sich gleich in den Besitz der Häfen
von Boston und New York zu setzen vermögen. Als Gewährs-
männer nannte er den Grafen Serenyi und Admiralitäts-
rat Langer. Die „New-Yorker Staats-Zeitung" brachte
darauf eine lange Kabelgeschichte ihres Berliner Korrespondenten C. A. Bratter über eine Unterredung mit dem Grafen Serenyi, in der dieser die ihm in den Mund gelegten
Äußerungen in Abrede stellte. Herr Bratter, der gegenwärtig
für das Laffan-Bureau, die „New York Sun" und eine
Hamburger Zeitung in Konstantinopel weilt, wurde übrigens
aus Anlaß der Prinzenreise von dem Reichskanzler durch
ein eigenhändiges Schreiben „ausgezeichnet".

Am 17. März empfing ich aus den Händen Kapitän
Flynns meine Papiere zurück und unterzeichnete eine dahin-
gehende Quittung. Damit war der Zwischenfall erledigt,
wenigstens soweit die Administration des Herrn Roosevelt in
Betracht kam. Sie hatte mit brutaler Rauh-
reiter-Rücksichtslosigkeit gehandelt und
der Welt bewiesen, daß sie selbst den Versuch einer Einmischung in die inneren Angelegenheiten des Landes sich gefallen
zu lassen nicht gesonnen sei.

Aber war es wirklich nur die Staatsraison gewesen, die
zu dem Zwischenfall geführt hatte, oder sollten nicht auch
Gründe persönlicher Sympathien und Antipathien mitge-
wirkt haben . . . . . ?

That is the question!

Ich schrecke vor der Verantwortung zurück, diese Frage
selbst zu beantworten; möge ein Jeder, der meine Aufzeich-

nungen bis hierher gelesen hat, an der Hand der von mir an=
geführten Tatsachen das Rätsel selbst lösen, wie es ihm beliebt.
Ohne Namen zu nennen oder eine bestimmte Anklage zu er=
heben halte ich es aber doch nicht nur für mein gutes Recht,
sondern auch für meine Pflicht, nach bestem Wissen und Ge=
wissen zur Aufklärung des Dunkels jener Angelegenheit bei=
zutragen.

Am 14. Juni 1907 erschien im „Berliner Lokal=Anzeiger"
aus der Feder seines New Yorker Korrespondenten, Otto
von Gottberg, eine Charakterstudie Theodore Roosevelts,
die sich in allen Punkten mit meiner eigenen Ansicht deckt.
Da sie für die Leser dieses Buches von Interesse ist, gebe ich
sie nachstehend im Auszug wieder. Herr von Gottberg schrieb:

New York, Anfang Juni. Auf die Stunde des
Triumphs, die Roosevelt in der Nacht nach der Wahl des
8. November 1904 erlebte, fiel schwer und schwarz ein
Schatten. Als aufatmend der wiedererwählte Präsident die
Depeschen gelesen, deren Ziffern ihm ein vierjähriges Ver=
bleiben im Weißen Hause garantierten, richtete er Worte
wärmsten Dankes an die Nation und gab ihr zugleich sein
feierliches Versprechen, sich nicht wieder um das höchste
Bundesamt bewerben zu wollen. Wie damals gab immer
seither dieser Verzicht Anlaß zu Kopfschütteln, Staunen und
Fragen. Nichtsdestoweniger ist er psychologisch wohl leicht
zu erklären. Dem Manne, der im Grunde seines Herzens
vornehm denkt, obwohl heißes Temperament und der Wunsch,
die Ziele seines Ehrgeizes um jeden Preis zu erreichen, ihn
gelegentlich vom geraden Pfade des Rechtes drängen, konnte
jener Stunde Erfolg das Herz weder mit Stolz noch Genug=
tuung schwellen. Blitzschnell huschten zwischen den Zahlen
auf Depeschenpapier vor seinen übernächtigten Augen wohl
die Bilder eines Wahlkampfes vorüber, den er mit seltener
Leidenschaftlichkeit geführt hatte. Der Nation, die doch
augenscheinlich ihm ihre Neigung geschenkt, hatte er mißtraut

und die Echtheit ihres ihm oft bekundeten Wohlwollens be=
zweifelt. Auf krummem Wege nur hatte er geglaubt, den
Weg ins Amt zurückfinden zu können. Nichts anderes als
einen Raubzug auf den Staatssäckel hatte er unternommen
und die Steuerzahler für Jahrzehnte mit Ausgaben belastet,
um sich die Stimmen des Heeres, der Bundespensionäre zu
sichern. Im Stillen hatte er Trustmagnaten, die er in
öffentlicher Rede als Banditen brandmarkte, als liebe
Freunde behandelt und sie, um die Wahlkasse zu schwellen,
um Gelder aus den gleichen Kassenschränken gebeten, in
denen nach seiner Versicherung doch die den Witwen und
Waisen des Landes durch Lebensversicherungsgesellschaften
geraubte Habe lag. Die Überzeugung, daß solches Tun
überflüssig gewesen, weil das amerikanische Volk ihm ohne=
hin eine überwältigende Majorität gegeben hätte, mag ein
Gefühl von Abscheu oder gar Ekel in ihm wachgerufen und
ihm das Versprechen abgerungen haben, seine Hände in
keinem neuen Wahlkampf beschmutzen zu wollen.

Nun hat zwar die Geschichte der letzten Jahre be=
wiesen, daß Rooseveltsche Versprechungen nicht immer als
bindende zu betrachten sind; glaube ich doch beispielsweise
behaupten zu können, daß die einst felsenfeste Überzeugung
unserer Regierung, sie werde während der jetzt vorläufig
beendeten Verhandlungen statt eines Provisoriums einen
wirklichen Handelsvertrag mit den Vereinigten Staaten ab=
schließen können, sich auf Zusicherungen keines Geringeren
als des Präsidenten selbst stützte. Indessen einstweilen plant
Roosevelt wohl noch, sich beim Wort zu nehmen und nach
Ablauf seines gegenwärtigen Amtstermins auf wenigstens
die äußeren Zeichen der Macht zu verzichten. Die Macht
aber ist ihm Lebensbedürfnis geworden. Dieser Mann, in
dem der Autokrat sich mit dem Demagogen zu einer fast
rätselhaften Eigenart mischt, will Führer auf allen Gebieten
sein. Sein Wille zu herrschen und zu dekretieren drängt

ihn, mit dem Gebaren eines Diktators über das Feld jed=
weder Berufstätigkeit zu schreiten. Ein friedlicher Pastor
in Neuengland schreibt harmlose Tiergeschichten. Er be=
reitete Tausenden von Kindern Freude und, wie jedermann
dachte, auch Erwachsenen nur Ergötzen, bis wir dieser Tage
lasen, daß seine Tätigkeit im Weißen Hause als nahezu
verbrecherisch betrachtet wird. Mit des Bundes Myrmidonen
oder Gesetzen konnte der Präsident dem Gottesmanne nicht
beikommen. Also mußte die Presse ihm Waffen leihen. Er
diktierte einen Artikel, der mit Keulen auf den armen Pastor
schlägt. Wer die Ausführungen liest, wird begreifen, daß
ihr Autor dem schriftstellernden Pastor nur einen Vorwurf
machen kann: er hat die Tierwelt mit anderen Augen als
der Schriftsteller Theodore Roosevelt gesehen.

Es ist erklärlich, daß ein Mann von so unduldsamem
und eigenwilligem Herrschbedürfnis seine Amtsgewalt minde=
stens ausnutzt, um sich einen künftigen Weg zur Stellung
der Macht hinter dem Throne zu bahnen. Ein „Präsidenten=
macher", etwa von der Art des verstorbenen Senators
Hanna und, wie dieser, zugleich allgewaltiger Parteiführer
möchte Roosevelt in späteren Jahren sein. Unzweifelhaft
ward Roosevelts diktatorisches Gebaren auf dem Boden
eines undisziplinierten Charakters geboren. Der stellver=
tretende Marineminister wie der Oberstleutnant von San=
tiago beging einst Vergehen gegen die Subordination.

Im Anschluß an vorstehende Charakteristik Roosevelts
möge hier Platz finden, was sein einstiger Chef, der frühere
Marineminister John D. Long, in der ernsten New Yorker
Wochenschrift „The Outlook", über seinen Assistenten
veröffentlichte. Er sagte: „Er arbeitete unermüdlich, häufig
seine Ansichten in Schriftstücken ausführend, die er allmorgend=
lich auf meinem Pult niederlegte. Die meisten seiner Vor=
schläge waren jedoch, soweit sie ausführbar waren, schon
vorher angenommen worden von den verschiedenen Bu=

reaus, deren Vorſteher jeden Nerv anſtrengten und nichts ungetan ließen . . . . . .

„Sein Eifer ging manchmal viel weiter, als dem Präſidenten und dem Flottendepartement lieb war. Kurz vor Ausbruch des Krieges mit Spanien waren er und einige heißblütige Offiziere beſtrebt, ein Geſchwader über den Ozean zu ſchicken und die Schiffe und Torpedoboote der Spanier in den Grund zu bohren, während wir noch im Frieden mit Spanien lebten . . ."

Anſchuldigungen ganz außerordentlicher Art hatte der Publiziſt und frühere Probat=Richter von Dakota, George Wilſon in ſeiner Schrift, „Eine Beleidigung des Andenkens Jackſons und Lafayettes durch Rooſevelt" veröffentlicht. Aus naheliegenden Gründen verſage ich es mir, auf den Inhalt des Buches ausführlich einzugehen, meine aber, daß die maßloſen Schmähungen, mit denen der Verfaſſer von den Rooſeveltſchen Preßtrabanten bedacht wurde, dafür ſprechen, daß die in dem Buch enthaltenen Angaben nicht ganz unbegründet ſind. U. a. ſuchte er den Beweis zu erbringen, daß Rooſevelt von holländiſch=israelitiſcher Abſtammung wäre. Einer ſeiner Vorfahren wäre als Sklave von Holland nach Spanien verſchleppt worden, deſſen Nachkommen es dann von beſcheidenen Anfängen bis zu bedeutendem Wohlſtand gebracht hätten.

Am beſten lernen wir Rooſevelt wohl aus ſeinen eigenen Werken kennen, aus denen er, jeder Zoll ein tüchtiger Geſchäftsmann, ganz enorme Einnahmen bezieht. Des beſſeren Verſtändniſſes wegen ſei hier erwähnt, daß eine Verlagshandlung in Philadelphia eine Luxusausgabe ſeiner Werke in vier verſchiedenen Preislagen veranſtaltete, die zuſammen 1226 vollſtändige Exemplare umfaßte, wofür ein Geſamtpreis von 1,200 000 Dollar (d. i. 4 800 000 M.) erlangt wurde. Durch eine

Gerichtsverhandlung in Newark (New=Jersey), in der eine reiche Bücherliebhaberin die Beklagte war, wurde es bekannt, daß Roosevelt außerdem noch eine Autograph=Ausgabe seiner Werke veranstaltet hat, die er nicht etwa seinen Freunden mit einer eigenhändigen Widmung verehrt, sondern welche das nette Sümmchen von 6000 Dollars per Exemplar ˙ kostet. Die Tatsachen sprechen ganze Bände für den Geschäftssinn des Präsidenten, stellen aber seinem Taktgefühl als Oberhaupt der Nation kein sonderliches Zeugnis aus.*)

Einem von der demokratischen Partei anläßlich der letzten Präsidentschaftswahl herausgegebenem Flugblatte in deut= scher Sprache entnehme ich die folgenden charakteristischen Zitate aus Roosevelts Schriften:

„Also sprach Roosevelt!"

Das Leitmotiv seiner Politik:

„In großen Krisen mag es notwendig sein, Verfassungen über den Haufen zu werfen, Gesetze zu brechen", 2c.

Roosevelt's „Oliver Cromwell", Seite 52.

Amerika als internationaler Konstabler:

„Irgend ein Land, dessen Bevölkerung sich gut auf= führt, kann auf unsere herzliche Freundschaft rechnen. Wenn eine Nation zeigt, daß sie es versteht, in industriellen und politischen Angelegenheiten mit Anstand zu handeln; wenn sie die Ordnung aufrecht erhält und ihre Schulden ˙bezahlt, dann braucht sie keine Einmischung von Seiten der Ver= einigten Staaten zu befürchten."

(Brief an die Teilnehmer am Cubanischen Festmahl, 20. Mai 1904.)

---

*) Roosevelt autorisierte mich bereits im Jahre 1899, seine „History of the Rough Riders" (Geschichte der rauhen Reiter) in das Deutsche zu übertragen; ich habe mich aber aus naheliegenden Gründen bis jetzt noch nicht entschließen können, an die Arbeit zu gehen.

„Gesunde Politik" für eine Nation:

„In früherer Zeit, als ich zuerst zum Little Missouri kam, gab es da draußen einen Wahlspruch: „Zieh erst dann vom Leder, wenn du schießen willst" (Never draw unless you mean to shoot). Das ist eine recht gesunde aus= wärtige Politik für eine Nation."

(Rede in Tacoma, Wash., 22. Mai 1903.)

Trage einen „dicken Knüppel":

„Es gibt ein gutes, altes Sprüchwort, welches also lautet: „Sprich milde und trage einen dicken Knüppel, so wirst du weit kommen." (Speak softly and carry a big stick; you will go far.) Wenn die amerikanische Nation milde reden und dabei eine vollständig schlagfertige Marine bauen und auf der Höhe der Ausbildung halten wird, dann wird die Monroe=Doktrin auch weit gehen."

(Rede in Chicago, 2. April 1902.)

Kein ewiger Friede erwünscht:

„Wenn wir jemals dahin gelangen, den Frieden als einen dauernden Zustand zu betrachten, und fühlen, daß wir es uns gestatten können, die kühnen, furchtlosen, männ= lichen Herzens=, Geistes= und Körper=Eigenschaften verlottern zu lassen, dann werden wir den Pfad für zukünftiges un= abwendbares und schmachvolles Unglück ebnen. . . . Der Friede, welcher Furchtsamkeit und Lotterei erzeugt, ist ein Fluch und kein Segen."

(Rede im Republican Club, New York, 13. Februar 1899.)

Nachdem der „New York Herald" selbst ursprünglich für Roosevelt als Präsidentschaftskandidaten eingetreten war, än= derte das Blatt seine Meinung und bekämpfte Roosevelt. In seiner Ausgabe vom 29. Juli 1904 schrieb es:

„Sein Verhalten in Bezug auf den „Stapellauf" der Republik Panama, seine gefühllose Mißachtung der öffent= lichen Meinung im Süden und sein diktatorisches Ansich= reißen der Macht in allen Departements der Regierung sind

hinreichend, um dem Volke zu zeigen, daß sein Regierungs=
ideal der Imperialismus ist, daß er brutale Gewalt als
Aequivalent des Rechts und seinen Willen als Aequivalent
der Gesetzmäßigkeit betrachtet. Sind diese Eigenschaften bei
einem Präsidenten der Vereinigten Staaten wünschenswert?"

Wer war für den Zwischenfall am 12.
März 1902 berantwortlich?

Ich will, wie gesagt, keine Namen nennen, will auch keine
bestimmte Anklage aussprechen und überlasse es den Lesern
dieses Buches, auf Grund der von mir mitgeteilten Tatsachen
diese Frage selbst zu beantworten.

XIX.

Wer ist für die Irreführung der deutschen Presse
im März 1902 verantwortlich? — Eine Kampagne ge-
meiner Lüge und Verleumdung. — Mein Prozeß gegen
die „Groß-New Yorker Zeitung“. — „Du sollst nicht
falsch Zeugnis reden wider deinen Nächsten.“ — Von
amtlicher deutscher Seite wird meinen Prozeßgegnern
„falsches“ Material wider mich geliefert. — Der frühere
deutsche Botschaftsprediger in Rom, Pastor O. Frommel,
jetzt in Gera-R. ansässig, wird das Opfer einer schändlichen Täuschung. — Eine fast unglaubliche Rechtsbeu-
gung. — Erscheinen der „Ver. Staaten-Korrespondenz.“
„Ein Herald-Hetzer.“ — Der Verleumdungsprozeß des
„N. Y. Herald“ gegen drei Berliner Blätter. — „Es
gibt Richter in Berlin.“ — Ich werde als Zeuge geladen.
Weshalb der Prozeß nicht zur Verhandlung gelangte. —
Überraschende Lösung des Rätsels. —

———

Die Wahrheit über jene kritischen Märztage des Jahres
1902 ist nie in Deutschland bekannt geworden.

Das klingt unglaublich, ist aber trotzdem Tatsache. Während die Beziehungen zwischen Washington und Berlin sich
auf das Bedenklichste zugespitzt hatten, und die Entscheidung,
ob Krieg oder Frieden, buchstäblich auf des Messers Schneide
stand, erging sich die überwiegende Mehrheit der Deutschen
Presse in spaltenlangen begeisterten Ergüssen über den Erfolg der Prinzenreise. Davon, daß dem Deutschen Botschafter
— und in seiner Person dem Kaiser wie den verantwortlichen
Trägern der deutschen auswärtigen Politik — ein tödlicher

Insult zugefügt worden war, erfuhr die öffentliche Mei=
nung im lieben, deutschen Vaterlande nicht ein Sterbens=
wörtlein. Noch nie zuvor hat sich die Verbindung zwischen
dem Reichskanzler und Auswärtigen Amt in der Wilhelmstraße
und dem halb amtlichen und halb Bleichroeder=Reuterschen=
Wolff=Bureau so glänzend bewährt wie in jenen Tagen.

Der Generaldirektor des offiziösen deutschen Telegra=
phen=Bureaus, Dr. Heinrich Mantler, war zu der
Zeit ja selbst in New York. Da lag die Berichterstattung
sicherlich in den zuverlässigsten und bewährtesten Händen!
Er hätte allerdings den ganzen ungeheuren Skandal verhindern
und dem Deutschen Reiche eine der größten diplomatischen
Niederlagen, die es je erlitten, ersparen können; aber er zog
es vor, die Rolle des unbeteiligten Dritten zu spielen und das
Unheil seinen Gang gehen zu lassen. Warum auch nicht?

Er war ja unbeschränkter Herr des deutschen Nachrichten=
drahtes, und das Wolff'sche Bureau an der Ecke der Zimmer=
und Charlottenstraße in Berlin versandte nichts, das nicht von
seinen hohen Auftraggebern zuvor geprüft und gutgeheißen
worden wäre.

Da der „Störenfried" Witte in New York lebte und seine
Rückkehr nach Deutschland als ausgeschlossen gelten konnte,
so lag für das Kleeblatt Holleben=Mantler=Münsterberg nichts
näher, als ihn zum Sündenbock für die ganze Affäre zu stem=
peln. Indem dies geschah, konnten die Leiter des Wolff'schen
Bureaus gleichzeitig ihr Mütchen an dem Frevler kühlen, der
ihre schmachvollen Börsenmanöver in Wien bloßgestellt und
die österreichische Regierung dadurch zur Herstellung einer
eigenen Drahtverbindung mit St. Petersburg bewogen hatte.
Jetzt war die Zeit gekommen, den Vorwitzigen ein= für alle=
mal zu vernichten und „mundtod" zu machen!

Was in jenen schicksalsschweren Tagen
von New York nach Berlin telegraphiert
wurde, war eine der böswilligsten und

**ſchamloſeſten Fälſchungen, von denen die
Weltgeſchichte weiß.**

Ich erfuhr davon erſt nach meiner im Jahre 1906 erfolgten
Rückkehr nach Berlin, als meine liebe Frau ſich der Mühe
unterzog, in dem Zeitungsſaal der Königlichen Bibliothek in
der Behrenſtraße die Zeitungsbände aus dem Monat März
1902 nachzuſchlagen; ſie traute ihren Augen nicht — aber
doch, es ſtand wirklich da, was ſie las und was ich hier folgen
laſſe:

**Die deutſche Botſchaft erklärt, Witte
habe von Holleben mit Ermordung bedroht.**

So gleichlautend in der „Frankfurter Zeitung" und im
„Berliner Tageblatt" zu leſen. Und weiter:

**Witte wurde verhaftet, aber wieder
freigelaſſen, da der Botſchafter einen
Strafantrag unterließ. Es dürfte nunmehr
gerichtlich gegen ihn vorgegangen werden.**

Der Berichterſtatter des „Berliner Tageblatt", der dieſes
Privattelegramm ſandte, machte ſich einer bewußten Unwahrheit und Verleumdung ſchuldig, da ich nie verhaftet worden
bin, auch das Staatsdepartement nie daran gedacht hat,
mir einen Prozeß zu machen.

Die gefälſchten H.-Spezialtelegramme in den Deutſchen
Blättern ſtammten von dem New Yorker Korreſpondenten
des Wolff'ſchen Bureaus und dem Vertrauensmanne des
Herrn von Holleben, Paul Haedicke. Ein unerhörtes
Verbrechen war begangen worden, ſo gemein, ſo feige, ſo brutal, ſo raffiniert, ſo teuflisch, wie es zum Glücke in der Weltgeſchichte nur wenig ſeines Gleichen gegeben hat. Und um
es zu vertuſchen, um zu verhüten, daß die Wahrheit darüber
je an's Tageslicht gelangte, mußte zu weiteren Verbrechen
gegriffen werden. In Waſhington wie in Berlin gab man die
Parole aus, den Holleben-Zwiſchenfall totzuſchweigen und

es wurden die gewichtigsten Einflüsse aufgeboten, um dieses Ziel zu erreichen und mich nicht zu Worte kommen zu lassen.

Von diesen Machenschaften erfuhr ich nichts. Wohl aber hatte ich Kenntnis von den Lügen, die gewisse deutsche Blätter in New York über mich in Umlauf gesetzt hatten, und ich strengte, um eine gerichtliche Entscheidung herbeizuführen, eine Verleumdungsklage gegen die Verleger der „Groß=New Yorker Zeitung", des „New York Herald" und der „New= Yorker Revue" an.

Der Verlauf des Prozesses war echt amerikanisch. Die verklagten Verleger, Wolfram und Mayer, — Mayer lebt als ständiger Vertreter der Mergenthaler Setzmaschinen= Fabrik in Berlin — engagierten den in New York mehr als bekannten Anwalt Benno Loewy und sandten ihn nach Deutschland, um „Material" wider mich zu sammeln. So heiße Mühe er sich auch gab, wollte ihm sein Auftrag doch nicht gelingen und er wäre unverrichteter Sache wieder nach Amerika zurückgefahren, wenn ihm nicht von amtlicher Seite irre= führende Informationen zur Verfügung gestellt worden wären. Aus den mir vorliegenden Dokumenten geht hervor, daß der Angeklagte Mayer in Verbindung mit dem Deut= schen Konsul in Rom, Rast=Kolb, stand und daß dieser ihm die Adresse des früheren dortigen deutschen Bot= schaftspredigers, Dr. Otto Frommel, jetzt in Gera=Reuß ansässig, mit dem Bemerken mitgeteilt hat, dieser werde ihm Aufschlüsse über Witte erteilen können. Der schmäh= lich getäuschte Geistliche wurde nun von Mayer, Loewy und noch einigen Berliner Rechtsanwälten so lange persönlich und brieflich belästigt, bis er, um sich Ruhe zu verschaffen, eine Erklärung ausstellte, die später von dem amerikanischen Kon= sul in Leipzig beglaubigt wurde, daß er in Rom im Jahre 1902 von einem gewissen Dr. Georg Witt (alias Witte) beschwindelt worden wäre. Dieser wäre der Privatsekretär

des Deutschen Konsuls Mast-Kolb gewesen, hätte sich in den
Besitz der amtlichen Deutschen Siegel gesetzt, einer armen
deutschen Lehrerin unter dem Heiratsversprechen Geld ent=
lockt, seinen Friseur nicht bezahlt und sich schließlich nach Paris
geflüchtet,, von wo er höhnische Briefe an den Konsul richtete.
Zur Identifizierung des Georg Witt hatte Pastor Frommel
eine Photographie mit eigenhändiger Widmung des Schwind=
lers beigelegt, der sich, wie er noch hinzufügte, zur Ausführung
seiner Operationen einer blonden Perrücke bediente.

Da ich im Jahre 1892 als Direktor des Reuterschen Bureaus
in Berlin tätig war und als solcher auf dem Auswärtigen
Amte empfangen wurde, hätte es sich bei ehrlichem Willen
schon damals feststellen lassen müssen, daß ich mit dem römischen
Georg Witt nicht identisch sein konnte. Es fehlte aber an
diesem ehrlichen Willen, und der Anwalt Benno Loewy konnte
seinen Auftraggebern berichten, daß seine deutsche Mission
von dem schönsten Ergebnis gekrönt worden sei.

Mittlerweile hatte ich eine schlecht bezahlte Stellung als
Redakteur eines deutschen Wochenblattes gefunden, das in
dem Hause der „New Yorker Zeitung" domiziliert und dessen
Herausgeber, wie ich später erfuhr, mit den von mir verklagten
Verlegern persönlich befreundet war. Drei Tage vor der
Verhandlung der Klage wurde ich vor die Alternative gestellt,
meine Klage entweder zurückzuziehen oder sofort meine Stel=
lung zu verlieren, und man kündigte mir an, daß ein
deutscher Geistlicher, Träger des Namens
Frommel, ein Zeugnis wider mich abgege=
ben und unter Einreichung meiner Photo=
graphie vor dem amerikanischen Konsul
beschworen hätte, daß er sowie andere
Personen in schamloser Weise von mir be=
schwindelt worden wären. Sollte ich mich
aber ungeachtet dieses Zeugnisses noch
fernerhin halsstarrig erweisen, so würden

die Verleger der „New Yorker Zeitung" ihren weitreichenden Einfluß bei den Behörden benutzen, um mich ein für alle Male unschädlich zu machen; der Mittel und Wege dazu gäbe es genug.

Da ich meine Familie des geringen Verdienstes, den ich hatte, nicht berauben wollte, zog ich unter dem Einfluß dieser Drohungen meine Klage zurück.

Die teuflische Rachsucht meiner Feinde hatte aber damit noch immer nicht ihr Mütchen gestillt. Von jener Zeit an verbreitete sich in ganz Amerika das wahnwitzige Märchen, daß ich mit dem Schwindler Georg Witt identisch wäre und es wurde mir dadurch in jeder Weise mein Fortkommen erschwert.

Es war ein schrecklicher Kampf um die Existenz, den ich damals führte. Auf Erlösung daraus konnte ich nur hoffen, wenn es mir gelang, eine amtliche Untersuchung meiner Angelegenheit herbeizuführen. Aber dazu bot sich mir sehr wenig Aussicht, da meine diesbezüglichen Eingaben unbeantwortet blieben. Ich mußte daher mein Ziel auf Umwegen zu erreichen suchen. Auf meine Veranlassung entschloß sich der Verleger des von mir redigierten Wochenblattes, eine Zeitungskorrespondenz für die Presse in den deutschsprechenden Ländern Europas ins Leben zu rufen. Sie erschien unter dem Titel „Vereinigte Staaten-Korrespondenz" und fand eine überErwarten beifällige Aufnahme. Wohl ein jeder ihrer Artikel machte die Runde durch den gesamten deutschen Blätterwald und es verging kaum ein Tag, an dem nicht Zustimmungsschreiben der einen oder anderen Redaktion eingingen. Unter der Überschrift „Ein Herald-Hetzer" nahm ich einen Artikel in die Korrespondenz auf, von dem ich erwartete, daß er die Öffentlichkeit in beiden Hemisphären beschäftigen und zu einer Neuaufnahme meiner Angelegenheit führen werde.

Der Artikel beschäftigte sich mit den Machenschaften des Herrn Gordon Smith und sagte diesem allerhand unangenehme Dinge nach, insbesondere daß er seine Stellung als Redakteur des „New York Herald" in Paris zu deutschfeindlichen Treibereien benutze.

Gordon Smith war seinerzeit, wie auch ich, Reuterscher Vertreter in Berlin gewesen, hatte dem Verein „Berliner Presse" angehört und war daher in den journalistischen Kreisen der deutschen Reichshauptstadt eine bekannte Persönlichkeit. Die Redaktionen der Berliner Blätter wußten, daß die Angaben des Artikels der „Vereinigten Staaten-Korrespondenz" über Gordon Smith durchweg auf Wahrheit beruhten und nahmen nicht Anstand, ihn abzudrucken.

Die Folge war eine Verleumdungsklage, die der Besitzer des „New York Herald", James Gordon Bennett, und sein Redakteur, Gordon Smith, wider die „Berliner Neuesten Nachrichten", die „Post" und die „Deutsche Tageszeitung" anstrengten.

Es war ein Prozeß mit politischem Hintergrunde, dem in ganz Europa und Amerika außerordentliches Interesse entgegengebracht wurde.

In seiner Ausgabe vom 11. Oktober 1902 schrieb der „New York Herald" an leitender Stelle in durchschossenem Druck und unter der deutschen Überschrift:

„Es gibt Richter in Berlin".

„Seit einiger Zeit hat ein gewisser Teil der deutschen Presse — selbstredend nicht der anständigste Teil — den „Herald" zur Zielscheibe wohlüberlegter, fortgesetzter und rachsüchtiger Angriffe auserkoren.

Von der Zeit des spanisch-amerikanischen Krieges an, als das Volk der Vereinigten Staaten vor den europäischen Mächten sein eindrucksvolles Debut als eine große, einige Nation machte, hat die Feindseligkeit dieser gemeinen Wische

keine Grenze gekannt. Keine Unwahrheit, welche ohn=
mächtige Wut ersinnen konnte, keine verleumberische Anklage,
die Haß über die mannhaften, aufrichtigen, energischen Eigen=
schaften der amerikanischen Republik eingeben konnte, waren
zu stark, um nicht gegen den „Herald" erhoben zu werden,
dem die deutsche Presse die Ehre erwiesen hat, ihn als den
Vertreter der öffentlichen Meinung in den Vereinigten Staaten
anzusehen.

All' solche Angriffe hat der „Herald" stets mit ver=
ächtlicher Gleichgültigkeit behandelt und wird sie auch weiter=
hin so behandeln; wir würden auch nicht von dieser Kam=
pagne giftiger Verunglimpfung Notiz genommen haben, hätte
nicht die Reptilien=Presse ihre Taktik fortgesetzt, unbestimmte
allgemeine Anklagen auszusprechen und den „Herald" mit
gemeinen Schimpfworten zu belegen.

Durch die Straffreiheit ermutigt, deren sich unsere
deutschen Schmäher bisher erfreut haben, macht die „Ber=
liner Post" in ihrer Ausgabe vom 3. Oktober einen per=
sönlichen, böswilligen und feigen Angriff auf ein indivi=
duelles Mitglied des Redaktionsstabes des „Herald", Mr.
Gordon Smith, den sie beschuldigt, die Berliner Spezial=
Telegramme des „Herald" in unserem Pariser Redaktions=
bureau zu fabrizieren.

Angesichts der bestimmten Natur dieser Anklage, welche
eine schwerwiegende ist, da sie die Ehrlichkeit des „Herald"
in Frage zieht, und, falls unbeantwortet, dazu beitragen
würde, das Vertrauen unserer beständig zunehmenden
Klientel von deutschen Abonnenten und Inserenten zu uns
zu erschüttern, haben wir uns entschlossen, der „Post" Ge=
legenheit zu geben, den Wahrheitsbeweis für ihre Anschul=
bigung zu erbringen.

Wir haben daher unseren Anwalt angewiesen, ein ge=
richtliches Verfahren gegen die „Post" einzuleiten und in
Form von Schadenersatz Genugtuung zu verlangen.

Wir werden eine vollständige Sammlung von „Herald"-
Jahrgängen zur Verfügung der „Post" stellen und gleich=
zeitig vor Gericht Quittungen als unantastbaren Beweis
dafür niederlegen, daß in unsern Spalten nicht ein Wort
als telegraphische Neuigkeit aus Berlin veröffentlicht worden
ist, das uns nicht direkt auf dem Drahtwege von jener
Hauptstadt zugegangen wäre.

Es ist das einfachste Erfordernis kaufmännischer Ehr=
lichkeit, als telegraphische Nachrichten nur Mitteilungen zu
veröffentlichen, die wirklich telegraphiert worden sind, —
eine Regel, die unweigerlich und getreu von dem „Herald"
beobachtet wird, was immer auch die Usance der „Berliner
Post" sein mag.

Um der „Post" alle Fazilitäten zu ihrer Verteidigung
zu gewähren, wird der „Herald" die Verleumdungsklage
vor den Berliner Gerichten anstrengen, denn ungeachtet des
von der „Post" zur Schau getragenen, äußeren Vertrauens,
ihre Kampagne unbehelligt fortsetzen zu dürfen, glaubt
der „Herald", daß es, wie in den Tagen Friedrichs des
Großen, auch jetzt Richter in Berlin gibt."

Die anglo=amerikanische Presse hielt es für Ehrenpflicht,
dem „New York Herald" zu sekundieren, während die deutsch=
amerikanische Presse in der Kontroverse die Partei der ange=
klagten Berliner Blätter ergriff. Die angeklagten Berliner
Zeitungen traten einen umfangreichen Wahrheitsbeweis an,
wobei sie sich auf die Akten des Auswärtigen Amtes sowie
auf die Aussagen des Staatssekretärs, Freiherrn von Richt=
hofen, beriefen. Sie wollten systematische Verleumdungen
des Kaisers und Verdächtigungen der Deutschen Regierung
dokumentarisch nachweisen, sowie die Hintermänner des „He=
rald" beleuchten. Als Zeugen sollten mehrere Beamte des
Auswärtigen Amtes vernichtend über die Berliner Bericht=
erstattung des Bennettschen Blattes aussagen. Dafür nur
ein Beispiel von vielen:

Das Bülow-Interview des „Herald-"Korrespondenten Stanhope, kurz nachdem Graf Bülow das Reichskanzleramt übernommen hatte, war angeblich Schwindel. Bülow hatte Stanhopes wiederholte Bitte um ein Interview abgelehnt und schließlich den Staatssekretär des Auswärtigen Amtes, Freiherrn von Richthofen, beauftragt, Stanhope mit einigen nichtssagenden Redensarten abzufertigen. Dies geschah und daraus machte Stanhope ein wichtiges Bülow-Interview mit allerlei Behauptungen.

Außerdem wollte Dr. Lubczynski, Vertreter der angeklagten Blätter, den Wahrheitsbeweis dafür antreten, daß die im Reichstag als Verleumdung gekennzeichnete Nachricht über die Stellung Deutschlands und des Deutschen Kaisers im Venezuela-Streit, sowie die angeblich abfälligen Äußerungen amerikanischer Offiziere über die Kaisermanöver, von Paris aus lanziert und auf diesem Umwege als Berliner Spezialtelegramme verbreitet worden seien. Rechtsanwalt Lubczynski trat ferner den Beweis dafür an, daß schon Gordon Smith als Reuterscher Vertreter für den aus Berlin ausgewiesenen russischen Geheimagenten Wesselitzky falsche Nachrichten in die Presse lanziert habe, insbesondere seinerzeit nach dem Besuche des Erbprinzen von Sachsen-Meiningen bei dem Sultan Mitteilungen über den Gesundheitszustand des Großherrn telegraphierte, die eine starke Verstimmung am türkischen Hofe gegenüber dem Deutschen Reiche zur Folge hatten.

Am 19. März 1903 fand vor dem Berliner Schöffengericht ein Termin statt, in dem zunächst beschlossen wurde, den angebotenen umfangreichen Wahrheitsbeweis in zweckdienlichster Weise zu begrenzen und Herrn James Gordon Bennett aus Paris persönlich vorzuladen, ebenso eine große Anzahl journalistischer Sachverständiger.

Über eines der drei angeklagten Blätter, „Die Deutsche Tageszeitung", errang der „Herald" einen billigen Sieg. In seiner Ausgabe vom 16. April 1904 kündigte er in

Riesenbuchstaben triumphierend die Tatsache an, daß die „Deutsche Tageszeitung" Abbitte geleistet und die von ihr aufgestellten Behauptungen zurückgezogen hätte.   Nicht ganz so
leicht machten es ihm die beiden anderen angeklagten Zeitungen.

Am 16. Mai 1905 empfing ich von dem
Generalkonsulat die Mitteilung, daß das
Königliche Amtsgericht I beschlossen hätte,
mich in der Klage des „New York Herald"
als Zeugen zu vernehmen, und daß meine
Vernehmung durch den Deutschen Konsul
in New York erfolgen solle.

Diese Mitteilung rief eine gewisse grimmige Genugtuung bei mir hervor.   Nachdem ich solange diskreditiert gewesen, war man in Berlin auf einmal zu der Einsicht gelangt,
daß ich eine glaubwürdige Persönlichkeit sei, wenigstens glaubwürdig genug, um mein Zeugnis gegen den „New York Herald" abzugeben.   Ich fragte mich, ob denn diese Berliner
Blätter bei dem Zwischenfall vom 12. März 1902, als unerhörte Lügen und Verleumbungen über meine Person nach
Deutschland telegraphiert wurden, soviel Mannesmut und
Gerechtigkeitsgefühl besessen hätten,   um eine Untersuchung
und amtliche Klarstellung der dunkeln Angelegenheit zu
fordern . . . .

Ja, wenn irgend Jemand, konnte ich den Prozeß für die
Berliner Blätter retten, denn ich hatte im Jahre 1900 während der Weltausstellung Gordon Smith auf dem Pariser
Bureau des „New York Herald" besucht, um ihn an eine kleine,
noch aus den Tagen unseres Berliner Zusammenseins datierende Finanzoperation zu erinnern, die seinem Gedächtnis
entschwunden war; ich hatte ihn, von einem Berge Berliner,
Frankfurter, Kölnischer, Münchner und Wiener Blätter umgeben, angetroffen, und auf meine Frage, was er mit all'
diesen Blättern tue, eine Antwort erhalten, deren Wieder-

holung vor Gericht sicherlich den Prozeß entschieden hätte. Ja, ich hätte Aufschluß über seinen Anteil an der Wesselitzky-Affäre erteilen können, bei der er nur durch Fürsprache des Wolff'schen Bureaus seiner gleichfalls ange-drohten Ausweisung entgangen war, ich hätte ferner Auf-schluß und Beweise dafür erbringen können, wie er im Reuter-schen Auftrage zum Zwecke von Börsenmanövern Telegramme fälschte, und ich hätte wohl noch mehr aussagen können. Aber — so fragte ich mich weiter — konnte ich es um meiner Familie willen verantworten, die Zahl meiner Feinde noch um den „New York Herald" zu vermehren? Andrerseits wiederum — durfte ich als anständiger Mensch mein Zeugnis in einem Prozesse verweigern, von dem so viel abhing? Der Prozeß hatte, wie allseitig zugegeben wurde, einen politischen Hinter-grund und wichtige Interessen des Deutschen Reiches wie der Vereinigten Staaten standen bei ihm in Frage.

Unter den Umständen hielt ich mich für berechtigt, den Generalkonsul um eine Unterredung zu ersuchen. Ich erhielt auf mein Schreiben folgende vom 23. Mai 1905 datierte Antwort:

„Kaiserlich Deutsches General-Konsulat, New York.
Geehrter Herr!
Auf das Schreiben vom 17. d. M. beehre ich mich Ihnen mitzuteilen, daß Herr General-Konsul Bünz mit der Sache nicht befaßt ist und es sich lediglich um Erledigung eines amtlichen Auftrages handelt. Im Übrigen ist der Herr General-Konsul durch seinen Gesundheitszustand noch verhindert, sich mit den laufenden Geschäften zu be-fassen, beziehungsweise Besuche zu empfangen. Auch hält er es aus Rücksichten der Unparteilichkeit nicht für angängig, in einer anhängigen Prozeßsache mit Zeugen außeramt-lich zu verhandeln. Die betreffenden Mitteilungen können vielmehr entweder vor mir, als dem mit der Beweisauf-nahme betrauten Beamten, zu Protokoll erklärt, oder direkt

dem Königlichen Amtsgericht I zu Berlin, Abt. 1 g 147
als der ersuchenden Behörde gemacht werden.

Hochachtungsvollst
Der General-Konsul.
In Vertretung: Heyer."

Der Herr General-Konsul konnte bei dieser Gelegenheit
keine Reise nach Florida als Grund vorschützen, warum er mich
nicht empfing; aber sein „Gesundheitszustand" erlaubte ihm
nicht, mit mir zusammenzutreffen, obwohl er sich täglich auf
dem Konsulate einfand.. Er hätte es ja überhaupt nicht nötig
gehabt, in seinem Briefe zu motivieren, weshalb es ihm unmöglich sei, mit mir zusammenzukommen; daß er es doch tat,
beweist, in welcher Verlegenheit er sich befand.

Natürlich wäre ein Zusammentreffen mit mir dem Herrn
General-Konsul mehr als peinlich gewesen. Er hatte, aus
Rücksicht auf seine Reise nach Florida, das Ersuchen des Botschafters von Holleben, sich mit mir in Verbindung zu setzen,
abgelehnt und dadurch seine Pflicht dem Botschafter gegenüber nicht erfüllt. Er hatte ferner bei dem Holleben-Zwischenfall eine höchst traurige Rolle gespielt und sollte nun nach
all' diesen Vorfällen mit mir zusammentreffen? Nein, so
tief konnte er sich nicht herabwürdigen, mochten die Folgen
seiner Handlungsweise auch sein, welch' immer sie wollten.

Wiederum wurden allmächtige Einflüsse hinter den Kulissen aufgeboten, um es zu verhindern, daß ich zu Worte kam.
Mein Erscheinen vor dem Berliner Gericht als Entlastungs-
zeuge der Deutschen Zeitungen hätte notwendigerweise zu
einer Aufnahme meines eigenen Falles führen müssen. In
meiner Zeugenaussage über Gordon Smith hätte ich ja auf
die dunkle Verbindung zwischen Reuter und Wolff und deren
fragwürdige Machenschaften hinweisen können, und das
mußte um jeden Preis hintertrieben werden.

Der Verleumdungsprozeß des „New York Herald" gegen die Berliner Blätter, der in zwei Welten so viel Staub aufgewirbelt hatte, nahm einen tragi-komischen Ausgang. Es wurde still, ganz still von ihm und er geriet nach und nach in Vergessenheit. In unserer schnellebigen Zeit denkt man ja schon heute nicht mehr an das Gestern, und daß der Reichskanzler den „New York Herald" in öffentlicher Sitzung des Reichstages gebrandmarkt hatte und daß der Verleumdungsprozeß des „New York Herald" dazu dienen sollte, dessen deutschfeindliche Machenschaften aktenmäßig zu erweisen, — wen konnte das noch interessieren?!

Zu Anfang Juni des Jahres 1906 kehrte ich mit meiner Familie von Amerika nach Deutschland zurück. Ich war gezwungen, mich nach einem Erwerb umzusehen und suchte einen amerikanischen Journalisten, Mr. G. E. Maberly = Oppler in der Kauerstraße in Charlottenburg auf, von dem man mir mitgeteilt hatte, daß er der Inhaber eines großen literarischen Bureaus und in der Lage sei, dauernde Aufträge zu vergeben. Ich erklärte dem Herrn, daß ich sowie auch meine Frau, verschiedener fremder Sprachen, darunter namentlich auch der englischen, in Wort und Schrift mächtig seien und daß wir gern literarische Aufträge übernehmen würden.

„Wie schade," rief Mr. Maberly-Oppler aus, „daß Sie nicht schon acht Tage früher bei mir waren. Ich hätte Ihnen dann einen großen Übersetzungsauftrag geben können. I ch h a b e v i e l f ü r d i e R e g i e r u n g z u t u n und u. A. auch diese Bücher hier" — er zeigte mir mehrere pompös ausgestattete stattliche Bände —„für sie übersetzt. I c h b i n n ä m = l i ch d e r B e r l i n e r K o r r e s p o n d e n t d e s „N e w Y o r k H e r a l d".

Was ich da hörte, war von allergrößtem Interesse für mich. Ich nahm eine unbefangene Miene an und fragte an-

scheinend ganz gleichgiltig, ob er mir etwas über den Aus=
gang des „Herald="Prozesses mitteilen könne, wovon ich in
den amerikanischen Blättern so viel gelesen hätte.

„Oh," entgegnete der „Herald"=Korrespondent, „sie haben
sich gegenseitig Ehrenerklärungen abgegeben und Klage wie
Widerklage zurückgezogen."

Mir fiel ein, daß der Kaiser bereits im Jahre zuvor den
Herausgeber des „New York Herald", James Gordon Bennett,
zur Teilnahme an den Homburger Automobilrennen einge=
laden hatte, und indem ich den Gedanken weiterspann, stieg
die Erinnerung an die Angriffe in mir auf, denen Wilhelm II.
in dem Blatte des Herrn Bennett ausgesetzt gewesen war.
Hatte nicht der „New York Herald" in seiner Ausgabe vom
13. Dezember 1902 die alte Fabel vom Esel veröffentlicht,
der sich in ein Löwenfell hüllte, um die Tiere des Waldes zu
erschrecken und die Fabel mit einer Karrikatur illustriert, auf
der der Esel im Löwenfell die markanten Züge des Kaisers
trug, dessen Schnurrbartspitzen dolchartig spitz in die Höhe
ragen? Zwei riesige Eselsohren gaben der künstlerisch=genial
hingeworfenen Karrikatur den entsprechenden Abschluß. Als
die Zeitungen meldeten, daß der Deutsche Kaiser den Ver=
einigten Staaten ein Denkmal Friedrichs des Großen zum Ge=
schenk machen wolle, brachte der „Herald" eine Karrikatur,
die den Kaiser als italienischen Figurenhändler darstellte, der
mit seinen Figuren hausieren geht. Unter der Zeichnung stand
die Frage: Vielleicht ein Denkmal gefällig? Etwa um dieselbe
Zeit veröffentlichte der „Herald" in seiner Sonntagsausgabe
ein erdichtetes Telegramm des Kaisers an den Präsidenten
mit folgendem Wortlaute:

„An Präsident Roosevelt, Washington.
Habe zur Aufstellung auf Platz vor Kapitol
heroische, fünfzehn Fuß hohe Büste meiner edlen
Urgroßmutter abgeschickt. Wilhelm II."

Und nach alledem die Einladung des Kaisers an James Gordon Bennett, sein Gast in Homburg zu sein, und die Zuweisung literarischer Aufträge an den Berliner „Herald"= Korrespondenten!!!

Kann es befremden, daß der Verleumdungsprozeß des „Herald" gegen die drei Berliner Blätter nicht zur Verhandlung gelangte und ich in ihm nicht als Zeuge vernommen wurde?

XX.

Herr v. Holleben muß Washington plötzlich ver-
lassen. — „Ohne Sang und ohne Klang, hat keinen
Abschied genommen!" — „Specdy" sein Nachfolger. —
Der Damenkrieg auf der Botschaft. — Wird sich „Frau
Anna" von der „N.- Y). Staats-Zeitung" als gute Pro-
phetin erweisen? — Das Blatt des Herrn Ribber greift
Sternburg an, wird aber durch Drohung mit der Grün-
dung einer neuen deutschen Tageszeitung in New- York
zum Schweigen gebracht. — Die Annahme des „Alten-
Fritz-Denkmals" Sternburgs erster „Triumph". — Die
Statue des großen Königs erhält Gesellschaft. — Die
Geschenke des Kaisers für das Germanische Museum in
Harvard. — Herr von Sternburg wird „Dr. Phil." —
Das alte Botschaftspersonal springt über die Klinge. —
„Specdy" ein krankes Männchen. —

———

Ärgerlich hat sich Bernhard von Bülow im Deutschen
Parlamente die nicht aufhörenden Vergleiche mit dem ersten
deutschen Reichskanzler verbeten. Mit Fug und Recht, wie
mich deucht, denn, wenn auch gestattet sein mag, Kleineres
mit Größerem zu vergleichen, so erscheint mir doch ein ernster
Vergleich zwischen Otto von Bismarck und Bernhard von
Bülow nicht am Platze.

Nein, solange der Mann von Blut und Eisen die Geschicke
des Deutschen Reiches lenkte, wäre ein solcher Zwischenfall
nicht möglich gewesen; keine Macht der Welt hätte es gewagt,
einem Deutschen Botschafter, dem Vertreter der geheiligten
Person des Kaisers, einen solchen Schimpf anzutun, wie er

Herrn von Holleben beschieden war, von dem skandalösen
Abschluß der Reise des Prinzen Heinrich ganz zu schweigen!
Wir leben aber nicht mehr in Bismarcks Zeiten, und es
gilt ja heute schon als Verbrechen, seinen Geist zu zitieren.
So geschah das Unglaubliche: Der Zwischenfall mit all' seinen
beschämenden Begleitumständen wurde einfach todgeschwiegen,
ein von dem Hasse der verbündeten Telegraphenbureaus
verfolgter Journalist als Sündenlamm auserkoren und —
die Ehre, die Würde, das Ansehen des mächtigen Deutschen
Reiches waren gerettet.

Wie es möglich war, Herrn von Holleben noch länger
auf seinem Posten zu belassen, nachdem ihm die Zustellung
seiner Pässe mit der Aufforderung, das Land in 48 Stunden
zu verlassen, angedroht worden war, ist ein Rätsel, das wohl
nur Bernhard von Bülow zu lösen vermag. Es wäre unnatür-
lich, bei mir irgendwelche Sympathie für den Botschafter zu
erwarten, aber ich muß gestehen, daß mir dieser arme, alte,
von seiner einstigen Höhe gestürzte Mann herzlich leid tat,
als er noch länger in der amerikanischen Bundeshauptstadt
bleiben mußte — die Zielscheibe des offenen und versteckten
Hohnes und Spottes der ganzen amtlichen Welt. Er ging auf
Urlaub und es hieß, er würde nicht wieder auf seinen Posten
zurückkehren, aber er mußte den bittern Kelch bis zur Neige
leeren, und noch einmal die Reise über den Ozean machen,
um sich dann wie ein Schulknabe, der die Rute bekommen hat,
wieder heimschicken zu lassen. Nachdem er noch einige Wochen
in Washington gewesen, mußte er Land und Stadt so plötzlich
verlassen, daß er nicht mehr Zeit fand, sich von dem Präsidenten
oder dem Staatssekretär persönlich zu verabschieden. Die
„New Yorker Staats-Zeitung" schrieb damals:

„Am 10. Januar 1903 hat der Botschafter des Deutschen Reiches in Washington, Dr. v. Holleben, mit dem
Dampfer „Waldersee" die Heimreise von New York aus angetreten. Ohne Sang und Klang. Hat keinen Abschied

genommen, der Doyen des diplomatischen Korps in Waſhington. Warum?"

Höhniſch fügte das Blatt des Herrn Ridder hinzu, daß das amerikaniſche Volk doch ſtets am höchſten den Gentleman achte. Entgegen der auf deutſch-offiziöſer Seite ausgegebenen Meldung von einer plötzlichen „Erkrankung" des Botſchafters ſtellten einige Blätter feſt, daß dieſe „Erkrankung" Seine Exzellenz nicht abgehalten habe, ſich die ihm bis zur Abfahrt des nächſten Dampfers bleibende Friſt in New York recht luſtig zu vertreiben.

So wie Herr von Holleben, verließ noch nie ein Deutſcher Botſchafter ſeinen Poſten und Berlin nahm in chriſtlicher Langmut alles ruhig hin, legte nicht ein Wort des Proteſtes ein, ſondern ſammelte ſogar noch feurige Kohlen auf das Haupt des ſchuldigen Miſſetäters.

Die Affäre nahm den in Waſhington gewünſchten Verlauf. Nachfolger Herrn von Hollebens wurde der perſönliche Freund des Präſidenten Rooſevelt, Freiherr S p e c k v o n S t e r n - b u r g , der mich vor der Empfehlung des Botſchafters an den Fürſten Eulenburg gewarnt und dadurch den Keim zu allen ſpäteren Verwicklungen gelegt hatte. Der Sprung von dem Poſten eines Deutſchen General-Konſuls in Calcutta zu dem des Kaiſerlich Deutſchen Botſchafters in Waſhington war eine Leiſtung, die ihm bisher kein noch ſo gewandter Turner unter den Deutſchen Diplomaten nachgemacht hat.

Freiherr Speck von Sternburg entſtammt nicht, wie in den ihm naheſtehenden Blättern in den Vereinigten Staaten angekündigt wurde, uraltem deutſchen Adel, ſondern iſt, worauf er in dem demokratiſchen Amerika eigentlich ſtolz ſein ſollte, von verhältnismäßig beſcheidener und unbedeutender Herkunft. Noch ſein Großvater, ein ſchlichter Schäfer, führte den Namen Speck, wußte aber durch angeborenes Talent im Wollhandel ſein Vermögen ſo zu vergrößern, daß er das noch heute im Beſitz der Familie befindliche Gut Lützſchena bei

Leipzig, kaufen konnte, auf dem er sich mit großem Erfolge der Zucht der sogenannten Elektoralschafe, einer damals als besonders gut geltenden Rasse, hingab. Für sein Verdienst um die Schafzucht ward der ehemalige Schäfer Speck von der bayerischen Regierung geadelt und erhielt den Namen Freiherr Speck von Sternburg. Eine niedliche kleine Anekdote, die an jene Zeiten erinnert, möge hier Platz finden:

Gelegentlich der Anwesenheit des Königs von Sachsen in Leipzig wurde die Stadt illuminiert und der neu ernannte Freiherr verfehlte nicht, sein in der Reichsstraße gelegenes Grundstück zu schmücken und mit einem Transparent zu versehen, das den schönen Vers enthielt:

O! möchte stets in unserm Sachsen
Elektoral veredelt wachsen.

Ein witziger Leipziger Schuhmachermeister, Specks Gegenüber, benutzte die Gelegenheit, folgenden Vers an seinem Transparent anzubringen:

O, möchte doch in unserm Sachsen,
Elektoral auf Schweinen wachsen,
Damit der Speck auf dieser Erde,
Noch immer mehr veredelt werde!

Wie sich die Berliner Politik den Vereinigten Staaten gegenüber nach Herrn von Sternburgs Amtsantritt weitergestaltete, hat am besten und treffendsten der „S i m p l i - z i s s i m u s" in seiner bekannten konfiszierten Nummer dargestellt, wo der kleine Herr von Sternburg unter heftiger Anstrengung seiner Kinnbacken an der Kehrseite des riesigen Onkels Sam eine nicht ganz reinliche Zungenoperation ausführt. Nach der Schmach vom 12. März 1902, die nur noch durch die schimpfliche Verabschiedung des Botschafters im Jahre darauf übertroffen wurde, begann jetzt die deutsche P o l i t i k d e r G a b e n u n d G e s c h e n k e!

Um die öffentliche Meinung für den neuen Vertreter des Deutschen Reiches einzunehmen, veranstaltete M e l v i l l e

E. Stone von der „Associated Press" in New York ein Bankett für Herrn von Sternburg, zu dem die Redakteure, Korrespondenten und Mitarbeiter der gelesensten Blätter eingeladen wurden.

Ein großes Blatt allein und obendrein noch ein deutsches, die „New Yorker Staats=Zeitung", stand Herrn von Sternburg offen feindlich gegenüber, den sie bei jeder sich nur bie= tenden Gelegenheit der Lächerlichkeit preisgab, so nament= lich bei dem bekannten Etikettenstreit, bei dem es sich darum handelte, ob die Gattin des Botschafters den Frauen der Sekretäre Antrittsbesuche zu machen hätte oder umgekehrt.

Der „Kladderadatsch" verewigte damals jene tragiko= mische Episode in nachfolgendem gelungenem Gedicht:

Wie die Frauen einander schalten.

Es saßen stolz beisammen zwei Frauen im fernen Gau,
Da sprach die edle v. Sternburg zu des Rates Frau:
„Wie mein Mann so herrlich vor allen Räten steht,
So wie der lichte Vollmond vor den kleinen Sternen geht."

Da sprach die Frau Rätin: „Dein Mann sei noch so schön,
So mußt du meine Rede im Argen nicht verstehn.
Du mußt es dennoch halten, wie alle es getan.
Ich werd' in allen Züchten deinen ersten Besuch empfahn."

„Du willst dich überheben," sprach die Botschafterin,
„Wohlan, ich will doch schauen, ob du nicht künftighin
Achten wirst die Sitten hier in Amerika."
Es waren beide Frauen in sehr zornigem Mut allda.

Nun schieden sie von hinnen, in Unlust gingen sie weg,
Da sprach zu ihrem Gemahle die Frau Baronin Speck:
„Ich kann zuerst zu dieser Eigenholdin nicht gehn.
Kann denn die Person das in ihrem Schädel nicht verstehn?"

Der edle Herr v. Sternburg, als er weinen sah
Seine traute Genossin, gar gütlich sprach er da:

„Solche üppige Rede wird nimmer ihr verziehn,
Wein nicht, liebe Frau, ich schreib es kühnlich nach Berlin

Büßen soll die Rede der Eigenholdin Mann,
Oder man treff mich nimmer unter den Botschaftern an."
Man soll Frauen ziehen, schrieb da der kühne Degen,
Daß sie üppige Reden lieber lassen unterwegen.

Also schrieb Herr Speck dann. Ach, da mußte wohl
In Washington mancher Recke scheiden vom Kapitol.
Ihn biß eine Natter. Mancher Held erkoren
Durch eines Weibs Geschnatter ging da dem Kapitol ver-
loren!

Anläßlich des Washingtoner Damenkrieges erinnerte die
„New Yorker Staats-Zeitung" in einem Artikel, betitelt
„Damenhände in der Politik", an das Prinzip Bismarcks,
keinen diplomatischen Vertreter nach einem Lande zu schicken,
dessen Frau ein Kind dieses Landes ist, und die als „Frau
Anna" bekannte Redaktionstante des Blattes des Herrn Hermann Ridder durfte sogar über das gleiche Thema einen nahezu
zwei Spalten füllenden Artikel schreiben, der in die prophe-
tischen Worte ausklang:

„Vielleicht öffnet früher oder später einmal
ein gewaltiger politischer Skandal die Augen des
Kaisers und der ganzen offiziellen Welt, und fährt
ein Blitz reinigend durch die Atmosphäre, die den
Thron umgibt. Es wäre im Interesse des Ansehens, das das Deutsche Reich im Auslande ge-
nießt, sehr zu wünschen."

Wenn bei der „Staats-Zeitung" die Damen anfangen,
über Politik zu leitartikeln, so muß das politische Barometer
schon sehr tief gefallen sein:

„Gefährlich ist's, den Skal zu wecken,
Verderblich ist des Ridders Zahn,
Jedoch der Schrecklichste der Schrecken,
Das ist „Frau Anna" in ihrem Wahn."

Diese launige Variante des Schiller'schen Verses kursierte zu jener Zeit in New York und wurde viel belacht.

Der selten um einen Ausweg verlegene vielseitige Professor Hugo Münsterberg von der Harvard-Universität wußte auch mit der „New Yorker Staats-Zeitung" und „Frau Anna" fertig zu werden.

In verschiedenen großen Blättern erschienen um jene Zeit Meldungen „aus bester Quelle", wonach die Gründung einer neuen großen deutschen Tageszeitung in New York geplant sei. Dieses Blatt würde sich an alle Deutschen in New York wenden, die mit den ewigen Zänkereien und Ränkereien wie mit der politischen Treulosigkeit der bald in diesem, bald in jenem Lager stehenden „New Yorker Staats-Zeitung" unzufrieden seien, und diese in jeder Weise sowohl in redaktioneller wie in technischer Hinsicht übertreffen. Geld würde bei dem neuen Blatte keine Rolle spielen, da ihm unbegrenzte Mittel zur Verfügung ständen — nämlich die Schatzkammer des Deutschen Reiches.

Herr Bernhard Ridder, ein deutsch-amerikanischer „self-made-man", der es vom einfachen Geschäftslaufjungen bis zum allmächtigen Leiter und Mitbesitzer der „New Yorker Staats-Zeitung" gebracht hat, bekam es mit der Angst zu tun. An diesen Meldungen konnte wirklich etwas Wahres sein, und wenn, wie es hieß, gar noch Professor Hugo Münsterberg die Chefredaktion des neuen Blattes übernehmen würde, so mußte die „Staats-Zeitung" ihre Segel streichen. Herr Ridder hielt es daher für besser, einzulenken; es fand ein Versöhnungsschmaus statt und — die angekündigte neue Zeitung erschien nicht.

Der Präsident im Weißen Hause verlor keine Zeit, der Öffentlichkeit zu demonstrieren, daß er in der Tat der Freund des Deutschen Botschafters war. Bald konnte dieser als seine erste Musterleistung im Triumphe nach Berlin berichten, daß es ihm gelungen sei, den Widerstand des Präsidenten gegen

die Errichtung eines Denkmals F r i e d r i c h s d e s G r o ß e n
in Washington zu brechen und sich die dazu erforderliche Zustimmung zu sichern. Diese Ruhmestat Herrn von Sternburgs
wurde der Deutschen Presse mit dem üblichen Aufgusse ser-
viert; nur vergaß man dabei die Erwähnung des Umstandes,
daß die Errichtung des Denkmals an die Bedingung geknüpft
war, daß außer Friedrich auch noch Hannibal, Cäsar und Napoleon Statuen, und zwar aus amerikanischen Mitteln, er-
richtet werden sollten. Die Welt hatte gelacht und sich über den
Plan der Aufstellung des Denkmals eines absoluten Königs
in dem republikanischen Amerika lustig gemacht. Aber praktisch wie immer hatten sich die Amerikaner in ihrer Verlegenheit zu helfen gewußt, indem sie der Statue des Alten Fritz
einen Platz vor ihrer neuen Kriegsakademie anwiesen, wo sie
im Verein mit den drei anderen Kriegsheroen nicht weiter
Anstoß erregen konnte. „Teddy“ hatte „Specky“ zu seinem
ersten Erfolge verholfen.

Der Wahrheit gemäß muß ich freilich feststellen, daß die
öffentliche Meinung in den Vereinigten Staaten sich auch
heute noch nicht für das Denkmal des großen Friedrich zu be-
geistern vermocht hat und in seiner Aufstellung eine Sünde
wider den heiligen Geist der Republik erblickt. Eine Frevler-
hand, der die „historische Freundschaft“ zwischen Deutschland
und den Vereinigten Staaten offenbar ein Greuel war, hat
seither, wie bekannt, den Versuch unternommen, das Denkmal in die Luft zu sprengen. Ein Neger verhütete zum Glück
noch rechtzeitig den Anschlag und erhielt zur Belohnung im
Auftrage des Auswärtigen Amtes durch den Botschafter eine
silberne Uhr zugestellt. Die Gabe erregte abermals die Spott-
lust der amerikanischen Blätter. „War eine silberne Uhr eine
kaiserliche Gabe,“ so fragten sie, „und erhielt der Retter des
Denkmals nur deswegen eine silberne Uhr, weil er nur ein
Neger war, und würde der Retter, wenn er ein Weißer gewesen, zu einer goldenen Uhr berechtigt gewesen sein?!“

Auch die Kaiserlichen Geschenke zur Begründung eines Germanischen Museums der Harvard-Universität zu Cambridge, Mass., der Hochburg anglo-amerikanischer Kultur, begegneten offenem wie verstecktem Mißtrauen. In Verbindung mit dem Geschenke des Kaisers war eine „Germanische Museumsvereinigung„ ins Leben gerufen worden, die die hervorragendsten und einflußreichsten Männer des Landes zum Beitritt aufforderte und sie als Freunde deutschen Geistes und deutscher Kultur auf eine dem Deutschen Reiche freundliche Politik festzulegen versuchte. Man merkte jedoch in weiten Kreisen die Absicht und wurde verstimmt. Böse Menschen gingen sogar so weit, in der Schenkung des Kaisers ein zweites trojanisches Pferd zu erblicken und an den alten Spruch zu erinnern: „Timeo Danaos et dona ferentes.‟

Selbstredend blieb es auch Herrn von Sternburg nicht erspart, nach seiner Beförderung zum Botschafter von verschiedenen amerikanischen Universitäten zum Ehrendoktor Phil. (Philadelphia) ernannt zu werden. Daß sein Freund „Teddy„ sein Gefährte dabei war, mußte wohl über die dem alten Major und geschworenen Feinde aller Federfuchser angetane Kränkung trösten.

Unter Herrn von Sternburg fand eine vollständige Erneuerung des Botschaftspersonals statt. Die Sekretäre, die ihn vielleicht nicht ganz ernst genommen und deren adlige Gattinnen seiner bürgerlich amerikanischen Gemahlin die ihr gebührende Reverenz verweigert hätten, die Kanzleibeamten, die die von ihm verfaßten Berichte zum Gegenstand billiger Witze auserkoren hatten, — sie alle mußten gehen.

Der neuen Herrin, die in die Botschaft einzog, war nichts kostbar und fein genug. Das vorhandene Meublement wanderte in die Rumpelkammer und mußte durch ein neues ersetzt werden, das ihrem verfeinerten amerikanischen Geschmacke besser zusagte. Eine begeisterte Schilderung der in der Botschaft vorgenommenenÄnderungen erschien in deutschen Blättern des Landes aus der Feder Louis Vierecks, des einstigen sozial-demokratischen Abgeordneten, der sich in Amerika glücklich bis zum republikanischen Roosevelt-Agenten und Chronisten der gesellschaftlichen Ereignisse auf der Deutschen Botschaft durch-gemausert hat.

Die äußere Erscheinung Herrn von Sternburgs ist nicht gerade imposant zu nennen. Er hat eine kleine, schmächtige Gestalt, eine eigentümlich fahle Gesichtsfarbe, die Herrn von Holleben Anlaß zu manch' boshafter Bemerkung gab, und leidet seit vielen Jahren sowohl an einem heftigen Rheuma-tismus wie an einem bösen Ohrenleiden, die ihm die Erfüllung geschäftlicher wie gesellschaftlicher Pflichten fast unmöglich machen. Obwohl er trotz seines hohen Botschaftereinkommens recht wenig repräsentiert, erwies sich das alte Heim der Bot-schaft für ihn und seine Gattin bald als zu klein und das Deutsche Reich erwarb auf sein Betreiben ein Terrain in einem vorteil-hafter gelegenen Viertel, auf dem jetzt ein selbst den verwöhn-testen Anforderungen entsprechender Prachtbau aufgeführt wird. Leider tauchten aus diesem Anlasse auch wieder alte häßliche Geschichten auf; man fand es sonderbar, daß die von Herrn von Holleben gekaufte Botschaft sich nach kaum zehn Jahren als unzulänglich erweisen sollte; man erinnerte sich des von Herrn von Holleben gezahlten Kaufpreises und er-ging sich in allerhand für den Vorgänger Herrn von Stern-burgs nicht sehr schmeichelhaften Kommentaren.

XXI.

Die Presse in Deutschland und Amerika sieht alles durch die Berliner Brille. — Melville E. Stone mit fürstlichen Ehren vom Kaiser empfangen. — Der Deutsche Generalpostmeister gewährt den Depeschen der „A. P." Priorität vor allen andern Telegrammen. — Die „N. Y. Staats-Zeitung" eine eifrige Agentin für deutsche Interessen. — Erstaunliche Äußerung Herrn v. Hollebens über die Reden des Kaisers. — Erfährt das Publikum in Deutschland und Amerika die Wahrheit? — Trauriger Niedergang der deutsch-amerikanischen Presse. — Meine Experimente mit den Deutschen von Albany, N. Y. — Überall dieselbe Indifferenz. — Nachdruck und Plattenindustrie. — Die Rolle des Deutschen in der Politik. — Ist er unzuverlässig und käuflich? — Persönliche Freiheit und Lagerbier. — Ich helfe Bürgermeister Mc. Clellan wählen. — Unterstützung der „N. Y. Staats-Zeitung" bringt politischen Kandidaten Unglück. — Georg v. Skal als Redner. — Zwei Seelen wohnen, ach, in seiner Brust!

———

Herr von Holleben war zwar gegangen, aber die Holleberei, wie sie von einigen deutsch-amerikanischen Zeitungen genannt wurde, war geblieben: das System der Täuschung und Irreführung der öffentlichen Meinung in Deutschland und Amerika. Herr von Sternburg gab sich auch in dieser Hinsicht redliche Mühe, in die Schuhe seines Vorgängers zu treten und mit Beihilfe so hervorragender Spezialisten der Presse, wie es Melville E. Stone und Professor Hugo Münsterberg sind, gelang ihm sein Streben vortrefflich. Man wolle stets im Auge behalten, daß das deutsche sowohl wie das amerikanische Volk heute von einander fast ebensowenig wie vor hundert Jahren wissen und ausschließlich auf die Meldungen der großen Telegraphenbureaus angewiesen sind, die ihre Nachrichten in höchst homöopathischen Dosen abgeben. So wie die Telegraphenbureaus die Dinge sehen und darüber berichten, so sehen auch die deutschen und amerikanischen Zeitungsleser sie, woraus sich ergibt, daß, wer die Depeschenbureaus kontrolliert, in der Lage ist, die öffentliche Meinung in beiden Hemisphären nach Belieben, je nach den Erfordernissen der Lage, zu belehren oder irrezuführen. Zwei große Depeschenbureaus versorgen in den Vereinigten Staaten die Zeitungen mit Nachrichten aus Deutschland, die „Associated Press" und das mit der „Sun" in Verbindung stehende „Laffan=Bureau". Herr Melville E. Stone, der in erster und letzter Reihe ein genialer Geschäftsmann ist, erkannte, welch' unbegrenzte Möglichkeiten sich ihm eröffneten, wenn er dem Wunsche der Deutschen Regierung, daß das amerikanische Volk die deutsche Amerika=Politik durch eine deutsche Brille betrachten möge, Rechnung trug, und das geschäftliche Interesse war für ihn maßgebend.

Es l o h n t e sich besser, der Freund des Deutschen Reiches als dessen Feind zu sein, und Herr Melville E. Stone, der die Ausweisung Wolf von Schierbrands aus Berlin als etwas Selbstverständliches hingenommen, der in der verschwiegenen Kajüte der Kaiseryacht „Hohenzollern" mit Professor Münsterberg und Direktor Mantler vom Wolff'schen Bureau konferiert, der durch die Veranstaltung eines Banketts Herrn von Sternburg mit den leitenden Redakteuren des Landes in persönliche Berührung gebracht und ihm deren Wohlwollen empfohlen hatte — der geniale Geschäftsmann Melville E. Stone unternahm eine Geschäftsreise nach Berlin, wo er mit fürstlichen Ehren aufgenommen und vom Kaiser in einer Privataudienz empfangen wurde, über die er einem amerikanischen Blatte den folgenden interessanten Bericht sandte:

„Der Kaiser ſtand bei einem Kamin im Hintergrunde
des Zimmers, und um ihn herum ſtanden die Kaiſerin,
Prinz Heinrich, Prinzeß Irene, Prinz Eitel und Prinz
Leopold. Es war ſonſt Niemand im Zimmer. Ich wurde
dem Kaiſer vorgeſtellt. Er begrüßte mich höchſt kordial,
ſprach auf Engliſch über meine Berliner Miſſion und drückte
ſein Vergnügen über die Ausſicht aus, daß das amerikaniſche
Volk im Stande ſein würde, Deutſchland durch amerikaniſche
Augen zu ſehen. Freimütig und in längerer Rede führte er
aus, daß er eine herzliche Zuneigung für unſer Volk hege
und daß er die notwendigen Befehle erteilen würde,
um der „Associated Press“ zu einer zufriedenſtellen=
den Poſition in Deutſchland zu verhelfen. Schließlich
wandte er ſich an Prinz Heinrich mit den Worten: ‚Hier
iſt ein Herr, den du kennſt‘. Der Prinz ſtand neben ihm,
begrüßte mich und fügte hinzu: ‚Ich möchte gern, daß Sie
auch meine Frau kennen lernen! „Er ſtellte mich darauf
der Prinzeſſin Irene vor. Sie war recht herzlich, ſprach
von ihren engliſchen Vorfahren und dem Entzücken, das ſie
empfände, wenn ſie Jemand träfe, der ihre Mutterſprache
ſpräche. Mittlerweile hatten ſich verſchiedene hundert Per=
ſonen, die auf eine Audienz warteten, in dem Vorzimmer
eingefunden. Der Hofmarſchall näherte ſich mir und ſagte,
daß die Kaiſerin jetzt bereit ſei, mich zu empfangen. Sie
war ſehr gnädig und ſagte: ‚Ich hoffe, daß Sie ſich amü=
ſieren werden; Sie ſind willkommen und wir möchten, daß
Sie davon überzeugt ſind‘“.

Die Einzelheiten hinſichtlich der ſchnellſten Beförderung
der Telegramme wurden mit dem Generalpoſtmeiſter ab=
gemacht. Auf einen Vorſchlag des Herrn
Melville Stone wurde die Vereinbarung
getroffen, daß die Anbringung eines klei=
nen roten Etiketts mit dem Aufdruck „Ame=
rika“ auf einem Depeſchenformular der

Meldung im ganzen Deutschen Reich die
Priorität vor allen andern Depeschen
sichern würde.

Die Telegramme des deutschen Publikums müssen also
warten, damit die der amerikanischen „Associated Press"
vor ihnen befördert werden. Es dürfte dem General-Post=
meister, meine ich, einigermaßen schwer fallen, im Reichs=
tage diese außerordentliche Begünstigung einer ausländischen
Gesellschaft auf Kosten der deutschen Steuerzahler zu recht=
fertigen!

Nach der „Associated Press" galt es, auch die Haltung
von „Laffans Depeschenbureau", das ich schon
früher wiederholt erwähnt habe, in deutschfreundlichem Sinne
zu beeinflussen. Zu diesem Zwecke wurde die „New Yorker
Staats=Zeitung" mobilisiert, welche am Tage der Abfahrt
des Prinzen Heinrich von Amerika ihren Lesern an hervor=
ragender Stelle mitteilte, daß sie, geleitet von dem Wunsche,
den Nachrichtendienst des Blattes immer mehr zu vervoll=
kommnen, ein Abkommen mit „Laffans Bureau" getroffen
hätte, auf Grund dessen sie fernerhin auch die „Laffan"=De=
peschen bringen würde. Diese Ankündigung kam für die
Nichteingeweihten überraschend, da die „Staats=Zeitung" ja
bereits die „Associated Press"-Depeschen bezog und außer=
dem täglich einen Kabelbrief aus Berlin empfing. Selbst
die reichsten anglo=amerikanischen Blätter des Landes dachten
nicht daran, sich den Luxus einer Verbindung mit beiden großen
rivalisierenden Depeschenbureaus zu gleicher Zeit zu gönnen.
Nur — die deutsche „Staats=Zeitung" war eine glückliche
Ausnahme von der Regel!

Unter all' den Berichterstattern, die mich an dem denk=
würdigen 12. März besuchten, befand sich auch der Vertreter
der von Herrn Laffan herausgegebenen „New York Sun".
Er sagte mir: „Ich habe nicht den Auftrag, mich über die
Wahrheit Ihrer Aussagen zu erkundigen — denn wir

wissen, daß sie wahr sind, — sondern ich habe Sie nur zu fragen,
ob Sie diese Aussagen wirklich gemacht haben. Wir können
Ihre Sache leider nicht aufnehmen und für Sie eintreten,
da wir seit einigen Tagen plötzlich gute Freunde des Deutschen Reiches geworden sind. Ich wundere mich," so fügte
er hinzu, „daß sich kein Deutscher gefunden hat, der den Mut
gehabt hätte, die Staatsmänner in Berlin auf die gebiete-
rische Notwendigkeit einer Untersuchung Ihrer Angelegenheit
aufmerksam zu machen. Wir von der „Sun" wissen ja, welche
Dienste Sie der Sache Ihrer Regierung in Washington und
New York erwiesen haben."

Die dritte große Agentur für die Beeinflussung der öffentlichen Meinung in den Vereinigten Staaten bezüglich der
Politik des Deutschen Reiches ist die „N e w Y o r k e r
S t a a t s - Z e i t u n g," welche nach dem Muster einiger
größerer anglo-amerikanischen Blätter ihre Kabeldepeschen an
englische und deutsche Zeitungen im Lande weiterverkauft.
„Die Base von Tryan-Row", wie sie von ihren Zeitgenossinnen
genannt wird, blickt auf merkwürdige Wandlungen zurück.
Der alte O s w a l d O t t e n d o r f e r konnte sich als geborener Österreicher und tätiger Teilnehmer an der Revolution von 1848 nicht sehr für Berliner Politik erwärmen,
namentlich nicht nach der Entlassung Bismarcks, und es bedurfte
erst der vermittelnden Einwirkung des über die Kissinger
Affäre des New Yorker Großkaufmanns Stern zu Fall ge-
kommenen Deutschen Generalkonsuls F e i g l, um hier
Wandel zu schaffen. „Herr Ottendorfer und ich dinierten
eines Abends im deutschen Klub unter vier Augen," so erzählte mir Herr Feigl selbst, „und ich benutzte die Gelegenheit, um ihn vom geschäftlichen Standpunkte aus auf das
Kurzsichtige einer Politik aufmerksam zu machen, die sich in
gehässigen Angriffen auf die Person des Kaisers und das
Reich gefiel. Herr Ottendorfer sah die Logik meiner Ausführungen ein und gelobte Besserung, die er auch treulich

gehalten hat, wenn dann und wann auch unfreundliche Seiten=
sprünge einzelner Redakteure vorgekommen sind, für die er
wohl kaum verantwortlich war."

Diese „Seitensprünge einzelner Redakteure" nahmen
ganz bedenklich zu, als Herr von Holleben Botschafter in
Washington war und richteten sich namentlich gegen die kai=
serlichen Reden, die meist unbarmherzig zerpflückt wurden.
Herr von Holleben und der frühere Chef=Redakteur der „New
Yorker Staats=Zeitung", Paul Loeser, waren gute
Freunde und erwiesen einander manche kleine Gefälligkeiten,
die ja bekanntlich die Freundschaft erhalten. Als die Angriffe
auf den Kaiser in der „Staats=Zeitung" gar nicht aufhören.
wollten, erschien Herr von Holleben eines Tages im Privat=
zimmer Paul Loesers im vierten Stocke des „Staats=Zei=
tungs=Gebäudes" und gebrauchte in der Hitze des Wortge=
fechts ein Argument, wie es wohl noch nie zuvor dem Munde
eines — Kaiserlich Deutschen Botschafters entflohen war.
Er sagte:

„Wir beide, lieber Loeser, Sie und ich, wissen, daß der
Kaiser oft manche Äußerung tut, die besser ungesprochen
bliebe, (der Botschafter gebrauchte hier einen anderen Aus=
druck, den ich aber mit Rücksicht auf das Preßgesetz nicht
wiederholen kann) aber hat es irgendwelchen moralischen
Zweck, daß auch Ihre Leser dies wissen und immer wieder
durch Ihr Blatt daran erinnert werden?"

Paul Loeser lachte und die Angriffe auf den Kaiser
hörten auf.

Als Herr Bernhard Ridder im Jahre 1906 zum Besuch
in Deutschland weilte, hatte er die Ehre, von dem amerika=
nischen Botschafter Charlemagne Tower dem Kaiser in Wil=
helmshöhe bei Kassel vorgestellt und zur kaiserlichen Tafel
eingeladen zu werden. „Der kommandierende General der
deutsch=amerikanischen Presse", welcher, nebenbei bemerkt, der
deutschen Sprache in Wort und Schrift nur ungenügend

mächtig ist, trug dafür Sorge, daß sein Name während seines Aufenthaltes in Deutschland „Ritter" geschrieben wurde.

Eines so großen Apparates, wie in den Vereinigten Staaten, wo „Associated Press", „Laffan" und „New-Yorker Staats-Zeitung" vereint in deutsch-freundlichem Sinne wirken und ängstlich bedacht sind, keine Deutschland unfreundliche Nachricht passieren zu lassen, bedurfte es im Deutschen Reiche natürlich nicht, wo die gesamte Presse ihre Nachrichten aus Amerika durch das W o l f f ' s c h e B u r e a u bezieht, welches als Organ des Reichskanzlers und Auswärtigen Amtes kein Wort durchgehen läßt, das seinen Auftraggebern unangenehm oder unbequem sein könnte.

D i e W a h r h e i t ü b e r d i e V o r g ä n g e i m D e u t s c h e n R e i c h u n d A m e r i k a w i e ü b e r d i e b e i d e r s e i t i g e n B e z i e h u n g e n d i e s e r L ä n - d e r z u e r f a h r e n , i s t u n t e r d e n g e s c h i l d e r t e n U m s t ä n d e n e i n D i n g d e r U n m ö g l i c h k e i t. Höchst fraglich erscheint es aber, ob die Deutsche Regierung sich im „Ernstfalle" auf ihre publizistischen Anwälte verlassen könnte. Nach der Lehre vom 12. März 1902, an welchem Tage die beiden allmächtigen General-Direktoren der „Associated Press" und des „Wolff'schen Bureaus" die deutsche Botschaft vollständig im Stich ließen, möchte ich diese Frage unbedingt verneinen.

Einige Worte über die deutsch-amerikanische Presse und ihre Bedeutung im öffentlichen Leben der Vereinigten Staaten dürften hier wohl am Platze sein. Sie befindet sich, wie ich mit Bedauern feststelle, in einem traurigen Zustande unaufhaltsamen Niederganges. Sie sieht sich von der rührigen anglo-amerikanischen Presse in jeder Hinsicht über- flügelt und stirbt, infolge Abonnentenschwundes, eines lang- samen aber sicheren Todes. Wenn ich von einigen größeren Städten absehe, wo noch deutsche Blätter mit allen Zeichen

äußerer Prosperität erscheinen, obwohl bereits den Todes-
keim in sich tragend, so wiederholt sich derselbe traurige
Vorgang überall. Der Zunahme des Wohlstandes im Deutschen Reiche entsprechend, hat die einst so starke deutsche Auswanderung nachgelassen, die alten eingewanderten Deutschen
sterben aus und die zweite Generation denkt und fühlt in
ihrer überwiegenden Mehrheit amerikanisch. Die in Amerika
geborenen Deutschen, welche die Volksschulen besucht haben,
können und wollen nicht deutsch lesen oder sprechen und
wenden sich daher von einer Presse ab, die in einer für sie
fremden Sprache erscheint.

Es ist kaum glaublich, wie wenig der Deutsche in Amerika
für deutsche Presse und deutsche Literatur übrig hat. Aus
meiner eigenen Praxis will ich ein typisches Beispiel erzählen,
das ganze Bände spricht: Ich war in Albany, der Hauptstadt des Staates New York, deren deutsche Einwohnerzahl
auf etwa 30,000 geschätzt wird, zeitweilig Besitzer und Herausgeber des seit 1850 dort erscheinenden täglichen deutschen
„Herold". Als ich das Blatt übernahm, wollte ich die außerordentlich zusammengeschmolzene Abonnentenliste zu vergrößern versuchen, indem ich für die Zuführung neuer Leser
wertvolle Preise aussetzte. Zu meinem Erstaunen gewann
das Blatt durch dieses Angebot auch nicht einen einzigen
Leser. Um das mich befremdende Rätsel zu lösen, und der
Sache ganz auf den Grund zu gehen, verfaßte ich eine großе,
in die Augen fallende Anzeige mit beigefügtem Bestellschein,
in der ich Jedermann, der dem Blatte e i n e n neuen Leser
selbst nur für die Dauer einer Woche zum Preise von 10 Cents
(40 Pfg.) zuführte, vollständig unentgeltlich ein schönes,
elegant gebundenes Exemplar des so überaus praktischen
Kürschnerschen Konversationslexikons in einem Bande versprach, dessen sonstiger Anschaffungspreis einen Dollar (4 Mk.)
betrug. Ich kam nicht in die Verlegenheit, auch nur eine
einzige dieser wirklich prächtigen Prämien zu verschenken,

da dem Blatte auch nicht ein neuer Abonnent zugeführt wurde.

Ich war noch nicht befriedigt und beschloß, noch weiter zu gehen. Von dem früheren Inhaber des Blattes hatte ich eine große Anzahl Bilder der Deutschen Kaiserfamilie übernommen, die in einem passenden Rahmen einen wirklich gefälligen Zimmerschmuck darstellten. Ich verfaßte eine neue Anzeige, größer als alle vorangegangenen, und erbot mich darin, jedem Leser, der deswegen in der Expedition vorsprechen würde, ein Exemplar dieses Kunstblattes vollständig unentgeltlich zum Geschenk zu machen. Wiederum war mir dieselbe Erfahrung beschieden — es wurde auch n i c h t e i n B i l d abgeholt.

Dieselbe sträfliche Indifferenz der Deutschen in Amerika gegen ihre Presse ist fast in jeder größeren oder kleineren Stadt des Landes wahrzunehmen. In den Großstädten, die einst zwei, drei oder noch mehr rivalisierende deutsche Tageszeitungen zu erhalten vermochten, müssen sich diese, wenn sie überhaupt am Leben bleiben wollen, miteinander verschmelzen. Das war in den drei deutschesten Großstädten der Union, in Milwaukee, Chicago und St. Louis der Fall, das geschah in Cleveland, Pittsburg, San Francisco und noch vielen, vielen anderen Städten.*)

---

*) Ein alter deutsch-amerikanischer Journalist, Lyser, gewann im Westen der Vereinigten Staaten dieselben Eindrücke, wie ich im Osten und faßte sie bei seinem Wegziehen von Jowa City nach einem anderen Wirkungskreise in das folgende Gedicht zusammen:

Zwei Jahre fast hab' ich mir Müh' gegeben,
Die Schläfer all' zu rütteln aus dem Traum,
Doch hätt' ich ein zehnmal zäh'res Leben,
Bei diesen Rip Van Winklern könnt' ich's kaum!
Schnarcht weiter nun, es wär so schön gewesen,
Ich packte aus, nun pack' ich wieder ein,
Weil ich ein beß'res Feld mir jetzt erlesen,
Schnarcht immer fort, hier hat's nicht sollen sein!

Auch von den jetzt noch bestehenden deutschen Blättern würde sich die überwiegende Mehrheit nicht behaupten können, wenn sie nicht durch die sogenannten Plattenfabriken in den Stand gesetzt würde, Setzerlöhne und Schriftstellerhonorare zu ersparen. Diese Plattenfabriken wiederum existieren nur von dem gewerbsmäßigen Nachdruck der in Deutschland und Österreich erscheinenden Zeitungen und Zeitschriften, deren Inhalt sie setzen, in Platten gießen und zu einem überaus niedrigen Preise an ihre Abnehmer verschicken. Zeitungen, die sich selbst achten, sollten sich eigentlich diesen Plattenfabriken fernhalten, aber wenn selbst eine Zeitung wie die in St. Louis erscheinende „Westliche Post" es nicht verschmäht, ihre Leser tagtäglich mit Plattenliteratur zu regulieren, so kann man den kleineren und ärmeren Blättern, die einen harten Kampf um die Existenz zu führen haben, füglich keinen Vorwurf daraus machen.

Von allen deutschen Zeitungen in Amerika behauptet die „New Yorker Staats-Zeitung" die einzige zu sein, welche Honorare für den Abdruck belletristischer Literatur zahlt. Diese Honorare sind aber mehr als bescheiden und werden auch nur dann gezahlt, wenn der Autor in die Veröffentlichung seines Werkes in Amerika vor dem Erscheinen in Deutschland willigt.

Der schwere Existenzkampf der deutschen Blätter in Amerika verurteilt sie nur zu oft, die Rolle eines politischen Hausknechtes zu spielen, der beiden Parteien die schmutzigsten Handlangerdienste leistet und froh ist, wenn ihm von der übelriechenden Beute ein Knochen zugeworfen wird, den sonst Niemand mag. „Alles verstehen ist alles verzeihen," und man sollte daher den armen deutschen Journalisten in Amerika, ohne dessen tragischen Heldenkampf die deutsche Sprache im Lande des Dollars schon längst ausgestorben wäre, nicht verachten und nicht verdammen, sondern ihm tiefes, aufrichtiges Mitgefühl widmen. Wenn, wie es nur zu oft vorkommt, eine deutsche Zeitung einmal mit unbedruckten weißen Innenseiten erscheint, so lacht das liebe Publikum und sagt: „Da hat der verb . . . . . . Drucker wieder nicht die Platten zählen können," aber es ahnt nicht, welchen harten Kampf der arme Zeitungsmann täglich zu bestehen hat.

Politische Überzeugungstreue darf man von den deut= schen Blättern, die um ihre Existenz zu ringen haben, füglich nicht erwarten. Wenn die Zeit der politischen Wahlen heran= naht, sitzen sie meist auf der „Fenz", wie der Amerikaner sagt, d. h. mit dem einen Bein im republikanischen, mit dem an= deren im demokratischen Lager und harren der Dinge, die da kommen sollen. Die Politik ist in Amerika eben ein Ge= schäft, das etwas einbringen soll, und der deutsch=amerikanische Zeitungsherausgeber, der in dem einen Jahre für die demo= kratische, und im nächsten Jahre für die republikanische Partei herauskommt, ist sich gar nicht einmal des Schändlichen seiner Handlungsweise bewußt. Würde man ihn deswegen zur Rede stellen, so erhielte man von ihm, wie von jenem Kon= greßmitgliede, das der Korruption beschuldigt wurde, höchstens zur Antwort, daß er nicht zu seinem Vergnügen in der Po= litik sei!

Der allmächtige Dollar ist das goldene Kalb, vor dem ganz Amerika, ob hoch, ob gering, anbetend die Knie beugt. Auch die großen und größten deutschen Blätter sind ge= zwungen, um ihre führende Stellung zu behaupten, die Jagd nach dem Dollar mitzumachen und dürfen dabei vor keinem Hindernis zurückschrecken. Die anglo=amerikanischen Blätter mögen sich noch den Luxus einer politischen Überzeugung gestatten, — die deutsch=amerikanischen können es nicht. Von der käuflichen deutsch=amerikanischen Presse ist man nur allzusehr geneigt, einen Rückschluß auf die deutsch=amerika= nische Bevölkerung im Allgemeinen zu ziehen, und das er= klärt, weshalb die Deutsch=Amerikaner von beiden Parteien nur als Stimmvieh eingeschätzt werden und keine Rolle im

politischen Leben spielen, oder bisher zu spielen ver=
mochten.

Als ich mich vor einigen Jahren mit einem politischen
Führer New Yorks über die allgemeine Lage unterhielt, ge=
stand er mir mit cynischer Offenheit, daß das deutsche Ele=
ment ihm und seinen Freunden keine Besorgnisse einflößte,
da sie seiner absolut sicher wären; „wenn wir vier Wochen vor
der Wahl anfangen," so fügte er hinzu, „so können wir alle
deutschen Stimmen kaufen, die wir haben wollen."

Eine unschöne Rolle spielt die „New Yorker Staats=Zei=
tung" in den parteipolitischen Kämpfen. Sie ist in den Augen
der Anglo=Amerikaner noch immer „das" deutsche Blatt,
die große „Staats", obwohl ihre Abonnentenzahl längst nicht
mehr die ihr beigemessene Bedeutung rechtfertigt. Wer die
Unterstützung der deutschen Stimmgeber haben will, glauben
die anglo=amerikanischen Politiker, muß sich des guten Willens
der „Staats=Zeitung" versichern. Aber die Erfahrungen der
letzten Jahre haben bewiesen, daß diese Regel längst nicht mehr
zutrifft. Das Unglück der „New Yorker Staats=Zeitung" in
Wahlangelegenheiten ist bereits sprichwörtlich geworden, so
daß es als gutes Omen gilt, von ihr bekämpft zu werden.
Als der jetzige Mayor von New York, G e o r g e B. M c.
C l e l l a n, zum ersten Mal für das Amt aufgestellt wurde,
gab es im ganzen deutschen Sprachschatz kein Schimpf= und
Schmähwort, das beleidigend genug gewesen wäre, um die
Verachtung der „New Yorker Staats=Zeitung" für den
charakterlosen Tammany=Kandidaten auszudrücken. Er ge=
wann mit einer der größten Mehrheiten, die je einem New
Yorker Stadtoberhaupte beschieden waren, und Seine Ehren,
Mayor S e t h L o w, für den sich die „Staats=Zeitung"
mit Feuereifer eingesetzt hatte, erfuhr an seinem eigenen
Leibe, was die Freundschaft der „Staats" zu bedeuten hat.
Bei der nächsten städtischen Wahl erklärte die „New Yorker
Staats=Zeitung", (deren Grundstück und Haus von der Stadt

angekauft werden sollte) Mayor George B. Mc Clellan für
den besten Bürgermeister, den New York je gehabt hätte,
und nannte Jeden einen Verräter, der diese Meinung nicht
teilte. Die Freundschaft der „Staats-Zeitung" brachte Herrn
Mc Clellan Unglück, da seine Mehrheit auf wenige hundert
Stimmen zusammenschmolz, die obendrein noch von seinem
Gegner H e a r st bestritten wurden, denn dieser, der den
Sieg für sich in Anspruch nahm, vermochte den Nachweis zu
erbringen, daß eine bekannte Tammany-Druckerei nach Abschluß der Wahl noch die ganze Nacht Stimmzettel gedruckt
hatte, um das für Mc Clellan ungünstige Ergebnis zu „korri-
gieren."

Noch trauriger erging es bei der letzten Präsidentschaftswahl dem von der „New Yorker Staats-Zeitung" unterstützten
demokratischen Kandidaten, Richter A l t o n B. P a r k e r.
Nachdem das deutsche Blatt noch zwei Tage vor der Wahl
erklärt hatte, daß das Land ihn mit einer überwältigenden
Mehrheit in das Weiße Haus in Washington senden und
jeder gute Deutsche seine Stimme für ihn abgeben würde,
fand gerade das Gegenteil statt und Herr A l t o n B. P a r k e r
verschwand ruhmlos von der politischen Schaubühne der
Republik.

Es war bei der letzten Präsidentschaftskampagne, als
die leitenden Geister des New Yorker Deutschtums besonders
hart aufeinanderplatzten. K a r l S c h u r z, der greise Achtundvierziger, dessen politische Aussprüche man in deutschen
Kreisen auf beiden Seiten des Ozeans als unfehlbares Orakel
zu betrachten sich angewöhnt hatte, erließ ein langes Mani-
fest gegen Roosevelt, dem er den Charakter eines Chamberlain beimaß und den er beschuldigte, bei allen seinen Handlungen in erster Reihe auf seinen persönlichen Vorteil bedacht
zu sein. Im Lager der deutschen Rooseveltianer rief dieser
Brief ungeheure Entrüstung hervor, und A r t h u r v o n
B r i e s e n, ein angesehener New Yorker Anwalt, den

Roosevelt einen „deutschen Musterbürger" genannt hat, ant=
wortete in einem Schreiben, welches Schurz's politische Tätig=
keit kritisch unter die Lupe nahm, ihn der politischen Unbe=
ständigkeit bezichtete und in dürren Worten erklärte, daß
Schurz seine Dienste immer von einer entsprechenden Be=
zahlung abhängig gemacht habe. Es wurde zu jener Zeit
auch festgestellt, daß Schurz's Sohn, ein blutjunger Anwalt,
sich nicht entblödet hatte, als juristischer Berater einer Wohl=
tätigkeitsgesellschaft, des deutschen „Rechtsschutzvereins", aus
den zum Besten armer Deutschen gesammelten Mitteln ein
Jahresgehalt von 6000 Dollars (24000 Mark) in seine Tasche
zu stecken. Die Polemik nahm auf beiden Seiten sehr leiden=
schaftliche Formen an, wobei Karl Schurz nicht zum Besten
abschnitt.

Zum Ansehen des Deutschtums in den anglo=amerika=
nischen Kreisen der Bevölkerung trugen solche Vorgänge
nicht bei.

Daß die Deutschen in Amerika in politischen Dingen
indifferent und lau sind, ist eine unbestreitbare Tatsache, die
beide große Parteien zu ihrem Nutzen auszubeuten suchen.
Der echte „Furor teutonicus" des Deutsch=Amerikaners ent=
brennt nur, wenn man ihm sein Heiligstes, sein Bier, anzu=
tasten wagt. Dann wird er wild wie ein Berserker, und führt
an der Wahlurne die Niederlage eines jeden Kandidaten her=
bei, in dem er einen Feind der persönlichen Freiheit wittert,
d. h. der Freiheit, soviel, solange, so oft und auch am Sonntage
Bier zu trinken, wie es ihm beliebt. Weil unter dem repu=
blikanischen Bürgermeister Seth Low die deutschen Wirte in
New York drangsaliert wurden, fiel Herr Low, als er sich
zum zweiten Mal um das Amt bewarb, mit Pauken und
Trompeten durch, und der Tammany=Tiger, der, in Verletzung
der bestehenden noch aus der Zeit der Pilgerväter datierenden
Gesetze, den Deutschen gestattete, auch am Sonntag ihren
Bierdurst zu stillen und selbst nach der Polizeistunde noch

ein Töpfchen zu genießen, brachte seine ganze Liste mit Hilfe der deutschen Biertrinker durch.

Ich darf mir das mehr als zweifelhafte Verdienst bei= messen, auf das ich in keiner Weise stolz bin, den Tammany= Mayor, George B. Mc Clellan, in sein Amt gebracht zu haben, indem ich kurz vor den Wahltagen eine sogenannte „Kampagne=Zeitung" in deutscher Sprache herausbrachte, und darin den folgenden, von mir geschriebenen Artikel auf= nahm, der an die heiligsten Gefühle aller deutschen Bier= trinker appellierte und die noch Unentschlossenen, Wankel= mütigen unter ihnen, die Bedenken trugen, einem Tamma= ny=Kandidaten ihre Stimme zu geben, veranlaßte, mit flie= genden Fahnen in das Mc Clellanlager überzugehen. Als ein kurioser Beitrag zu den amerikanischen Wahlmachen= schaften und als ein Beweis dessen, was man dem deutsch= amerikanischen Stimmgeber bieten kann und was sich dieser bieten läßt, sei der Artikel hier wiedergegeben:

An die Deutschen von New=York.

Die heiligsten Interessen des Deutschtums stehen bei der Wahl am 3. November auf dem Spiel. Überlegt da= rum wohl, wem Ihr Eure Stimme gebt!

Zwei Kandidaten um das Bürgermeisteramt bewerben sich um Eure Stimmen — der eine, der Kandidat der demokratischen Partei, Oberst George B. McClellan, der andere, der republikanische „Fusions"=Kandidat, Seth Low, unser derzeitiger „Reform"=Mayor.

Es sollte Euch nicht schwer fallen, Eure Entscheidung zwischen den beiden Männern zu treffen!

Es sind nun bald zwei Jahre, daß Ihr das Opfer einer planmäßigen Verfolgung seid, wie sie in der Geschichte der Stadt New=York noch nicht da war. Wir wollen nicht näher auf die wenig ehrenwerten Umstände, auf die uner=

hörte Kampagne von Lug und Trug eingehen, die dem
jetzigen Mayor und der „Fusion" zum Siege verhalfen,
aber wir wollen Euch an die Versprechungen erinnern, die
gerade Euch von diesem Manne erteilt und auf das Scham=
loseste gebrochen worden sind.

Gedenkt, wie sich Seth Low vor seiner Wahl als An=
hänger einer freien aufgeklärten Weltanschauung und als
Euer ganz besonderer teurer Freund aufspielte, wie er Euch
eine liberale Auslegung des Accisegesetzes versprach, wie er
sein Wort verpfändete, Euren harmlosen Sonntagsbelusti=
gungen und Vereinsunterhaltungen keine Schwierigkeiten in
den Weg zu legen. Erinnert Euch, wie er das tiefste In=
teresse für deutsche Sprache, Art und Sitte heuchelte und
wie er Euch eine „parteilose", mustergültige, städtische Verwaltung zu geben versprach!

Ihr Alle wißt, wie dieser Ehrenmann sein Wort ge=
halten hat!

Ihr Alle wißt, wie eine Aera der ärgsten polizeilichen
Willkür und Maßregelung über Euch hereinbrach, wie sie
nicht so schlimm im dunkelsten Sibirien zu finden ist; Ihr
Alle wißt, wie die Deutschen für vogelfrei erklärt und wie
Jeder zum Verbrecher gestempelt wurde, der am Sonntag
nach guter deutscher Sitte sein Glas Bier zu trinken sich
unterfing; wie die deutschen Wirte geschädigt und gebrand=
schatzt und die Unterhaltungen deutscher Vereine von der
Polizei rücksichtsloser als die fragwürdigen „Tenderloin"=
Belustigungen unterdrückt wurden. Ihr Alle wißt, wie
Mayor Low es ablehnte, die Delegationen deutscher Vereine
zu empfangen und seine Hand zur Verkürzung des deutschen
Unterrichts in den öffentlichen Schulen bot, den ungekürzt
zu erhalten er sich feierlich verpflichtet hatte!

Ihr wundert Euch über die Unsicherheit auf den
Straßen und Plätzen der Stadt, in denen Raub, Mord
und Todschlag an der Tagesordnung sind? Und doch ist

die Erklärung so einfach: Die „reformierte" Polizei unter der Leitung des ehrenwerten, wenn auch stark anrüchigen „As= phalt"=Generals Greene hat ja keine Zeit, sich um das Ver= brechergesindel der Stadt zu kümmern, da sie auf die ehr= lichen Leute achtgeben, da sie die Deutschen verfolgen muß.

Ist noch Einer unter Euch, der nicht weiß, wem er am 3. November seine Stimme geben soll?

Bedenkt, daß wenn Ihr Eure Hand bötet, „Ehren"= Low zu einem zweiten Termin als Bürgermeister der Stadt New=York zu verhelfen, die Verantwortung für die Folgen einzig und allein Euch selbst, und Niemand anders treffen wird. Ihr würdet ja durch seine Wiederwahl seine ganze bisherige Verwaltung rechtfertigen, und ihn zu neuen, noch unerhörteren schamloseren Verfolgungen anspornen. Hat er Euch in seinem ersten Termin mit Geißeln gepeinigt, so würde er Euch in seinem zweiten mit Skorpionen züchtigen und Euch den letzten Rest Eurer persönlichen Freiheiten rauben.

Bedenkt wohl, was Ihr tut! Euer Weg ist Euch klar vorgezeichnet. Denkt und fühlt Ihr als Deutsche, so handelt auch als Deutsche, eingedenk der Mahnung Eures unsterb= lichen Landsmannes, der in bewegter Zeit von der Tribüne des deutschen Reichstags hinaus in die Welt rief: „Wir Deutsche fürchten Gott und sonst Nichts in der Welt." Deutsche Mitbürger! Zeigt, daß Ihr dieses Spruches ein= gedenk seid und die republikanisch=fusionistische „Reform"= Verwaltung, die mit Füßen auf Euch tritt, nicht fürchtet, indem Ihr sie und ihre ganzen Anhängsel am 3. November zum Teufel jagt.

Deutsche! Unser logischer Kandidat ist George B. McClellan.

Hoch die deutsche Einigkeit und nieder mit allen Feinden der deutschen Sache!!

In derselben Nummer dieser „Kampagne=Zeitung" nahm ich auch Veranlassung, auf „H e r m a n n R i d d e r u n d die New Yorker Staats-Zeitung" und die bei der Wahl von diesen beobachtete eigentümliche Haltung näher einzugehen. Ich schrieb damals (Okt. 1903):

Die eigenartige politische Konstellation hat unsere verehrte Zeitgenossin, die „New Yorker Staats-Zeitung", und ihren Herausgeber, Hermann Ridder, in eine höchst schiefe Lage versetzt, in der sie die gewagtesten Seiltänzerkunststückchen aufführen müssen, um nicht die Balance zu verlieren.

Vor kaum zwei Monaten erklärte Herr Ridder auf das Entschiedenste, daß Low unter keinen Umständen zum zweiten Mal als Mayor von New-York gewählt werden dürfe. In einer vom „Brooklyn Eagle" wiedergegebenen Unterredung mit Senator Platt äußerte sich Herr Ridder über Mayor Low in einer Weise, die an Deutlichkeit nichts zu wünschen übrig ließ.

Kaum zwei Monate nach dieser Äußerung dementiert Herr Hermann Ridder, der ein Demokrat sein will, sich selbst, indem er in der „Staats-Zeitung", die ein demokratisches Blatt zu sein vorgibt, für die Wiederwahl des republikanischen „Reform"-Mayors eintritt, von dem er selbst behauptet hat, daß er die Stadt New York bei den nächstjährigen National- und Staatswahlen den Republikanern ausliefern wolle!

Es fällt zuweilen wirklich schwer, keine Satire zu schreiben.

Die in den letzten Jahren von der „Staats-Zeitung" eingenommene politische Haltung ist, milde ausgedrückt, merkwürdig. Wie warf sie sich vor zwei Jahren in die Brust, als es galt, das Tammany-Ticket zu bekämpfen, und doch vermochte sie es mit ihrer Überzeugungstreue zu vereinbaren, es schon im nächsten Jahre wieder zu unterstützen, als sich ein — Schwager des Herrn Ridder, Richter Amend, auf ihm befand; und jetzt abermals ein Umfall!!

Die politische Haltung der „New Yorker Staats=
Zeitung" ist ein Rätsel, an dessen Lösung sich die eigenen
Redakteure wahrscheinlich die gelehrten Köpfe zerbrechen
würden. Wir selbst wagen uns nicht an das Problem her=
an, wollen aber bei dem allgemeinen Interesse, das ihm
entgegengebracht wird, ein Übriges tun, um es ergründen
zu helfen, indem wir allen glücklichen Lösern ein Freiexem=
plar dieses Blattes auf die Dauer eines Jahres zuzusenden
versprechen.

Genau zwei Jahre später setzte die „New Yorker Staats-
Zeitung" ihren ganzen Einfluß an die Wiederwahl des zwei
Jahre vorher von ihr so bitter bekämpften George B. Mc Clellan,
über deren kläglichen Ausgang ich bereits berichtete. Wieder
einmal war die politische Impotenz und Unzuverlässigkeit
der „Staats=Zeitung" schlagend demonstriert; aber was tats?
Hermann Ridder und sein Chefredakteur Georg von Skal
hatten sich ja vor der Wahl weitgehende Garantien geben
lassen. Die städtische Anzeigenpatronage ist auch etwas wert,
und Herr von Skal erhielt ein städtisches Amt, mit dem ein
jährliches Einkommen von 20.000 Mark verbunden ist und
das keinerlei Ansprüche an seine Arbeitskraft stellt.

Mit Befremden habe ich gesehen, daß reichsdeutsche Zei=
tungen ersten Ranges politische Berichte aus der Feder Herrn
von Skals veröffentlicht haben. Herr von Skal darf keines=
wegs als Autorität über amerikanische Verhältnisse angesehen
werden. Er ist ein journalistischer Condottieri, wie ihn Herr
Hermann Ridder, der mit der deutschen Sprache auf ständigem
Kriegsfuße steht, für seine Zwecke gebrauchen kann und der
gerade das tut, was man von ihm verlangt. Dafür nur ein
Beispiel: Als die Venezuela-Krisis sich bedenklich zugespitzt
hatte und die leitenden amerikanischen Kreise ernstlich die
Frage erörterten, wie sich die deutsche Bevölkerung Amerikas
in einem Krieg zwischen den Vereinigten Staaten und Deutsch=
land verhalten würde, war Herr von Skal der Festredner

auf einem Bankette der patriotischen, aus Nachkommen der Revolutionshelden bestehenden „Society of the Genesee". Unter dem stürmischen Beifall der Anwesenden erklärte er, daß die Deutschen in Amerika unter allen Umständen dem Lande ihrer Wahl treu bleiben würden, getreu bis in den Tod — und in der Stunde der Gefahr als die Ersten zur Waffe greifen würden, um ihr neues Vaterland zu verteidigen, wer immer auch der Angreifer sein möge. Der „New York Herald" brachte einen langen Bericht über diese Feier, über die die „Staats=Zeitung" merkwürdigerweise nicht ein Wörtlein zu sagen hatte.

Einige Zeit später hielt derselbe Herr von Skal die Fest=rede bei der Einweihung einer neuen Fahne des deutschen Kriegervereins in New York, in der er die anwesenden „Ka=meraden" zu unverbrüchlicher Treue und Loyalität gegen die alten siegreichen Farben ermahnte. Der Bericht über diese Feier wurde von der „Staats=Zeitung" vollinhaltlich gebracht, und von der Rede ihres Chefredakteurs auch nicht ein Wört=lein unterschlagen. Dem „New York Herald" war zur Weihe der deutschen Fahne keine Einladung zugegangen. Herr von Skal dominiert wohl in den Kreisen des New Yorker deut=schen Preßklubs, der in seiner Existenz ganz von der „Staats=zeitung" abhängt, wird aber sonst von keinem Menschen in Amerika ernst genommen.

Die mitgeteilten Beispiele dürften zur Charakteristik der deutschen Presse in Amerika ausreichen. Fern sei es von mir, die Behauptung aufzustellen, daß es keine ehrlichen und keine überzeugungstreuen Männer unter den deutschen Rittern der Feder in den Vereinigten Staaten gäbe, aber sie befinden sich leider in der Minderheit und können gegen den mächtigen Strom der Korruption nicht anschwimmen. Dunkel wie die Zukunft des Deutschtums ist auch die der deutschen Presse in den Vereinigten Staaten, die mit ihm stehen oder fallen wird.

XXII.

„Hands across the sea!" — Das amerikanische Deutschtum einst und jetzt. — Deutsche Prominenz. — Was das
amerikanische Deutschtum vor dem Untergange retten
könnte. — Ist die gegenwärtige Bewegung „Sonnenaufgang" oder „Sonnenuntergang" des Deutschtums? — Der
deutsch-amerikanische Nationalbund der Vereinigten Staaten
von Amerika. — Grundzüge und Verfassung. — Verbindung
mit dem alldeutschen Verband. — Deutsch- wie angloamerikanische Kreise stehen dem Bunde mit Mißtrauen
gegenüber. — Sonstige Vereinigungen. — Wird Prinz Oskar an der Harvard-Universität studieren? —

———

Die Vereinigten Staaten sind gegenwärtig der Schauplatz einer Deutschtumbewegung, die für den unbefangenen
Zuschauer von pathetischem Interesse ist. Aus einer Ge-
samtbevölkerung von 76 Millionen sind, laut dem letzten Zensus,
etwa drei Millionen in Deutschland geboren. Diese drei
Millionen verkörpern die alte Garde, die lieber stirbt, als sich
ergibt. Als sie in das Land einwanderten, lagen die Verhältnisse ganz anders, als heute. Damals wurde ein Jeder willkommen geheißen, der über ein Paar kräftiger Arme verfügte,
einerlei, woher er kam. Die Revolution von 1848 trieb hunderttausende gebildeter, wohl auch bemittelter und arbeits-
williger Deutschen über den Ozean in das Land der Freiheit
und Gleichheit, dessen über ein ungeheures Gebiet verstreute

Bevölkerung noch nicht so groß war, daß sie in der Allgemeinheit aufgegangen wären. Sie erschlossen den unermeßlichen amerikanischen Westen, erbauten Städte, in denen das deutsche Element überwog, gründeten Zeitungen, Kirchen, Schulen, pflegten die deutsche Sprache und bildeten sozusagen einen Staat im Staate, ein „Klein-Deutschland" in der großen Republik. Einige Hitzköpfe unter ihnen, die Verständnis für amerikanisches Wesen und amerikanische Einrichtungen besaßen, ließen sich in die Politik ein, die goldenen Boden für sie hatte; die Mehrheit aber kümmerte sich wenig um das öffentliche Leben, sondern ging ruhig und friedlich ihrem Geschäfte nach, um sich abends nach alter deutscher Sitte bei einem Glase Bier und Männersang von des Tages Last und Mühe zu erholen. Sie lasen regelmäßig die „Nachrichten aus Deutschland, Österreich und der Schweiz," die sie über alle Vorgänge in der alten Heimat, selbst in den kleinsten Städten und Dörfern, auf dem Laufenden erhielten, forschten in den Todesanzeigen nach, ob ihnen ein lieber Freund oder Bekannter gestorben sei, und ließen im Übrigen Gott einen guten Mann sein. Und warum auch nicht? Es ging ihnen ja um so viel besser als in der alten Heimat. Ihr Wohlstand mehrte, ihr Näslein rötete, ihr Bäuchlein rundete sich, und es dauerte nicht lange, bis sie zur deutschen „Prominenz" zählten, über deren Tun und Treiben die lokale deutsche Presse getreulich berichtete, deren Bildnisse sie bei jeder passenden und unpassenden Gelegenheit veröffentlichte und aus deren Händen die Reporter, die einst in Deutschland des Kaisers Rock getragen oder irgend einem andern hohen Berufe angehört hatten, mit ehrerbietiger Verbeugung ein Trinkgeld anzunehmen sich nicht entblödeten. In dieser Kriecherei vor der sogenannten „deutschen Prominenz" ist eine der Hauptursachen der Geringschätzung der deutschen Presse in Amerika zu erblicken. Soweit ist es mit der widerlichen Speichelleckerei und Kriecherei der deutschen Zeitungen in Amerika, —

ich nenne hier ausdrücklich die Abendausgabe der „New Yorker Staats-Zeitung" und den „New Yorker Herold" als die
Hauptschuldigen — gekommen, daß ein jeder Vereinsmeier
das tatsächliche Recht zu besitzen glaubt, seinen Namen, sein
Bild und eine ausführliche Beschreibung seiner Taten und
der seiner Familienangehörigen in ·jedem deutschen Blatte
veröffentlicht zu sehen.   Bei manchem deutschen Vereins-
Berichterstatter bilden denn auch die Spenden in barem
Gelde, in Liebeszigarren und sonstigem Naturalibus einen
nicht unwesentlichen, wenn nicht den wesentlichsten Teil
seines Einkommens.

Seit vielen Jahren schon sahen die Einsichtigen unter
den Deutschen in Amerika den unaufhaltsamen Untergang
kommen.   Die einst so starke Einwanderung hatte mit dem
zunehmenden Wohlstand des Deutschen Reiches nachgelassen,
und die in der neuen Heimat geborenen Söhne und Töchter
wuchsen als Amerikaner auf, die als solche dachten, fühlten,
handelten, und nichts von dem alten Vaterlande wissen
wollten, so sehr sich auch ihre Eltern dagegen sträuben und
alles aufbieten mochten, um sie zu ihrer Denkart zu bekehren.
„Oft haben Oswald Ottendorfer, Paul Loeser, der Besitzer
und Chefredakteur der „New Yorker Staats-Zeitung" und ich
sorgenvoll die Köpfe zusammengesteckt," so gestand mir schon
im Jahre 1897 der inzwischen verstorbene William S t e i n -
w a y, Chef des großen New Yorker Pianohauses „und
über Mittel und Wege beraten, wie dem Untergange des
Deutschtums in Amerika vorzubeugen sei.   Herr Ottendorfer
und Herr Loeser wußten Bescheid, denn jede Todesanzeige,
die sie in ihrem Blatte veröffentlichten, bedeutete für sie den
Verlust eines Abonnenten.   Und nicht nur einen Verlust für
die deutsche Zeitung, sondern auch einen für die deutsche
Kirche und die deutsche Schule.   Die einst so gut besuchten
deutschen Kirchen in allen Teilen des Landes weisen zur
Zeit des Gottesdienstes gähnende Leere auf, und die meisten

Prediger sind gezwungen, mit Rücksicht auf die nur englisch verstehende junge Generation den Gottesdienst auch in englischer Sprache abzuhalten. Das Einzige, was dem Deutschtum in Amerika helfen und ihm frisches Blut zuführen könnte, wäre ein unglücklicher Krieg oder eine Revolution im Deutschen Reich. Aber das sind Möglichkeiten, auf die wir nicht hoffen oder warten und die für uns gar nicht in Betracht kommen dürfen."

In dem rapiden Kräfteverlust, den das amerikanische Deutschtum durch den Tod der alten Einwanderer erlitten hat, ist die Hauptursache der überraschenden Bewegung zu erblicken, die seit einigen Jahren den Köpfen der anglo-amerikanischen Staatsmänner in Washington zu denken und zu raten gibt. Aber wenn der Historiker dieser Bewegung, der New Yorker Professor J. W. Kern, sie „einem heiteren Sonnenaufgang am Morgenhimmel des zwanzigsten Jahrhunderts", vergleicht, so möchte ich ihm doch widersprechen, selbst auf die Gefahr hin, wegen meiner Ansicht als Ketzer verschrieen zu werden und auf den Scheiterhaufen zu kommen. Nicht den Eindruck eines „heiteren Sonnenaufgangs", sondern den eines „prächtigen Sonnenunterganges" muß diese Bewegung auf jeden Kenner der Verhältnisse hervorrufen — eines Sonnenunterganges, dessen glänzende Pracht sich noch lange nach dem Scheiden des Tagesgestirnes am Firmamente widerspiegelt. Was wir erblicken und erleben, ist der heroische Todeskampf der Legionen, die auf einen verlorenen Posten gestellt sind und dem unabwendbaren Geschick trotzig entgegenschreiten. „Ave Caesar, morituri te salutant!"

In der stürmischen Zeit des spanisch-amerikanischen Krieges geboren, nahm die Deutschtumbewegung in den Vereinigten Staaten immer größeren Umfang an. Nachdem sie ihre Macht und Stärke durch die Probe aufs Exempel bewiesen hatte, indem sie die Administration in Washington vor folgenschweren Verwicklungen mit dem Deutschen Reiche

abhielt, lag nichts näher als der Gedanke, sich dauernd zu
organisieren und ein festes, in sich geschlossenes, einheitliches
Ganzes zu schaffen, das von keiner Partei im Lande unge-
straft mißachtet werden durfte. Am „deutschen Tag", den
6. Oktober 1901, wurde in Philadelphia, Pa., das Deutschtum Amerikas unter einen Hut gebracht. Der deutsch-amerikanische Nationalbund der Vereinigten Staaten von Amerika
konstituierte sich an jenem Tage. Professor Kern schrieb
darüber:

„Vertreter von 22 Staaten, zweimal so viel, als zur
Grundsteinlegung der Vereinigten Staaten mitwirkten, voll-
brachten das Einigungswerk. Ihre Namen gehören der
Geschichte an: Erst die Nachwelt wird zu würdigen wissen,
was jene Männer an jenem denkwürdigen Tage begannen."

Was der Bund will, geht am besten aus seinen Grundsätzen und aus seiner Verfassung hervor. Ich gebe beide wieder,
da sie für die Leser dieses Buches von außerordentlichem
Interesse sind;

„Der Deutsch-amerikanische National-Bund der Vereinigten Staaten von Amerika besteht aus Staats-Verbänden
deutscher Vereinigungen.

Der Bund erstrebt, das Einheits-Gefühl in der
Bevölkerung deutschen Ursprungs in Amerika zu wecken und
zu fördern, zu nützlicher, gesunder Entwickelung der, wenn
zentralisiert, ihr innewohnenden Macht, zum gemeinsamen,
energischen Schutze solcher berechtigter Wünsche und Interessen, die dem Gemeinwohle des Landes und den Rechten
und Pflichten guter Bürger nicht zuwider sind; zur Abwehr
nativistischer Übergriffe; zur Pflege und Sicherung guter,
freundschaftlicher Beziehungen Amerika's zu dem alten deutschen Vaterlande. Was die deutsche Einwanderung zur
Förderung der geistigen und wirtschaftlichen Entwickelung
dieses Landes beigetragen und ferner beizutragen berufen

ist, wie sie allezeit in Freud und Leid treu zu ihm stand,
das beweist und lehrt seine Geschichte.

Der Bund fordert deshalb volle, ehrliche Anerkennung
dieser Verdienste und bekämpft jedweden Versuch zur Schmä-
lerung derselben! Allezeit treu dem Adoptiv-Vaterland,
stets bereit, das Höchste einzusetzen für dessen Wohlfahrt,
aufrichtig und selbstlos in der Ausübung der Bürgerpflichten,
den Gesetzen untertan — bleibt auch ferner die Losung.
Er beabsichtigt keine Sonderinteressen, keine Gründung eines
Staates im Staate, erblickt aber in der Zentralisierung
der Bevölkerung deutschen Ursprungs den kürzesten Weg
und die beste Gewähr für die Erreichung seiner in dieser
Verfassung klargelegten Ziele; er fordert deshalb alle deutschen Vereinigungen auf — als die organisierten Vertreter des Deutschtums — für seine gesunde, kräftige
Entwickelung mitzuwirken und befürwortet deshalb ferner
die Bildung von Vereinigungen zur Wahrung der Interessen
der Deutsch-Amerikaner in allen Staaten der Union, zu
schließlicher Zentralisierung derselben zu einem großen Deutsch-
amerikanischen Bunde, und macht es allen deutschen Vereinigungen zur Ehrenpflicht, der Organisation in ihrem
Staate beizutreten. Der Bund verpflichtet sich, mit allen
verfügbaren gesetzlichen Mitteln unentwegt und jederzeit
einzutreten für die Erhaltung und Verbreitung seiner Prin-
zipien, zu ihrer kräftigen Verteidigung, wo und wann immer
in Gefahr; er stellt zunächst die folgende Plattform auf:

1. Der Bund — als solcher — enthält sich der Einmischung in die Partei-Politik, jedoch unbeschadet des Rechtes
und der Pflicht zur Verteidigung seiner Grundsätze auch auf
dem politischen Gebiete, sollten dieselben durch politische Angriffe oder Maßregeln behelligt oder gefährdet werden.

2. Fragen und Sachen der Religion sind streng-
stens ausgeschlossen.

3. Er empfiehlt die Einführung des Unterrichts

der deutschen Sprache in öffentlichen Schulen auf der folgenden breiten Grundlage: Neben der englischen bildet die deutsche Zunge die Weltsprache, in den entferntesten Winkeln der Erde, wohin die Pioniere der Zivilisation, des Handels und Verkehrs gedrungen, finden wir die Völker beider Zungen vertreten; wo allgemeinere, eigene Kenntnis herrscht, bildet sich leichter selbständiges, klares und vorurteilsfreies Verständnis und fördert so wechselseitige, freundschaftliche Beziehungen.

4. Wir leben in dem Zeitalter des Fortschritts und der Erfindungen; rasch ist das Tempo dieser Zeit, unerbitt=lich die Ansprüche, die es an den Einzelnen stellt; die da=mit verbundene körperliche Anspannung steigert die An=sprüche an die körperliche Kraft; ein gesunder Geist sollte in einem gesunden Körper wohnen! Auf dieser Grundlage erstrebt der Bund die Einführung eines systematischen und zweckdienlichen Turn=Unterrichtes in den öffent=lichen Schulen.

5. Er erklärt sich ferner für die Befreiung der Schule von der Politik, denn nur ein von politischen Einflüssen freies Erziehungswesen kann dem Volke wahre Lehranstalten bieten.

6. Er fordert alle Deutschen auf, das Bürgerrecht zu erwerben, sobald sie gesetzlich dazu berechtigt, sich rege am öffentlichen Leben zu beteiligen und ihre Bürgerpflicht an der Wahlurne furchtlos und nach eigenem Ermessen auszu=üben.

7. Er empfiehlt eine liberale, zeitgemäße Handhabung, oder die Tilgung solcher Gesetze, welche die Erwerbung des Bürgerrechts unnütz erschweren und häufig ganz ver=hindern. — Guter Ruf, unbescholtener, rechtschaffener Lebens=wandel, Gesetzesliebe sollten entscheiden, nicht aber die Be=antwortung beliebig herausgegriffener, den Ansuchenden leicht verwirrenden, politischer oder geschichtlicher Fragen.

8. Er nimmt Stellung gegen jedwede Beschränkung der Einwanderung gesunder Menschen aus Europa, mit Ausschluß überführter Verbrecher und Anarchisten.

9. Er befürwortet die Löschung solcher veralteter, dem Zeitgeist nicht länger entsprechender Gesetze, welche den freien Verkehr hemmen und die persönliche Freiheit des Bürgers beschränken.

10. Er empfiehlt die Gründung von Fortbildungs=Vereinen als Pflegestätten der deutschen Sprache und Literatur, zur Weiterbildung Lernbegieriger Abhaltung von Vorlesungen über Kunst und Wissenschaft und Fragen von allgemeinem Interesse.

11. Er empfiehlt eine systematische Forschung der deutschen Mithilfe an der Entwickelung des Adoptiv=Vaterlandes in Krieg und Frieden auf allen Gebieten deutsch=amerikanischen Wirkens, von den frühesten Tagen an, zur Gründung und Weiterführung einer deutsch=amerikanischen Geschichte.

12. Er behält sich das Recht vor, diese Plattform zu erweitern oder zu ergänzen, wenn neue Ereignisse im Rahmen seiner Zeit und Zwecke es wünschenswert oder erforderlich machen."

Selbstredend wollen diese Grundsätze ein wenig cum grano salis verstanden sein. So sagt z. B. der I. Paragraph des National=Bundes durchaus nicht, daß sich der Bund der Politik enthalte — er spricht nur von der Einmischung in der Parteien Hader —, sondern daß er im Gegenteil sich das Recht bewahre und es als seine Pflicht erachte, zur Verteidigung seiner Grundsätze, sollten dieselben durch politische Angriffe oder Maßregeln behelligt oder gefährdet werden, in die politische Arena einzutreten. Wie könnte der Bund so blind sein und glauben, daß er nur durch allein geistige Bestrebungen zu seinem Ziele komme! Nein, der amerikanische Politiker läßt sich nur durch eine mächtige Stimmenzahl am Wahlkasten imponieren.

Einige Angaben über die bisherige Tätigkeit des Bundes dürften von allgemeinem Interesse sein. Er entwickelte eine energische Agitation, um die Regierung der Vereinigten Staaten im Kriege zwischen England und den Buren zu einer Intervention zu veranlassen und überreichte zu diesem Behufe im Kongresse eine Petition, die nach den Angaben des Bundes-Sekretärs ein Gewicht von mehr als 400 Pfund und, aneinander gelegt, eine Länge von mehr als fünf Meilen hatte. Den republikanischen Mitgliedern des Haus-Komites für auswärtige Beziehungen rief der Präsident des National-Bundes, Dr. C. J. Hexamer, bei jener Gelegenheit die denkwürdigen Worte zu: „Sollten Sie diese Resolution nicht weiter gehen lassen, sollten Sie sie unter alten Akten begraben, so versichere ich Sie, daß Sie die ganze Million Stimmen des deutschamerikanischen National-Bundes verlieren werden!"

Trotz dieser Drohung, die in Fettdruck in allen anglo-amerikanischen Blättern des Landes erschien, geriet die Petition in Vergessenheit und man hat nichts mehr von ihr gehört.

Als General McArthur jene Rede hielt, in der er ankündigte, daß Amerikas nächster Krieg mit Deutschland stattfinden werde, sandte der Bund dem chauvinistischen General einen offenen Brief, in dem er diesem sein Verhalten in unverfälschten deutschen Worten vorhielt, und verlangte außerdem seine Bestrafung von der Bundesregierung. Diese Zuschrift des Bundes teilte das Schicksal der Burenpetition, und es ward nichts mehr von ihr gehört.

Auch in die Frage der persönlichen Freiheit, d. i. der Freiheit des unbeschränkten Bier- und Schnaps-verkaufs am Sonntag, griff der Bund, aber wiederum mit wenig, oder fast gar keinem Erfolge, ein.

Es muß betont werden, daß das Erscheinen und Auftreten des Bundes in der Politik des Landes selbst von deutsch-amerikanischer Seite nicht ohne Besorgnis und Mißtrauen verfolgt wird. So hat die „New Yorker Staats-Zeitung" diesem Bedenken wiederholt offen Ausdruck verliehen, und einzelne Blätter im Innern des Landes, so namentlich in Ohio, haben bei mehr als einer Gelegenheit gegen die Einmischung des Bundes in die Partei-Politik protestiert. Außerordentlich verdacht wird dem Bunde seine Verbindung mit dem Alldeutschen Verbande, die er selbst offen zugegeben hat.

Der Mann an der Spitze des Bundes, Dr. H e x a m e r, ist von deutschen Eltern in Amerika geboren und seinem Berufe nach Ingenieur. Wie er auf den Gedanken verfiel, der Retter des Deutschtums in Amerika zu werden, berichtet der ehrliche alldeutsche Journalist H. F. U r b a n höchst drastisch wie folgt: „Die ältesten Deutsch-Amerikaner wissen noch von den Zeiten zu berichten, wo der Deutsche in Amerika als „damned Dutchman" vogelfrei und öffentlichen Beleidigungen sowie Handgreiflichkeiten ausgesetzt war. Auch Hexamer hat das noch erlebt. Als Sohn von Deutschen wurde er von den Knaben in der Schule, wie es ja heute noch üblich ist, „Dutchmann" geschimpft und gehänselt. Da er harte deutsche Fäuste mit auf die Welt gebracht hatte, so ließ er sich die Beleidigungen nicht gefallen, sondern verbläute die Beleidiger gehörig. Nicht nur das — er kam auch andern deutschen Kameraden zu Hilfe, die in gleicher Weise beleidigt wurden. Also ungefähr die bekannte Geschichte aus Moses Jugend, von der die Bibel berichtet: „Zu den Zeiten, da Mose groß geworden, ging er aus zu seinen Brüdern und sahe ihre Last und ward gewahr, daß ein Ägypter schlug seiner Brüder, der ebräischen, einen. Und er wandte sich hin und her, und da er sahe, daß kein Mensch da war, erschlug er den Ägypter und verscharrte ihn in den Sand." Gar so weit ging der junge Hexamer nicht. Aber sein Zorn und seine Entrüstung über die Behandlung aller Deutschen und alles Deutschen war zweifellos gleich stark. Es regte den Entschluß in ihm an,

dieser niederträchtigen Mißachtung des Deutschen entgegenzutreten, noch mit anderen Waffen als den Fäusten."

In engster Verbindung mit dem Bunde steht die
„Deutsch-amerikanische historische Gesellschaft", welche aus dem „Deutschen Publikationsfonde von
Amerika" hervorgegangen, in allen Teilen des Landes nach
Spuren deutscher Tätigkeit sucht, um sie dann systematisch
zusammenzutragen und in ihrer Monatsschrift „America-
cana Germanica" zu veröffentlichen. Eine Abteilung der „historischen Gesellschaft" ist die „ethnographi-
sche Gesellschaft", welche die ethnographischen Verhältnisse des Landes unter besonderer Berücksichtigung des
deutschen Elementes erforscht.

In engem Zusammenhang mit der „historischen Gesellschaft" steht eine andere Gesellschaft, die jene ergänzt, indem
sie sich die Aufgabe stellt, dem deutschen Element sowohl wie
den Mitbürgern anderer Abstammung die Größe und Kultur-
arbeit der Germanen in ihrem ganzen Umfang, von den frühesten Anfängen bis zur Gegenwart vor Augen zu führen.
Das ist die „Germanische Museumsvereinigung"
in Cambridge, Mass., welche unter den Auspizien der altehr-
würdigen Harvard-Universität, der Mutter aller anglo-amerikanischen Kultur, an das gebildete Amerikanertum appelliert
und dieses indirekt für eine deutsch-freundliche Politik der
Vereinigten Staaten zu gewinnen sucht! Der Anreger auch
dieser Gesellschaft ist meines Wissens Professor Hugo Münsterberg, wenn in der Öffentlichkeit auch Professor Kuno
Francke dafür gilt. Möglich ist es ja auch, daß sich der Kaiser
auf die gemeinsame Anregung beider Professoren hin zu
jener großartigen Stiftung von Gipsabdrücken germanischer
Altertümer entschloß, die die Grundlage bildet, aus der das
Germanische Museum in Harvard hervorgegangen ist. Offenbar als Ausdruck der besonderen Zufriedenheit des Kaisers
mit Professor Münsterberg, dem früher bereits eine hohe

Klaſſe des roten Adlerordens verliehen worden war, wird
es aufzufaſſen ſein, wenn, wie einige Blätter meldeten,
P r i n z O s k a r, der fünfte Sohn des Kaiſers, ſich als
Student an der Harvard-Univerſität immatrikulieren laſſen
und ſchlichtdemokratiſch unter den anderen amerikaniſchen
Studenten einen Platz zu Füßen Profeſſor Münſterbergs
einnehmen ſollte.

Wird Prinz Oskar dieſe Reiſe je antreten?

XXIII.

Der Centralverband deutscher Veteranen- und Kriegerbünde Nord-Amerikas. — Seine Grundsatzerklärung. —
Geht mit dem Nationalbund Hand in Hand. — Richard
Müller, ein einstiger preußischer Unteroffizier, der Mann
an der Spitze. — Er wurde vom Kaiser und dem Prinzen
Heinrich persönlich empfangen und steht mit den höchsten
deutschen Beamten in vertraulichem Briefwechsel. — Die
deutschen Kriegervereine in Amerika Empfänger zahlreicher
Auszeichnungen seitens des Kaisers und der deutschen
Bundesfürsten. — Besuche der amerikanischen Häfen durch
deutsche Kriegsschiffe. — Bestellte Begrüßungstelegramme. —
Porträts der deutschen Bundesfürsten, Fahnenschleifen,
Orden usw. finden ihren Weg über den Ozean. — Wenn
zwei dasselbe tun, so ist es nicht dasselbe. — Was den
Deutschen in Amerika recht ist, sollte den Polen, Dänen und
Franzosen im Deutschen Reiche billig sein. —

Analog der Organisation des „Deutschen Nationalbundes"
ist der mit diesem in engster Verbindung stehende „Centralverband deutscher Veteranen- und Kriegerbünde Nord-Amerikas", die in ihre Reihen
nur Mitglieder aufnehmen, die ihren ehrenvollen Abschied
aus der deutschen Armee oder Marine erhalten haben und
dies dokumentarisch nachweisen können. Die Grundsatzerklärung des Verbandes hat große Ähnlichkeit mit der des
„National-Bundes". Ich lasse sie hier folgen:

Der Verband soll das mächtige, einheitlich geleitete,

geschlossene Ganze aller deutschen Kriegervereine der Ver. Staaten mit dem Zweck sein, überall in unserem Adoptiv= Vaterlande das Gefühl der echten, deutschen Kameradschaft und der stolzen einstigen Waffenbrüderschaft in Deutschlands tüchtigem Volksheere kräftigst zu heben und zn fördern. Alle Fragen, die das besondere Interesse der deutschen Kriegervereine, wie auch des Deutschtums im allgemeinen, dessen ideale Güter, wie Sprache, Sitten und Gebräuche berühren, gehören in den Bereich der tatkräftigen Wirksam= keit und Mithilfe des Zentralverbandes.

Als einen noch ganz besonders edlen Zweck sieht es der Zentralverband an, stets als ein mächtiger Stützpunkt und ein kräftiger Rückhalt der zwischen dem alten und dem neuen Vaterlande bestehenden mehr wie hundertjährigen Freundschaft angesehen zu werden.

Alle gesetzlichen Mittel, wie Vorträge, Vorlesungen und Agitationen, um dieses Freundschaftsverhältnis zweier mächtiger Kulturstaaten auch für die Zukunft zum Wohle beider erhalten zu sehen, gehören mit zu den Zwecken und Zielen des Zentralverbandes."

Wichtig ist der Punkt der Konstitution, der besagt, daß der „Zentral=Verband" mit dem deutsch=amerikanischen Nationalbund Hand in Hand arbeiten soll, soweit ge= meinsame Interessen im Spiele, und deren sind gar viele.

Das amerikanische Heer ist in Friedenszeiten 100000 Mann stark — auf dem Papier. Der „Centralverband der deutschen Kriegerbünde" ist aber so stark, daß er aus seinen Reihen jedem aktiven Unionssoldaten zwei, oder drei, ja noch mehr alte deutsche Krieger entgegenstellen kann. An der Spitze dieser achtunggebietenden deutschen Armee in den Vereinigten Staaten steht Bundespräsident Richard Müller, der, ein geborener Schweidnitzer und einstiger

preußischer Artillerie-Unteroffizier, die Ehre hatte, vom
Deutschen Kaiser und dem Prinzen Heinrich persönlich empfangen zu werden, der mit den ersten deutschen Armee-
und Marineoffizieren in kameradschaftlichem Verkehr steht,
und dessen Wort für die hunderttausende alter deutscher Krieger in den Vereinigten Staaten Befehl ist. Ein kleiner, großer
Mann, dieser Richard Müller, der in seinem Nebenberufe
Bierwirt ist und, obwohl der Vertraute des Deutschen Kaisers,
es nicht verschmäht, höchst eigenhändig seinen Gästen ein schönes
Glas Bier zu kredenzen! Vor einigen Jahren vermittelte
es Admiral Büchsel, daß Richard Müller im Gefolge
des Kaisers der großen Herbstparade auf dem Tempelhofer
Felde beiwohnen konnte. Ein Kabeltelegramm der „New-
Yorker Staats-Zeitung" berichtete über dieses wichtige Er-
eignis in ihrer Ausgabe vom nächsten Tage:

„Herr Müller fuhr in Admiral Büchsels Wagen nach
dem Paradefeld hinaus, wo der Wagen sich direkt hinter
der kaiserlichen Equipage aufstellte. Fürst Pleß, der königs
liche Oberstjägermeister und General der Kavallerie á la
suite der Armee, stellte Herrn Müller dem Kaiser vor, der
ihm vom Pferde herab die Hand reichte und ihn einlud,
nach der Parade ins Schloß zu kommen.

Dort entbot der Kaiser den Kameraden vom Zentralverbande deutscher Veteranen- und Kriegerbünde Nordamerikas
seinen freundlichen Gruß. Als der Kaiser hörte, daß Müller
bei der Artillerie gedient habe, frug er ihn, ob die amerikanische Artillerie ebenso gut sei, wie die deutsche. Der
Kaiser sprach seine Freude über das vom Zentralverbande
an ihn gerichtete Begrüßungstelegramm aus und frug Herrn
Müller: „Wie viel seid Ihr denn da drüben? Kommt Ihr
auch öfters zusammen?" Beim Abschied reichte der Kaiser
Herrn Müller abermals die Hand.

Der Kaiser war während der Unterhaltung mit Herrn
Müller aufs Lebhafteste angeregt und jovialster Laune und

lud beim letzten Lebewohl Herrn Müller ein, am Abend dem Zapfenstreich beizuwohnen."

Ein edler kameradschaftlicher Geist überbrückt die Kluft zwischen dem aktiven Vice-Admiral und dem einstigen König= lich Preußischen Unteroffizier. Richard Müller ist der glück= liche Besitzer vieler Handschreiben hochgestellter amtlicher Persönlichkeiten des Deutschen Reiches, darunter auch eines solchen von Vice-Admiral Büchsel, welches er selbst in der New=Yorker deutschen Presse veröffentlicht hat. Ich lasse dieses, sowohl den Schreiber wie den Empfänger ehrende Schriftstück hier im Wortlaut folgen:

Berlin, 17. Januar 1902.

Mein sehr verehrter Herr Präsident!

Auch in diesem Jahre bin ich wiederum durch einen Glückwunsch der Kameraden des Kriegerbundes zum neuen Jahr beglückt worden. Ich sage dafür meinen verbindlichsten Dank und erwidere Ihre treuen kameradschaftlichen Wünsche und Grüße auf das herzlichste. Möchte der Bund unter der bewährten Leitung des neunmal wiedergewählten Bundes= Präsidenten fortfahren zu sein ein Hort treuer deutscher Gesinnung und deutscher Sitte! —

Der bevorstehende Empfang Sr. Kgl. Hoheit des Prinzen Heinrich von Preußen, an dem der Deutsche Krieger= bund sicher an hervorragender Stelle Teil nehmen wird, wird die Tage wieder besonders frisch in meine Erinnerung zurückrufen, die ich vor fast neun Jahren in New=York zu= bringen durfte, und namentlich den Tag, an dem auf Deck der „Kaiserin Augusta", Sie, verehrter Herr Präsident, vor der Front der Kameraden das Ehrenmitgliedsabzeichen mir überreichten. Seit der Zeit hat sich Vieles geändert, hüben wie drüben, aber eins ist dasselbe geblieben, die treue An= hänglichkeit der Mitglieder des Bundes an die alte Heimat und ihr Festhalten an deutscher Sitte, deutscher Kamerad= schaft.

Ich hoffe, daß auch Se. Kgl. Hoheit, der Prinz-Ad=
miral, trotz der kurzen Zeit seines Dortseins und der viel=
seitigen Beanspruchung, Gelegenheit nehmen wird, die Kame=
raden zu begrüßen, und habe deshalb dem Hofmarschall
Sr. Kgl. Hoheit, Exzellenz von Seckendorff, durch Übersen=
dung eines Exemplars des Berichts über die Deutschland=
fahrt, des Berichts über die Gründung und Wirken des
Bundes und eines Exemplars der Statuten, in den Stand
gesetzt, sich über die Ziele und Aufgaben des Bundes zu
unterrichten.

So wünsche ich denn, daß auch diese erste Entsendung
eines Hohenzollern-Prinzen nach den Vereinigten Staaten
dazu beitragen möge, die Stellung des Bundes immer mehr
zu heben und das Bestreben Aller zu steigern, treu festzu=
halten an seinen Grundsätzen. — Ihnen, sehr verehrter
Herr Präsident, mit bestem Dank für Ihre treue Berichter=
stattung, und allen Kameraden einen kameradschaftlichen
Gruß von

Ihrem sehr ergebenen

Büchsel,

Vize-Admiral."

Ohne die von ihnen oft beteuerte amerikanische Bürger=
treue der Mitglieder der deutschen Kriegerbünde auch nur im
Mindesten zu bezweifeln, ohne die Motive der Auszeichnungen
und Aufmerksamkeiten in Frage ziehen zu wollen, deren sie
sich seit einigen Jahren von amtlicher deutscher Stelle zu
erfreuen haben, muß es doch frei und offen herausgesagt werden,
daß dieser Verkehr zwischen dem amt=
lichen Deutschland und den nach Amerika
ausgewanderten Untertanen des Kaisers,
mögen diese nun Bürger der Republik
unter dem Sternenbanner geworden sein
oder nicht, den Keim zu ernsten Verwick=
lungen mit der Regierung in Washington zu

unvorhergesehenen und unvorhersehbaren
Zwischenfällen bildet, die beide Mächte über Nacht
in ernste Schwierigkeiten bringen können. Von reichsdeutschem
und alldeutschem Standpunkte aus ist es natürlich hoch er=
freulich, wenn der Kaiser, der ja einmal erklärt hat, daß jeder
Deutsche im Auslande auf seinen Schutz Anspruch habe, sich
der einstigen Untertanen erinnert und ihnen Fahnen in den
deutschen Farben, Fahnenbänder, Orden, Medaillen, Denk=
mäler und sonstige Beweise seiner Huld sendet. Betrachten
wir die Sache jedoch vom rein amerikanischen Standpunkte
aus, so erscheinen diese Vorgänge in einer ganz anderen Be=
leuchtung. Ich gebe nachstehend einige Berichte über Fahnen=
weihen etc. wieder, die ich wörtlich deutsch=amerikanischen
Blättern entnommen habe. Sie reden sowohl für Freund wie
Feind ihre eigene Sprache.

Bei Übergabe der ersten von Kaiser Wilhelm II. an das
Ausland verliehenen Fahne an den „Centralverband
der deutschen Militärvereine von Chicago
und Umgebung", hielt der Deutsche Botschafter, Dr.
von Holleben, folgende Ansprache:

„Einen Gruß vom Deutschen Kaiser! Das ist der Ruf,
mit welchem ich vor Sie trete. Se. Majestät, mein aller=
gnädigster Herr, hat mich beauftragt, Ihnen heute die von
den deutschen Militärvereinen von Chicago schon so lange
sehnlichst gewünschte Fahne zu überreichen, und zwar mit
der Maßgabe, daß sie abwechselnd je ein Jahr lang von
jedem der zum Zentralverband gehörigen Vereine geführt
werde. Die Fahne ist ein Zeichen der Huld und der An=
erkennung, mit welcher der Deutsche Kaiser in Liebe und
Freundlichkeit Derer gedenkt, die dereinst im deutschen Heer
oder der deutschen Flotte gedient haben, Derer, von denen
viele für das Vaterland den Degen gezogen und von denen
mancher für es geblutet hat. Diese Fahne soll ein Symbol
sein für die deutsche Treue, deutsche Mannhaftigkeit und

deutſche Soldatenehre. Se. Majeſtät bittet Sie, als frühere Deutſche und jetzige Amerikaner, dieſe Fahne als Wahrzeichen der Einigkeit und Eintracht entgegenzunehmen, die unter alten deutſchen Soldaten herrſchen ſoll, und bittet Sie ferner noch, daß Sie deutſche Treue und deutſches Pflicht= gefühl auch im fernen Lande betätigen und den Wahrſpruch eines großen deutſchen Mannes ſich zur Richtſchnur nehmen der da lautet: Wir Deutſche fürchten Gott, ſonſt nichts in der Welt! So laſſen Sie denn die Fahne flattern. In dieſem Augenblick der Begeiſterung laſſen Sie uns in den Ruf ausbrechen, der jetzt jedem alten deutſchen Soldaten auf der Lippe ſchweben wird: Se. Majeſtät, der Deutſche Kaiſer Wilhelm der Zweite, hurrah, hurrah, hurrah!"

Die Fahne iſt aus weißer Seide gefertigt und trägt Stangenbänder in den deutſchen Farben. Auf einer Seite befindet ſich der deutſche Reichsadler mit dem Wappen= ſpruch: „Mit Gott für Kaiſer und Reich", auf der anderen Seite iſt der preußiſche Aar eingeſtickt. Unter beiden Wappen befinden ſich kleine Sternenbanner. Die Wid= mung lautet: „Geſtiftet dem Zentralverband der deutſchen Kriegervereine von Sr. Ma= jeſtät Wilhelm II."

Am 30. Stiftungsfeſte des deutſchen Krieger= vereins von Chicago, des älteſten derartigen Ver= eins in den Vereinigten Staaten, erregten namentlich die beiden Kaiſerfahnen Bewunderung, die Kaiſer Wilhelm I. für den Kriegerverein und Kaiſer Wilhelm II. für den Centralverband deutſcher Militärvereine ſtiftete. Vom Feſtplatz aus wurde an den Kaiſer folgende Depeſche abgeſchickt:

„Der deutſche Kriegerverein von Chicago, der älteſte in den Vereinigten Staaten, dem ſchon 1876 unſer Heldenkaiſer Wilhelm I. huldvollſt eine Fahne verlieh, entſendet anläßlich ſeines 30jährigen Stiftungsfeſtes laut Beſchluß der anweſenden 20,000 Deutſchen Euerer Maje= ſtät ehrerbietigſt ſeinen Gruß."

Eine Fahne in derselben Ausstattung und ähnlicher In=
schrift überreichte der deutsche Konsul in St. Louis
dem dortigen „deutschen Militärverein". In
einer Ansprache über den Sinn und die Absicht des Gebers
führte der Konsul folgendes aus:

„Ermahnen soll und wird Euch diese prächtige Fahne,
Anhänglichkeit zu bewahren an das alte Vaterland, deutsche
Sprache aufrecht zu erhalten und sie in Euren Familien
zu pflegen; und aneifern wird sie Euch zur Nachahmung
derjenigen Tugenden, durch die sich das deutsche Heer von
jeher ausgezeichnet hat: Treue, tapferen Mut, Pflichtbewußt=
sein, Disziplin. Haltet Ihr an diesen Tugenden fest, so
werdet Ihr bei aller Anhänglichkeit an das alte, gute und
nützliche Bürger Eures neuen Vaterlandes sein."

Außer an den Kaiser wurde auch dem Prinzen Heinrich
von Preußen ein Danktelegramm geschickt. Dieser hat näm=
lich dem Verein das kaiserliche Geschenk vermittelt.

Während der Weltausstellung zu St. Louis wurde im
„Deutschen Hause" ein Kriegerfest gefeiert, dessen Teilnehmer
dem Kaiser ein Huldigungstelegramm sandten. Darauf lief
die folgende Antwort ein:

Herrn Carl Schmidt, Vorsitzendem des Zentralver=
bandes deutscher Veteranen, St. Louis.

Seine Majestät der Deutsche Kaiser lassen für das
Huldigungs=Telegramm herzlich danken und hoffen, daß der
Verband deutscher Veteranen= und Kriegerbünde auch ferner
trachten wird, die Liebe zur alten Heimat und die Anhäng=
lichkeit an die deutsche Armee im deutschen Interesse zu be=
tätigen.

von Plessen,
Generaladjutant."

Aus Anlaß der Verleihung eines schwarz=weiß=roten
Fahnenbandes an den „Veteranenbund Phila=

delphias" erschien in dortigen deutschen Blättern dieser Aufruf:

Kameraden!

Wieder hat uns Se. Majestät, der allverehrte Kaiser Wilhelm II. von Deutschland, den Beweis seiner vollen Anerkennung geliefert, indem er dem Veteranen=Bund Phi= ladelphias einen prachtvollen Fahnenschmuck verliehen hat, welcher am Montag, den 31. Oktober vom Deutschen Kon= ful, Herrn F. Ritschl, im Auftrag Sr. Majestät in der Quartett Klub=Halle, Nr. 2721—27 Germantown Ave., dem Bunde überreicht wird.

Der Veteranen=Bund ersucht nun alle Kameraden, sich alle an diesem unserem Ehrenabend persönlich zu beteiligen.

Im Auftrage

Philipp Zäuner,

Präsident.

Außerdem machte der Deutsche Kaiser dem „deutschen Kriegerverein" in Philadelphia ein in der Schlacht erobertes französisches B r o n z e g e s ch ü tz zum Geschenk. Demselben Verein ist von den Veteranen= und Kriegervereinen Deutsch= lands ein Denkmal gestiftet worden, welches einen s t ü r = m e n d e n F a h n e n t r ä g e r i n v o l l e r K r i e g s = a u s r ü s t u n g darstellt. Zu dem Fonds für das Denkmal, das von dem Berliner Bildhauer Albert Moritz Wolff aus= geführt wurde, leisteten der Kaiser, der Großherzog von Hessen, sowie die Senate von Hamburg und Bremen ansehnliche Beiträge.

Hochgeschätzt seitens der deutschen Kriegervereine sind auch die Porträts des Kaisers und der Bundesfürsten. In S a n F r a n c i s c o, Californien, hatten sich V e t e r a n e n d e r d e u t s ch e n A r m e e an den Kaiser mit der Bitte gewandt, dem Verein sein Porträt und die seines Vaters und Großvaters zu schenken. Das Gesuch fand gnädige Aufnahme, und die erbetenen Porträts wurden nach der Stadt am gol=

denen Tor geschickt, wo sie durch den deutschen Generalkonsul
Rosenthal in feierlicher Ansprache übergeben wurden.

Sehr bedeutsam und zur Förderung der handelspolitischen Beziehungen zwischen den beiden Ländern bestimmt
sind die Besuche der deutschen Kreuzerdivi-
sion in den oftamerikanischen Gewässern, welche alle
ostamerikanischen Häfen von der Südspitze
Floridas bis nach Labrador angelaufen
hat. Diese Besuche trugen aber nicht nur zur Förderung
der handelspolitischen Interessen, sondern mehr noch zur Betonung des guten Einvernehmens zwischen den Deutschen in
der Neuen Welt und den unter der Kriegsflagge des Deutschen Reiches zu ihnen kommenden Vertretern der alten
Heimat bei. Zu einem außerordentlichen Ereignis gestaltete
sich der Besuch des Kreuzer „Vineta" in New-Orleans
unter dem Kommando des Kapitäns zur See Ludwig Schroe-
der, Ende Januar 1904, mit dem eine große Feier des Geburts-
tages des Deutschen Kaisers verbunden war. Professor J.
Hanno Deiler, damals Bundespräsident des Nordamerikanischen Sängerbundes, war mit den Empfangsarrangements
betraut worden und richtete an alle zum nordamerikanischen
Sängerbund gehörenden Vereine die folgende Zuschrift:

New Orleans, La., 15. Jan. 1904.

In wenigen Tagen, am 25. Januar, wird das ganze
amerikanisch-westindische Geschwader Deutschlands, bestehend
aus den vier Kreuzern Vineta, Panther, Gazelle und Falke,
mit einer Bemannung von ungefähr 1000 Mann, in New
Orleans eintreffen, um hier am 27. Januar Kaisers Ge-
burtstag zu feiern. In solcher Stärke ist die deutsche Flotte
hierlandes noch nie aufgetreten, weshalb wir diesen Besuch
besonders festlich begehen wollen.

Es sind verschiedene Festlichkeiten geplant, deren Höhe-
punkt der auf Donnerstag, den 28. Januar, festgesetzte
Riesenempfang und Ball in der Washington-Artilleriehalle

bilden wird. An diesem Abend wird der Unterzeichnete, auf einstimmigen Wunsch des deutschen Zentralkomites, die Offiziere und Mannschaften begrüßen, und werden die Ver= einigten Sänger von New Orleans den gesanglichen Teil des Empfangs übernehmen. Auch der Nationalpräsident der deutschen Kriegervereine wird von St. Louis kommen, um die Gäste an diesem Abend im Namen der Kriegervereine Amerika's zu begrüßen.

Es ist nach meiner Ansicht passend, daß ich bei dieser Begrüßung auch im Namen der deutschen Sänger, deren Vertreter die New Orleanser Sänger sind, spreche, und es wäre schön, wenn die deutschen Sänger der größeren Städte des Landes sich durch Begrüßungstelegramme am Empfang beteiligten.

Die Depeschen sollen an mich abbressiert werden (J. Hanno Deiler, 2229 Bienville=Avenue, New Orleans, La.) und am Donnerstag Morgen, den 28. Januar, in meinen Händen sein. Alle Depeschen sollen neben der Unterschrift die vollständige Adresse des Absenders tragen, da der Commodore (Schröder), diese Depeschen, wie bei einer früheren Gelegenheit, vermutlich auch dieses Mal wieder brieflich beantworten wird.

Sie werden hierdurch freundlichst ersucht, für die Absendung einer Depesche aus Ihrer Stadt Sorge zu tragen.

Mit Sängergruß

Ihr ergebener

J. Hanno Deiler,

Bundespräsident des Nordamerikanischen Sängerbundes.

Die Vereine kamen fast ausnahmslos dem Ersuchen nach; nur einige wenige machten eine Ausnahme, darunter die Vereinigten Sänger von Detroit, die ihre Ablehnung damit motivierten, daß es viele in den einzelnen

zum Verbande gehörigen Vereinen geben könnte, die von
einer derartigen Huldigung des monarchistischen Prinzips etc.
nichts wissen wollten und dadurch der Sängervereinigung,
die allein zur Förderung der Gesangsinteressen Detroits
bestehe, entfremdet werden könnten.

Aus Cincinnati lief bei Professor Deiler auch folgendes
Telegramm ein:

Versammelt zur Kaisers Geburtsfeier entbieten dem
zu gleichem Zweck an Columbia's Gestaden gelandeten west-
indischen Geschwader Deutschlands besten Willkommsgruß:
Vertreter deutscher Vereine von Cincinnati.

Carl Pollier,
Deutscher Konsul.

Das Vorgehen des Professors Deiler, die auf Bestellung ge-
lieferten Begrüßungstelegramme, der im Namen der deutschen
Vereine telegraphierende deutsche Konsul von Cincinnati
werfen ein grelles Schlaglicht auf die „Echtheit" der ganzen
deutsch-amerikanischen Bewegung!

Aus Anlaß des Besuches des Kanonenbootes „Panther"
in dem Hafen von Galveston erschien in deutschen Blättern
des Staates Texas folgender Aufruf:

Deutsch-Texaner heraus!

Eine große Ehre steht der Stadt Galveston in Texas
bevor. Ein Kanonenboot der kaiserlich-deutschen Flotte wird
den Hafen von Galveston besuchen: ein Vorzug, der nie zuvor einem texanischen Hafen zu Teil geworden ist. In fast
allen deutsch-texanischen Blättern befinden sich seit einigen
Tagen Aufrufe, die anscheinend von dem in Galveston stationierten Herrn Konsul Runge
inspiriert sind, in denen die Deutsch-Texaner aufgefordert werden, den deutschen Soldaten einen würdigen
Willkomm zu bieten. Dieser Vorschlag findet hoffentlich eine
gute Aufnahme. Bei solchen Gelegenheiten, wie die bevor-

stehende, regt sich bei Allen, die in Deutschland geboren
oder in Amerika in deutschem Geiste erzogen wurden, mit
mächtiger Gewalt die Liebe zum alten Vaterlande. Die
ehemaligen deutschen Soldaten, die das Schicksal nach Texas
verschlagen hat, sollten sich mit Sängern, Turnern, Hermanns=
söhnen und Allen, welche die Fahne des Deutschtums hoch=
halten, vereinigen, um den Empfang des „Panther" zu einer
glänzenden Affaire zu machen. Das Kommando lautet:
Das Ganze sammeln!

Die zur Enthüllung des Denkmals des „alten Fritz" in
Washington entsandten Specialgesandten des Kaisers, Gene=
ralleutnant Alfred von Löwenfeld, General=Ad=
jutant der Kaisers, und Major Graf von Schmettow,
Flügeladjutant des Kaisers, hatten, wie sie den Vertretern
der Presse mitteilten, von ihrem obersten Kriegsherrn den
Auftrag erhalten, sich in den Vereinigten Staaten „gründlich
umzuschauen, und ihm ausführlichen Bericht zu erstatten".
Sie sahen sich gründlich um, waren überall die Ehrengäste
der deutschen Kriegervereine und besuchten u. a. auch Mil=
waukee, die deutscheste Stadt der Union, wo die beiden Ge=
feierten in großer Galauniform Parade über die in corpore
erschienenen deutschen Krieger abhielten und Generaladju=
tant von Löwenfeld in seiner Ansprache erklärte, daß er von
Seiner Majestät dem Deutschen Kaiser den besonderen Auf=
trag erhalten hätte, die deutschen Kameraden in Milwaukee,
die dem Prinzen Heinrich einen so herzlichen Empfang bereitet
hätten, auf das wärmste zu grüßen. In Milwaukee weht gut=
deutsche Luft, und die Vertreter des Kaisers sahen sich in den
Erwartungen, die sie dorthin geführt hatten, nicht enttäuscht.
Es geht dies auch aus dem nachstehenden Schreiben hervor:

Chicago, den 5. Dez. 1904.
Herrn Max Hottelet, Präsident des „Deutscher Kriegerbund
von Wisconsin", Milwaukee, Wis.

Die Feierlichkeiten zum Empfang der beiden Spezial=

gesandten Seiner Majestät des Deutschen Kaisers haben einen so schönen und würdigen Verlauf genommen, daß ich als Vertreter der Deutschen Regierung mir gestatte, Ihnen hierfür noch meinerseits den herzlichsten Dank zu sagen. Die beiden Offiziere haben mir wiederholt ihre Freude darüber zum Ausdruck gebracht, daß ihnen die Gelegenheit geboten wurde, so viele alte deutsche Soldaten zu sehen.

Hochachtungsvoll,

Weber,
Kaiserlicher Konsul.

Es darf an dieser Stelle wohl erwähnt werden, daß die landsmannschaftlichen Vereine gleichfalls der Gegenstand besonderer Aufmerksamkeit seitens der Deutschen Landesfürsten sind. So hat der Großherzog von Hessen dem Chicager Hessen-Verein eine prächtige Fahne gestiftet, und der Prinz-Regent von Bayern ist diesem Beispiel gefolgt, indem er dem bayrisch-amerikanischen Verein von Chicago als „Symbol seiner Gesinnung für die ausgewanderten Söhne des Bayernlandes" durch den deut-schen Konsul eine Fahne überreichen ließ.

Auch der New-Yorker „Hessen-Darmstädter Volksfest-verein" erhielt von dem Großherzog Ernst Ludwig eine prächtige Fahnenschleife und ein wohlgetroffenes Porträt.

Mit dem Bilde des Großherzogs kam ein Begleit-schreiben aus dem großherzoglichen Kabinett an den Vor-stand des Hessen-Darmstädter Volksfest-Vereins, welches folgendermaßen beginnt:

„Auf Ihre an Seine Königliche Hoheit den Groß-herzog gerichtete Eingabe teilen wir Ihnen mit, daß Aller-höchstdieselben Sich gern bereit erklärt haben, Ihnen Ihrem Wunsche gemäß eine Fahnenschleife für Ihre Fahne sowie das anliegende mit Namensschrift versehene Bild zum Schmucke Ihrer Vereinshalle zu stiften. Leider konnte Ihnen die Fahnenschleife bis zu Ihrem Hessen-Darmstädter

Volksfeste, welchem Seine Königliche Hoheit den besten Erfolg wünscht, nicht zugestellt werden. Dieselbe wird speziell für Sie angefertigt und Ihnen, wenn fertiggestellt, übermittelt werden."

Das Schreiben schließt dann mit der Versicherung, daß Seine Königliche Hoheit die Anhänglichkeit der Hessen-Darmstädter von New-York an ihre alte Heimat sehr hoch anerkenne und gerade deshalb keinen Augenblick gezögert habe, dem Wunsche derselben zu willfahren. —

Ein wahrhaft königliches Geschenk stiftete der Prinzregent Luitpold von Bayern dem Pfälzer Volksfestver ein in New-York. Es besteht aus einem Porträt des Prinzregenten in prachtvollem Goldrahmen und einer Fahnenschleife in den bayerischen Nationalfarben. Der König von Bayern oder des Königreich Bayerns Verweser ist ja bekanntlich auch „Pfalzgraf bei Rhein", und als solcher hat der Prinzregent seinen getreuen linksrheinischen Landsleuten im fremden Lande das Geschenk gewidmet, wie die Inschrift besagt. Die aus schwerer Seide hergestellte Fahnenschleife, ein Meisterwerk der Posamentierkunst, trägt auf der weißen Seite in Goldbuchstaben die Inschrift: „Von Sr. Königl. Hoheit, dem Prinzregenten von Bayern" und auf der anderen Seite die Worte: „Dem Pfälzer Volksfestverein von New-York 1903." Die loyalen Pfälzer, die ja längst keine „Muß-Bayern" im früheren Sinne in der Heimat waren, können mit Recht auf dieses fürstliche Geschenk stolz sein.

Dem „Murray Hill Schwaben-Kranken-Unterstützungsverein" in New-York sandte der König von Württemberg eine schöne Fahnenschleife und sein Bild in hübschem Eichenrahmen.

Derselbe Monarch sandte dem städtischen Bibliothekar in Chicago, Herrn E. F. L. Gauß, welcher Sr. Majestät die Berichte über das silberne Jubiläum des Chicagoer Schwaben-Vereins und die anläßlich desselben herausgegebene prächtig

19*

ausgestattete Festschrift zugeschickt hatte, eine ehrende Anerkennung. Die von dem Privatsekretär des Königs geschriebene
Antwort lautete folgendermaßen:

„Der König hat sich aus der Festschrift gleichwie aus
dem Zeitungsbericht mit Freuden überzeugt, wie die innigen
Beziehungen, welche die Schwaben in Chicago mit ihrem
Vaterlande verbinden, nicht aufgehört haben fort zu be=
stehen. Er hofft, daß die Pflege vaterländischer Gesinnung
im Schwaben=Verein von Chicago allzeit die Anhänglichkeit
seiner Mitglieder an die alte Heimat neu aufleben, daß sie
eine Brücke schlagen möge über Raum und Zeit."

Auch der Cannstädter Volksfest=Verein in Philadelphia
wurde mit dem Bildnis des Königs von Württemberg be=
glückt.

Dem äußerst strebsamen Professor Dr.
Karl Beck, Vorsitzendem der „Vereinigung alter deutscher
Studenten in Amerika", der es als Spezialität betreibt,
deutsche Fürsten zu Ehrenmitgliedern der Vereinigung zu ernennen und sich im Glanze dieser fürstlichen Mitglieder zu
sonnen — daher das schöne Wort „Vereins=Beckerei" — ging
nachstehendes Handschreiben des Großherzogs
von Baden zu:

Wertgeschätzter Herr Prof. Dr. Beck!

Sie haben die große Freundlichkeit gehabt, mir das
Diplom darüber zukommen zu lassen, daß die Vereinigung
alter deutscher Studenten in Amerika mich zu ihrem Ehren=
mitgliede ernannt hat. Ich konnte Ihnen schon
mündlich aussprechen, daß ich die Ehre dieser Ernennung besonders hochschätze und dafür auf's Wärmste
danke.

Die Bitte, die ich heute an Sie richte, geht dahin,
der Vermittler meiner aufrichtigen und herzlichen Dank=
barkeit für die mir erwiesene sehr freundliche Aufmerksamkeit
bei Ihrer Vereinigung zu sein.

Möge die Vereinigung blühen und gedeihen und ihren Mitgliedern die Erinnerung an die schöne Studentenzeit in der alten deutschen Heimat wert erhalten.

Ihr ergebener

F r i e d r i ch ,

Großherzog von Baden.

Karlsruhe, den 29. Dez. 1903.

Der Kaiser hat bekanntlich W a n d e r p r e i s e für die deutschen Gesangvereine in den Vereinigten Staaten gestiftet, an deren Wohlergehen er innigen Anteil nimmt. Dem „J u n g e n M ä n n e r ch o r" in Philadelphia, der beim letzten Kaiserpreis-Singen den Preis errungen, ging folgende Kabeldepesche zu:

„Junger Männerchor", Präsident Arno Leonhardt, Philadelphia, Pa.

Dem Sieger im Kampfe der Gesänge Meinen Glück= wunsch. Möge auch der Besitz Meines Preises die An= hänglichkeit an die alte Heimat lebendig erhalten.

W i l h e l m I. R."

Das Liebeswerben des Deutschen Reiches und seiner amtlichen Vertreter in den Vereinigten Staaten um die Freundschaft der dortigen, bis vor Beginn des spanisch-ameri= kanischen Krieges als Renegaten gebrandmarkten Deutschen muß unbeteiligten Zuschauern, insbesonders Anglo-Ameri= kanern, um so auffälliger und befremdlicher erscheinen, als es in direktem Gegensatz zu der von der Deutschen Regierung im eigenen Lande fremdsprachlichen Untertanen gegenüber be= folgten Politik steht. Was würde geschehen — ich stelle die Frage des Vergleiches wegen — wenn der König von Däne= mark oder der Präsident der Französischen Republik den einstigen Staats-Angehörigen in Nord=Schleswig und in Elsaß-Lothringen Fahnen mit aufreizenden Inschriften durch ihre amtlichen Vertreter überreichen lassen, oder wenn die intransigenten Dänen in Schleswig=Holstein und die mit

Sehnsucht an das alte Regime zurückdenkenden Franzosen in den Reichslanden Telegramme über die Grenze senden und ihre einstigen Staatsoberhäupter ihrer unverbrüchlichen Treue und Loyalität versichern wollten? Was würde geschehen, frage ich weiter, wenn z. B. die in Berlin ansässigen Polen im Massenumzug durch die Straßen marschieren, Banner mit den Porträts polnischer Nationalhelden tragen und das Lied „Noch ist Polen nicht verloren", anstimmen würden?

Mich gruselts, wenn ich an die Folgen solcher Handlungen denke, und doch wären sie im Grunde nichts anderes als das, was gegenwärtig in Amerika geschieht und zwar mit Bei= hülfe derselben Regierung, die polnische Geistliche, Redak= teure, Lehrer und Schulkinder auf das Unbarmherzigste ver= folgt, weil sie von ihrer polnischen Muttersprache nicht lassen wollen!

Auch in Amerika gibt es Dänen, Franzosen und Polen, die ebenso gute Bürger der Republik wie die Deutschen sind und die, von glühendem Rachedurst gegen das deutsche Reich erfüllt, keine Gelegenheit versäumen, um die Aufmerksam= keit der maßgebenden Stellen auf den erstaunlichen Gegen= satz zu lenken, der sich in der Haltung der deutschen Regierung im Verkehr mit ihren einstigen, jetzt einem fremden Staats= wesen angehörigen Untertanen und ihren eigenen fremd= sprachigen Untertanen offenbart. Ein junger Däne, der das deutsche Reich grimmig haßte, war der beste Freund zweier Kanzleibeamten der Deutschen Botschaft in Washington, und ich kann wahrheitsgemäß versichern, daß sie keinerlei Geheim= nisse vor ihm hatten.

XXIV.

Die Kriegsgefahr zwischen Amerika und Deutschland. — Die Haltung der Deutsch-Amerikaner das eine ungewisse Moment. — Fünf Mal stand im letzten Jahrzehnt der Friede auf des Messers Schneide. — Der Coghlan-Zwischenfall. — „Hoch der Kaiser." — „Hoch der Präsident." — General Mc Arthur's Indiskretionen. — „Unser nächster Krieg wird mit Deutschland stattfinden." — „Ritter vom schwarz-weiß-roten Zirkel." — Aussichten eines Krieges für die Vereinigten Staaten ungünstig. — „Jeder Krieg zwischen Amerika und Deutschland ein Bürgerkrieg!" sagte schon Herr von Holleben. — Leistete Prinz Heinrich Abbitte? — Dewey lehnte Einladung zu abermaliger Zusammenkunft mit Prinz Heinrich ab. — „I swear allegiance to the flag." —

Wer im letzten Jahrzehnt von hoher Warte aus die Ent-wicklung der Beziehungen zwischen den Vereinigten Staaten und dem Deutschen Reiche verfolgt hat, muß unweigerlich zu zwei Schlußfolgerungen gelangen, nämlich, daß von beiden Seiten ernstlich mit der Gefahr eines Krieges gerechnet wurde und noch gerechnet wird, und daß die Haltung der Deutsch-Amerikaner in einem solchen Konflikte das einzige ungewisse Moment bildet, auf das seitens des deutschen Reiches ebenso große Hoffnungen gesetzt werden, wie man ihm seitens der Regierung in Washington mit ebenso großem Mißtrauen gegenübersteht.

Nicht nur die Möglichkeit, sondern sogar die ernste Gefahr eines Krieges zwischen den beiden Ländern war in dem vergangenen Jahrzehnt nicht weniger als fünf Mal gegeben: Vor Manila, als Dewey und Diedrichs ihre Flotten zum Gefecht klar machten und die Amerikaner das Schmähgedicht „Hoch der Kaiser" („Me and God") sangen, das später durch den Coghlan-Zwischenfall in der ganzen Welt berühmt wurde. In Anbetracht des Aufsehens, welches dieser Zwischenfall auf beiden Seiten des Ozeans hervorrief, mögen einige nicht anstößige Strophen des Liedes hier Platz finden:

Hoch der Kaiser!

Der Kaiser of die Fatherland
And God on high all dings command.
Ve two — ach! Don't you understand
Myself — and Gott.

Vile some men sing der power divine,
Mein soldiers sing: „Der Wacht am Rhein",
And drink der health in a Rheinisch wine
Of me — and Gott.

In Verbindung mit diesen Versen sei auch eine niedliche Coghlan-Roosevelt-Anekdote hier wiedergegeben:

Als Contre-Admiral Coghlan sich zur Kur in Colorado Springs aufhielt, kam auch Präsident Roosevelt während seines berühmt gewordenen Jagdausfluges dorthin. Die beiden Männer begegneten sich auf der Hotel-Veranda, und der Admiral näherte sich dem Präsidenten, um ihm nach gut amerikanischer Sitte die Hand zu schütteln.

Herr Roosevelt sah ihn einen Augenblick durchbringend an und wandte sich dann zur nächsten Person.

„Joe," sagte die Frau des Admirals, „er hat dich nicht erkannt. Geh' und sage ihm, wer du bist."

Gehorsam machte der Admiral Kehrt und ging zum Präsidenten zurück, indem er sagte: „Ich glaube nicht, daß Sie sich meiner entsinnen, Mr. Roosevelt."

Wiederum starrte ihn der Präsident an. Dann glitt ihm ein breites Lächeln über das Gesicht. Er schlug den Admiral kräftig auf die Schulter und rief dabei mit donnernder Stimme: „Hoch der Kaiser!"

Auch auf Roosevelt entstand ein „Schmähgedicht", das bisher noch nicht in weitere Kreise der Öffentlichkeit gedrungen ist. Der mir bekannte Verfasser hat mich autorisiert, einige Strophen davon zum Abdruck zu bringen. Ich lasse sie hier folgen:

Hoch der Präsident!

Melodie: War einst ein Riese Goliath.

Der „Teddy" Roosevelt bin ich ja,
Rauhreiter-Präsident,
In Deutschland und Amerika,
Ein jedes Kind mich kennt. —

Bin „Teddy" mit dem großen M—und
Der Held von San Juan
Im Renommieren niemals faul. —
A true American.

Der schönen Worte brauch' ich viel,
Denn „talk" ist „cheap" im Land,
„Fair play for all and a square deal"
Für mich die — off'ne Hand.

Die Deutschen hab' ich schrecklich gern,
Zum Fressen lieb' ich sie,
Jedoch, das ist des Pudels Kern,
Kommt in die Quer' mir nie!

Verletzet nie Monroes Doktrin
Sonst mach' ich gleich mobil,
Ich selbst ich stürme nach Berlin,
Held Dewey dampft nach Kiel!

2c. 2c.

Nach der Dewey-Diederichs-Episode war ernste Kriegsgefahr ferner vorhanden bei der Samoa-Affäre, bei der englische und amerikanische Kanonen auf das deutsche Kriegs-
schiff im Hafen von Apia gerichtet waren; bei dem Holleben-
Zwischenfall vom 12. März 1902, als dem Deutschen Reich
und seinem Botschafter am Tage nach der Abfahrt des Prinzen
Heinrich ein tötlicher Insult zugefügt wurde; bei dem Bom-
bardement des venezuelanischen Forts San Carlo durch
deutsche Kriegsschiffe und schließlich bei der General Mc.
Arthur-Affäre, als dieser redselige Offizier auf einer Mili-
tär-Konferenz in Hawaii erklärte, daß der Krieg mit Deutschland in naher Aussicht stände. Der indiskrete General, dem
das Herz mit dem Munde durchging, äußerte sich bei derselben Gelegenheit dahin, daß die alldeutsche Bewegung, von
Deutschland genährt, in Amerika immer weiter um sich greife
und bereits dahin geführt hätte, daß sich während des spanisch-
amerikanischen Krieges so wenig Deutsche zum Dienste in
der Armee meldeten, daß die Gegenwart eines Deutschen
Aufsehen erregte. Zudem wüchsen die deutschen Interessen
in Süd-Amerika in solchem Maße an, daß ein Kampf um
die Aufrechterhaltung der Monroe Doktrin unvermeidlich
sei. Im Falle eines solchen Krieges bilde Hawaii einen wichtigen strategischen Punkt, da die Deutschen es erst erobern
müßten, ehe sie einen Angriff auf die pazifische Küste der
Vereinigten Staaten unternehmen könnten.

Von dem Kriegsgeschrei ist es etwas stiller geworden,
seitdem der intime Freund und Günstling des Präsidenten,
Baron Speck von Sternburg, anstelle des diesem persönlich
unbequemen, mißliebigen und verhaßten Botschafters von
Holleben getreten ist — ein Stellenwechsel, der einen Meister-
zug Rooseveltscher Hemdärmel-Diplomatie darstellt. Man
hat den Schwätzern zwar einen Riegel vorgeschoben, damit
jedoch das Umsichgreifen des Kriegsgedankens nicht verhindern
können, der immer weitere Kreise zieht. Ein bekannter anglo-

amerikanischer Schriftsteller, der in wichtigen Missionen in Washington wie in London, auf den Philippinen wie in Ost=asien tätig gewesen ist, und der sich des Vertrauens des Weißen Hauses, des Staats=Departements und der britischen Bot=schaft in Washington erfreut, gestand mir die Tatsache vor einem Jahre unumwunden zu.

„Wozu die Sache an die große Glocke hängen," bemerkte er. „Wir alle wissen es, ein Jeder, der in den amtlichen Kreisen Washingtons verkehrt, weiß es: Unser nächster Krieg wird mit Deutschland stattfinden!"

Die Gefahr eines Krieges zwischen Amerika und dem Deutschen Reiche wurde in dem Augenblicke geboren, als die Vereinigten Staaten durch Kauf der Philippinen von den Bahnen ihrer altbewährten, durch Washington und Monroe vorgezeichneten Politik der Nichteinmischung in außer=amerikanische Angelegenheiten abwichen und sich in eine abenteuerliche, imperialistische Politik einließen, die früher oder später zu feindlichen Zusammenstößen mit der einen oder andern gleiche Bestrebungen verfolgenden europäischen Macht führen muß. Die Namen Manila, Samoa, Venezuela genügen, um die Wahrheit dieses Satzes zu beweisen.

Man ist in Washington sehr mißtrauisch, das scheint dort in der Atmosphäre zu liegen. Die meisten mittel= und süd=amerikanischen Revolutionen werden dort ausgeheckt. Ich erinnere nur an die bis in die kleinsten Einzelheiten vorher arrangierte Geburt der Republik Panama, und unvergessen ist noch die Zeit der dem Bürgerkrieg vorangegangenen politischen Umtriebe in der Bundeshauptstadt, als der über die ganze Union verbreitete Geheimbund der Ritter vom goldenen Zirkel seine Pläne zur Secession der Südstaaten schmiedete. Was damals möglich war, so geht die Ansicht, mag sich auch jetzt noch wiederholen, und nicht ohne Herzbeklemmung verfolgt man das Kommen und Gehen der Spezialgesandten des Kaisers, ihre enthusiastische Auf=

nahme durch die deutsche Bevölkerung der Vereinigten Staaten, die feierliche Weihe von Kaiserfahnen in den deutschen Farben mit der Inschrift: „Mit Gott für Kaiser und Reich," und der Absendung von Huldigungstelegrammen alter deutscher Veteranen an ihren obersten Kriegsherrn.

Man kann es der Administration in Washington kaum verdenken, wenn sie nervös ist, schwarz sieht und an die Möglichkeit des Bestehens eines Bundes der R i t t e r v o m s c h w a r z - w e i ß - r o t e n Z i r k e l glaubt, der es sich zum Ziel gesetzt, im Falle eines Krieges zwischen der Republik und dem deutschen Kaiserreiche eine unabhängige Konföderation der deutschen Staaten des Mittelwestens in's Leben zu rufen und dem guten Onkel Sam im eigenen Land den Krieg zu erklären.   Hatte nicht schon H e r r v o n H o l - l e b e n auf diese Eventualität hingewiesen, indem er einer Interviewerin, meiner verehrten Freundin Frau Grace A. Downing, zur Weiterveröffentlichung durch die Presse des Landes unter nachdrücklicher Betonung der Worte beteuerte, daß jeder Krieg zwischen den Vereinigten Staaten und Deutschland die Natur eines B ü r g e r k r i e g e s tragen werde?!

Die Aussichten eines solchen Krieges sind für die Vereinigten Staaten nicht die besten.   Die Gegensätze zwischen dem immer übermütiger und rücksichtsloser auftretenden Kapital und der ausgebeuteten und geknebelten Arbeit haben sich derart zugespitzt, daß die Regierung sich im Ernstfalle nicht auf die Massen verlassen könnte, besonders wenn die Bevölkerung in zwei feindliche Lager geteilt wäre. Auch das N e g e r p r o b l e m im Süden hat ein sehr bedrohliches Aussehen angenommen und läßt einen verzweifelten Rassekampf, eine allgemeine Erhebung der Farbigen gegen die Weißen als nicht ausgeschlossen erscheinen.   Die Interessen der atlantischen Staaten sind andere als die pazifischen Staaten, die der Nord-Staaten wiederum andere als die der

Süd-Staaten usw. Im Falle eines allgemeinen Klabberadatsches könnte Niemand das Resultat mit Sicherheit voraussagen.

Noch ungünstiger würden die Aussichten der Vereinigten Staaten im Falle eines Krieges mit dem Deutschen Reiche sein, wenn dieses ein Bündnis mit einer fremden, meerbeherrschenden Macht abschlösse. Um Canada muß es früher oder später zwischen den Vereinigten Staaten und England zu einem Entscheidungskampf kommen und ein deutsch-englisches oder auch deutsch-englisch-japanisches Bündnis liegt keineswegs außer dem Bereiche der Möglichkeit. Allein auf sich angewiesen, könnte Onkel Sam gegen die beiden bez. drei verbündeten Mächte nichts ausrichten.

Das weiß auch der Mann mit dem „großen Stock" in Washington sehr wohl. Er hält daher, seinem Grundsatz getreu, liebliche Reden und rüstet, da er wahrhaft den Frieden will, für den Krieg!

Das Deutsche Reich wünscht, wie nicht erst besonders versichert zu werden braucht, nichts sehnlicher als den Frieden und rüstet darum gleichfalls für den Krieg. Seine Aussichten sind, wenn es diesen allein führen muß, nicht allzu glänzend. Viel, wenn nicht Alles, hängt von der Seegewalt ab. Selbst angenommen, daß es einen Bund der Ritter vom schwarz-weiß-roten Zirkel in den Vereinigten Staaten gäbe — ich gebrauche den Namen nur des nahe-liegenden Vergleiches wegen — so dürften von deutscher Seite nicht allzu große Hoffnungen auf ihn gesetzt werden. Denn mögen auch die in Deutschland geborenen Alten zum Teil im deutschen Lager stehen, so sind doch die in Amerika geborenen Jungen in ihrer überwiegenden Mehrheit in ihrem Denken, Fühlen und Handeln Amerikaner, treue Bürger der Republik, für die sie ihren letzten Blutstropfen vergießen werden. Ein Krieg zwischen den beiden Ländern würde also, schlimmer noch als ein Bürgerkrieg, ein

Bruderkrieg sein, in dem der Vater dem Sohn, der
Bruder dem Bruder feindlich gegenüberstände. Ein furcht=
barer Gedanke . . . . . .

Es muß offen und ehrlich herausgesagt werden:
Ein großer Teil der Verantwortung für die ernste Trübung
der einst freundschaftlichen Beziehungen zwischen den beiden
Reichen gebührt den Beratern des Kaisers, die einerseits
durch ihre ebenso aufdringliche wie würdelose „Politik der
Geschenke," andererseits durch die weit über das Zulässige
hinausgehende direkte wie indirekte Förderung der Deutsch=
tumsbewegung in den Vereinigten Staaten ein unüberwind=
bares Gefühl des Mißtrauens in den amtlichen Kreisen
Washingtons geschaffen haben. Man kann und will nicht
an die Aufrichtigkeit der Freundschaftsbeteuerungen einer
Regierung glauben, die ihre wahre Natur — so lautet das
amerikanische Argument — in China, in Venezuela etc. ge=
offenbart hat. Man will und kann es nicht glauben, daß eine
sich selbst achtende Regierung die tiefsten Demütigungen und
Kränkungen hinnimmt, ohne auf Genugtuung zu sinnen.
Läßt sich eine schlimmere Kränkung und Demütigung denken
als sie in der seinerzeit durch die „Associated Press" ver=
breiteten Meldung enthalten war, Prinz Heinrich
hätte Admiral Dewey Abbitte geleistet?
Ich lasse die Meldung, die auf die Haltung der „Associated
Press" ein grelles Schlaglicht wirft, so folgen, wie sie in der
„Washington=Post" vom 16. Februar 1902 wiedergegeben war:

Prinz leistete Dewey Abbitte.

Der Admiral nahm die Geringschätzung
der Vereinigten Staaten übel.

Bremerhafen, 15. Februar. — Vor seiner heute er=
folgten Abfahrt nach Amerika nahm Prinz Heinrich in einer
Unterhaltung mit einem Vertreter der „Associated Press"
auf den Bericht Bezug, daß er einen Brief an Admiral

Dewey geschrieben und darin wegen des Verhaltens des deutschen Geschwaders in der Bai von Manila während des Krieges mit Spanien A b b i t t e geleistet hätte. „Es ist Alles unwahr", sagte der Prinz. „Ich habe in meinem Leben nie an Admiral Dewey geschrieben."

Die „Associated Press" empfing gestern aus authen= tischer Quelle eine Erklärung bezüglich des Gerüchtes, daß Prinz Heinrich einen Abbittebrief an Admiral Dewey ge= schrieben hätte. Nachstehende Information kam nicht von Admiral Dewey selbst, sondern von einem seiner intimsten Freunde, und ist absolut w a h r.

Der Admiral empfing neulich einen Brief von einem Mitglied der amerikanischen Botschaft in Berlin, worin dieses den Inhalt einer Unterhaltung wiedergab, die es vor der Abfahrt des Prinzen nach Amerika mit diesem auf dem Diner hatte, das ihm zu Ehren von Botschafter White ver= anstaltet worden war.

In dieser Unterhaltung erwähnte der Prinz, daß er gehofft hatte, nach Ablauf seiner Dienstzeit bei dem Ge= schwader in China aus dem Osten via San Francisco heim= zukehren, daß er aber durch die Krankheit seiner Mutter gezwungen worden wäre, den schnelleren Weg durch den Suez=Kanal einzuschlagen. In seiner üblichen aufrichtigen Manier fügte er im Anschluß an die Bemerkung, daß die jetzige Zeit viel günstiger zum Besuche der Vereinigten Staaten sei, hinzu:

„Ich weiß, daß Ihr Amerikaner Euch über die Ange= legenheiten im Osten sehr verletzt fühlt und ich kann Euch deswegen nicht tadeln. Ich selbst beging einen Fehler, der wie ich jetzt sehe, von der englischen Presse ausgebeutet wird, um zu hetzen. Ich gab in Hongkong ein Diner auf der „Deutschland", meinem Flaggschiff, bei dem Admiral Dewey anwesend und der älteste Offizier war; es waren außerdem zwei Russen, einige Engländer, sowie Offiziere anderer Nationalitäten da, auf die ich mich jetzt nicht weiter besinnen kann; ich trank zuerst auf das Wohl des Zaren, dann auf das anderer Fürsten und zuletzt auf das des Präsidenten der Vereinigten Staaten. Dewey war beleibigt, wie ich am nächsten Tage erfuhr, und ich sah ein, daß ich einen großen Fehler begangen hatte. Ich begab mich sofort an Bord der „Olympia" und sprach mit Dewey, welcher meine Entschuldigung wohlwollend annahm."

Der Prinz fügte hinzu, er wisse wohl, daß von deutscher Seite Fehler begangen worden seien, aber seine Beziehungen zu Admiral Dewey wären stets die denkbar besten und freundlichsten gewesen. Er sandte dem Admiral die Versicherungen seiner größten Hochachtung und drückte gleichzeitig die aufrichtige Hoffnung aus, mit ihm während seines Besuches in Amerika zusammenzutreffen.

———

Gleichsam um die Versicherung des Prinzen Heinrich von Preußen, daß seine Beziehungen zu Dewey immer die angenehmsten und freundschaftlichsten gewesen seien, in das richtige Licht zu setzen, veröffentlichte die „Associated Press" am nächsten Tage einen Depeschenwechsel zwischen Admiral Dewey und Botschafter von Holleben, der in der „New-York Times" wie folgt erschien:

Dewey lehnt Einladung zum Diner mit Prinz Heinrich ab.

———

Benachrichtigt den Botschafter von Holleben, daß Frau Dewey zu krank sei, als daß er sie verlassen könne.

Palm Beach, Fla., 17. Februar. — Admiral Dewey empfing heute von Washington folgendes Telegramm:

„Wollen Sie am 28. Februar 7.30 abends bei mir
dinieren, um die Ehre zu haben, mit Seiner Königlichen
Hoheit Prinz Heinrich von Preußen zusammenzukommen?
Holleben,
Kaiserlich Deutscher Botschafter."

Admiral Dewey antwortete folgendermaßen:

„Zu meinem lebhaften Bedauern kann ich Ihre Einladung zum Diner und zu der Ehre einer nochmaligen Zusammenkunft mit Prinz Heinrich von Preußen nicht annehmen, da Frau Dewey zu krank ist, als daß ich sie allein
lassen könnte.
George Dewey,
der Admiral der Marine."

Kann man es, so wiederhole ich, den amerikanischen
Staatsmännern verargen, wenn sie nicht an die Aufrichtigkeit
der deutschen Freundschaftsbeteuerungen glauben wollen?

Ein unberechenbares und daher äußerst gefährliches
Moment bildet das Treiben jener Leute, denen eine ernste
Störung der Beziehungen zwischen beiden Ländern eine
goldene Gelegenheit bietet, im Trüben zu fischen und sich die
Taschen zu füllen. Eine ganze Anzahl Männer, von deren
Dasein man sonst nichts gewußt hätte, hat in der Deutschtumbewegung der Vereinigten Staaten ein ergiebiges Feld
für die Betätigung ihrer eigenartigen Talente gefunden.
„Eitle Professoren", Journalisten, deren Feder allzeit dem
höchsten Bieter feil ist, Bierwirte und Bierbrauer, die über
einen großen Zulauf verfügen, Anwälte und Ärzte ohne
Praxis, Politiker, die noch nie einen Handstrich ehrliche Arbeit
getan haben — sie alle halten die Zeit für gekommen, sich
als Retter des Deutschtums aufzuspielen und sich an die immer
gefüllte Krippe nie versiegender Geheimfonds zu setzen.
Nicht ideelle, sondern höchst materielle Beweggründe sind die
geheime Triebfeder jener dunkeln Ehrenmänner, die ihre
Überzeugung nach Bedarf wechseln und deren Geschäft die

Witte.   20

gewerbsmäßige Irreführung und Täuschung der Massen ist.
Aber zum Glück für die Ruhe und den Frieden der beiden
Völker sind ihrem Treiben Grenzen gesetzt.

Es ist eine traurige Wahrheit, aber kein klardenkender
Mensch vermag sich darüber hinwegzusetzen, daß die Deutschtumbewegung in den Vereinigten Staaten im natürlichen
Lauf der Dinge ihr Ende nehmen muß. Je eher man sich zur
Erkenntnis dieser Wahrheit durchringt und den Mut findet,
sie offen auszusprechen, umso besser wird es für die Sache
des Weltfriedens bestellt sein. Hören wir, was von berufenster
Seite über die Zukunft des Deutschtums gesagt wird. Einem
vor mir liegenden Berichte des deutsch-amerikanischen Schul-
vereins von New-York entnehme ich die folgenden Stellen:

„Vor etwa einem Monate von einem längeren Auf-
enthalte im Westen zurückgekehrt, fand ich nach eingehen-
den Erkundigungen, daß dort sowohl wie hier
die Erhaltung der deutschen Sprache auf
schwachen Füßen steht. Die deutschen Schulen sind
von der Bildfläche verschwunden. Der Einführung und
dem Fortbestehen des deutschen Unterrichtes in den öffentlichen Schulen werden die größten Schwierigkeiten in den
Weg gelegt, und wenn nicht alle Zeichen trügen, kann das
Ende des deutschen Unterrichtes in den öffentlichen Schulen dort nicht mehr fern sein. Das würde bedeuten, daß außer vereinzelten Brosamen, mit denen dem
deutschen Michel das protestierende M . . . gestopft wird,
der Erfolg eines jahrzehntelangen Kampfes gleich Null war,
weil die Gleichgiltigkeit der Deutsch-Amerikaner in vielen Fällen noch nicht durch die Intelligenz
überwunden werden konnte. Der Übel größtes aber ist die
Abneigung der deutschen Eltern, ihre Muttersprrche in der
Familie zu pflegen.“

Aus eigener Erfahrung kann ich bestätigen, daß dieser Bericht voll und ganz auf Wahrheit beruht. Obwohl meine Frau

und ich während unseres Aufenthaltes in Amerika zu Hause
nur deutsch gesprochen haben, war es uns doch unmöglich,
unsere Kinder dahin zu bringen, daß sie sich im Verkehr mit
uns der deutschen Sprache bedienten. Sie verstanden jedes
Wort, das wir an sie richteten, antworteten aber stets in
englischer Sprache. Der heranwachsenden Jugend gehört die
Zukunft, und diese Jugend ist im Denken, Fühlen und
Sprechen amerikanisch. Der schlimmste Feind der deutschen
Bewegung in den Vereinigten Staaten sind die in jeder Hinsicht vorzüglichen amerikanischen Volksschulen, welche in den
im Ausland geborenen Kindern vom ersten Tage ihres Ein-
tritts an die Liebe zur amerikanischen Flagge großziehen.
In den Volksschulen der Großstädte mit stark ausländischer
Bevölkerung wird vor den Kindern jeden Tag das Sternen-
banner entfaltet und Tag für Tag müssen sie das feierliche
Gelöbnis der Treue wiederholen:

„I swear allegiance to the flag and the
country for which it stands." (Ich schwöre
Treue der Flagge und dem Lande, dessen Abzeichen sie ist.)

Um die Gefahr eines Krieges zwischen dem Deutschen
Reiche und den Vereinigten Staaten, die wirklich vorhanden
und nicht abzuleugnen ist, nach Möglichkeit einzudämmen,
gibt es nur ein gutes Mittel, das nämlich, den im Trüben
fischenden dunklen Ehrenmännern und Verhetzern, die nicht
nur auf amerikanischer Seite zu finden sind, die Maske vom
Gesicht zu reißen und sie unbarmherzig in ihrer wahren Gestalt
bloßzustellen. Auch würde eine entschiedenere Haltung der
Regierung in Berlin dem „Manne mit dem großen Stock"
gegenüber wesentlich zur Erhaltung des Friedens beitragen.
„Words are only good if backed up by deeds," hat der
Rauhreiter-Präsident bei einer Gelegenheit gesagt, und das
sollte man in der Wilhelmstraße nicht vergessen.

XXV.

Mein Kampf um eine Untersuchung. — Eines deutsch-
amerikanischen Musterbürgers seltsame Rechtsanschau-
ung. — Richard Bartholdt in einer Doppelrolle. — Weshalb die Demokraten ihre letzte Präsidentschaftskampagne
verloren. — Ein Brief des früheren amerikanischen Botschafters in Berlin, Andrew D. White. — Ein Aufruf in
der „N. Y. Volkszeitung" verhallt ungehört. — Meine
Gesundheit durch die fortgesetzten Verfolgungen hoff-
nungslos ruiniert. — Befund zweier amerikanischer medi-
zinischer Autoritäten. — Rückkehr nach Deutschland. —
Bin ich das Opfer schweren Behördenirrtums? — Letzte
Eingabe an das Auswärtige Amt. — Eine Erklärung
Pastor Dr. O. Frommels. — Was wird das Ende sein?

Herr von Holleben war unter so schimpflichen Umständen,
wie noch kein Botschafter vor ihm, von seinem Posten ge-
schieden, aber der Zwischenfall des 12. März 1902, in den
ich wider Wissen und Willen hineingezerrt worden war,
blieb noch immer unaufgeklärt. Es war für mich Lebens-
interesse und Existenzbedingung, eine amtliche Untersuchung
der Affäre herbeizuführen, von der meine Zukunft und die
meiner Familie abhing. An anderer Stelle habe ich bereits
berichtet, wie in dem von mir gegen die Herausgeber der
„Groß-New-Yorker-Zeitung" angestrengten Verleumbungs-
prozesse das Recht gebeugt und ich durch in Deutschland ge-
sammeltes falsches Zeugenmaterial sowie durch Bedrohung
mit Entlassung aus meiner Stelle gezwungen worden war,

meine Klage zurückzuziehen; auch des merkwürdigen Aus=
ganges des von dem „New=York Herald" wider drei Ber=
liner Tageszeitungen angestrengten Verleumdungsprozesses
habe ich bereits gedacht und dabei festgestellt, welch'
mächtige geheime Einflüsse aufgeboten wurden, um zu ver=
hindern, daß ich in diesem Prozesse als Zeuge zu Worte
kam. Würde es mir allein, ohne Freunde und ohne Mittel,
gelingen, eine Untersuchung herbeizuführen?

Trotz meiner schlimmen Erfahrungen hatte ich noch immer
nicht den Glauben an Recht und Gerechtigkeit verloren. Ich
wandte mich an Arthur von Briesen, den Vor=
sitzenden der „Legal Aid Society," den Präsident Roosevelt
einen „deutsch=amerikanischen Musterbürger" genannt hat
und rief seine Vermittlung an. Nachdem Herr von Briesen
mit Washington korrespondiert hatte, erhielt ich von ihm die
niederschmetternde Antwort, daß, wer es wagte, sich zwischen
zwei feindliche Gewalten zu stellen, erwarten müsse, von
ihnen zermalmt zu werden. Ich müsse mich ohne Unter=
suchung in mein Schicksal fügen. Dieser Bescheid kam aus
dem Munde des Präsidenten eines Rechtsschutz=Vereins, des=
selben Mannes, der öffentlich als Ankläger gegen Karl Schurz
aufgetreten war und ihn beschuldigt hatte, sich in der Politik
der meistbietenden Partei verkauft zu haben. In der Tat
ein „deutsch=amerikanischer Musterbürger" nach dem Herzen
Präsident Roosevelts!

Zur Zeit der letzten Präsidentschaftswahl bat ich
Richard Bartholdt, das deutsche republikanische Kon=
greßmitglied für St. Louis, seinen nicht geringen Einfluß
in Washington zur Herbeiführung einer Untersuchung ein=
zusetzen. Herr Bartholdt trug nicht Bedenken, mir an George
B. Cortelyon, den heutigen General=Postmeister der
Vereinigten Staaten, welcher der Privat=Sekretär Mc Kin=
leys und Roosevelts gewesen und zu jener Zeit mit der
Leitung der republikanischen Wahlkampagne betraut war,
einen Brief zu geben, in dem es wörtlich hieß:

„Herr Witte unterbreitete mir kürzlich eine Angelegen=
heit, die meines Erachtens Anspruch darauf hat, daß Sie
eine Untersuchung verfügen. Er bat mich, die Sache dem
Präsidenten vorzulegen, doch war mir dies infolge meiner
geschäftlichen Überbürdung unmöglich. Herr Witte plaidiert
für „fair play" und ist, wie ich die Sache ansehe, dazu
berechtigt."

Wie mir später Herr J o s e p h   W i n t e r , Sekretär
der deutschen Roosevelt=Liga, der dem Präsidenten persönlich
bekannt und wiederholt bei ihm zu Gast gewesen ist, mitteilte,
war Herr Cortelyon anfänglich geneigt, dem Wunsche des
Herrn Bartholdt zu entsprechen, doch wurden abermals
mächtige geheime Einflüsse aufgeboten, die ihn von seinem
Vorsatze wieder abbrachten.

Herr Richard Bartholdt, der mittlerweile Bundes=
Senator von Missouri geworden ist, — für einen ehemaligen
deutschen Setzerlehrling und einfachen Berichterstatter der
„N. Y. Staats=Zeitung" immerhin eine achtbare Leistung! —
spielte in meiner ganzen Angelegenheit eine höchst traurige
Rolle, die voll dem Bilde entsprach, das ich mir bereits auf
der Botschaft, wo er sehr gut bekannt war, auf Grund ver=
traulicher Mitteilungen, von ihm geformt hatte. Es hieß,
so berichtete mir mein amtlicher Gewährsmann S—ß, daß
Herr Bartholdt in einer gigantischen, die gesamte Silberfrage
vollständig neu gestaltenden dunklen Geschäftstransaktion die
Vermittlerrolle zwischen dem Bankhause S. Bleichroeder
und dem Bundessenator Wolcott gespielt und dafür eine
artige Belohnung erhalten habe. Das seit jener Zeit be=
merkbare langsame Anziehen des Silberpreises ist eine Folge
jener Transaktion!

Gegen Ende der Präsidentschaftskampagne sprach eines
Abends der Privatsekretär eines Führers der demokratischen
Partei in meiner Wohnung vor, und versuchte, mich zur Ver=
öffentlichung einer Erklärung über den Zwischenfall vom

12. März 1902 zu bewegen. Ich war dazu nicht abgeneigt, stellte jedoch die Bedingung, daß mir seitens der Partei die Zusicherung einer Untersuchung in bindender Form gegeben würde. Am nächsten Morgen, 1. November 1904, veröffentlichte die „New-Yorker Staats-Zeitung" einen Artikel mit folgender Überschrift:

Was wird es sein?

Demokrat. National-Ausschuß verspricht Überraschungen.

Morgen soll die Neugierde befriedigt werden. — Murphy verspricht mehr als 139,000 Pluralität.

Überraschung in Aussicht.
Sekretär Woodson vom Nationalausschuß
prophezeit eine solche.

Sekretär Urh Woodson vom demokratischen Nationalausschuß, welcher sicher an die Erwählung von Parker und Davis glaubt, äußerte sich gestern, daß morgen etwas geschehen werde, das die Republikaner in großes Erstaunen versetzen dürfte. Mehr wolle er darüber nicht verlauten lassen. „Wir wissen jetzt bestimmt, daß Parker der Erwählte sein wird, und die Republikaner werden es morgen ebenfalls wissen," fügte er noch hinzu. Man zerbrach sich über der Rede dunklen Sinn fast die Köpfe in den Hauptquartieren und kam schließlich auf die Idee, daß Kampagneleiter Taggart morgen eintreffen und eine Masse günstiger Nachrichten mit sich bringen werde. Aber später mußte man diese Lösung der Frage auch beiseite legen, denn von Herrn Taggart traf die telephonische Nachricht ein, er würde vorläufig in Indiana bleiben und komme wahrscheinlich nicht vor Ende der Woche nach New York.

Die in Aussicht gestellten großen „Überraschungen" trafen

nicht ein. Das ganze Land war aufs höchste gespannt und harrte mit Ungeduld der Dinge, die geschehen und die Republikaner in großes Erstaunen versetzen sollten. Aber nichts geschah, und Richter Parker erlitt eine der schmählichsten Niederlagen, die je einem demokratischen Präsidentschafts= kandidaten beschieden war.

Hier des Rätsels Lösung.

Es war beabsichtigt gewesen, die Geschichte des Zwischen= falls vom 12. März 1902 mit all' ihren Begleitumständen und voller Namensnennung der dafür verantwortlichen Personen zur Kenntnis des Volkes der Vereinigten Staaten zu bringen und dadurch grade im entscheidenden Augenblicke eine allgemeine Revolution der Stimmgeber, insbesondere aber der Deutschen, zu Gunsten Parkers herbeizuführen. Wie es kam, daß die angekündigte Überraschung ausblieb, dafür wissen vielleicht Herr H e r m a n n R i b b e r , der nachmals vom Deutschen Kaiser in Audienz empfangene Herausgeber der „New Yorker Staats=Zeitung" und sein getreuer Schildknappe, G e o r g v o n S k a l , in deren Händen die Leitung der deutschen demokratischen Kampagne lag, eine Erklärung. Wiederum hatte sich der „Hudu"=Charakter der „New Yorker Staats=Zeitung", die den von ihr unter= stützten Kandidaten Unglück bringt, bewährt.

Als die Demokraten nach beendetem Wahlkampfe sich anschickten, die Ursache ihrer Niederlage zu ergründen, wurden zahlreiche Stimmen laut, die über V e r r a t i m e i g e n e n L a g e r klagten und ihren Führern vorwarfen, die Partei an die Republikaner ausverkauft zu haben.

Noch immer wollte ich die Hoffnung auf Herbeiführung einer Untersuchung nicht aufgeben. Ich wandte mich unter eingehender Darlegung der Verhältnisse an den früheren amerikanischen Botschafter in Berlin, A n d r e w D. W h i t e , der zu jener Zeit seine deutschen Erinnerungen veröffent= lichte, und bat ihn in meiner Angelegenheit um Rat und

Hülfe. Herr Andrew D. White, der den Ruf eines gerecht-
denkenden und wohlwollenden Mannes besitzt, antwortete
mir aus Ithaka, N. Y.:

„Ich denke, daß, wenn Sie Ihre Angelegenheit dem
Staatssekretär für die Auswärtigen Angelegenheiten in
Berlin, Baron von Richthofen, unterbreiten, der mir immer
als einer der gerechtesten und billig denkenden Männer erschien, sie gebührende Berücksichtigung finden wird."

In ihrer Ausgabe vom 24. Januar 1906 veröffentlichte
die „New Yorker Volkszeitung", das einzige
ehrliche und unabhängige deutsche Blatt der Metropole am
Hudson, einen Aufruf, worin ich alle ehrlichen und unab-
hängigen deutschen Blätter auf beiden Seiten des Ozeans
ersuchte, im Interesse von Recht und Gerechtigkeit eine amtliche Untersuchung der Angelegenheit zu verlangen. Der
Appell verhallte wirkungslos.

Etwas später richtete ich von Wilmington, Del., aus, wo
ich mich mit meiner Familie niedergelassen hatte, einen eingeschriebenen Brief an den Nachfolger des inzwischen verstorbenen Herrn von Richthofen, Staatssekretär von Tschirschky,
mit der Bitte um Untersuchung. Auch dieses Schreiben blieb
ohne Antwort.

In Wilmington traf mich ein neuer Schlag. Ich hatte
dort ein Wochenblatt herausgeben wollen, das den Bedürfnissen
der Alten wie der Jungen, d. h. sowohl der in Deutschland
wie in Amerika geborenen Deutsch-Amerikaner, Rechnung
tragen und daher in deutscher wie in englischer Sprache erscheinen sollte. Die Geschäftswelt der Stadt nahm den
Gedanken freundlich auf und kam mir zur Verwirklichung
desselben auf das liberalste entgegen, so daß das Unternehmen
bereits von Anfang an auf gesicherter Grundlage zu ruhen
schien. Die erste Nummer meines Blattes, welchem ich den
Titel „German-American Citizen" gegeben hatte, sollte am
Samstag vor Ostern das Licht der Welt erblicken und war im

Satze bereits halb fertig gestellt. Da erschien, genau e i n e
Wo ch e v o r dem von mir in Aussicht genommenen Tage,
die erste Nummer eines andern Blattes mit gleichem Titel,
als dessen Herausgeber A. D. J a k o b s e n, ein in Wilmington
unliebsam bekannter Journalist, zeichnete. Der Mann hatte
sich Namen und Plan meines Blattes angeeignet, und war
unter der Vorspiegelung, daß sein und mein Unternehmen
identisch seien, zu den Geschäftsleuten der Stadt gegangen,
die nicht Anstand nahmen, ihm die für mein Blatt bestimmt
gewesenen Geschäftsanzeigen zu geben. Bei Ausübung
dieses Manövers zeigte er eine ganze Anzahl Briefe vor, die
ihm der B o t s ch a f t e r, H e r r v o n S t e r n b u r g,
selbst geschrieben hatte, der angeblich sein bester Freund sei
und ihm die Unterstützung der Botschaft zugesichert hätte.
Ich setzte Herrn von Sternburg von dem Sachverhalt in
Kenntnis, veröffentlichte in der Wilmingtoner englischen
Presse eine Erklärung, weshalb ich von meinem Vorhaben
Abstand nahm, und begab mich mit meiner Familie nach
Baltimore.

Dort ließ mein Sehvermögen plötzlich in so auffallendem
Maße nach, daß ich zwei hervorragende Spezialisten der
Universität von Maryland, Dr. William Tarun und Dr. Ir=
ving Spear, zu Rate zog, die mich sehr eingehend unter=
suchten und mir dann die Eröffnung machten, daß ich an
einer unheilbaren Rückenmarkskrankheit, locomota ataxia,
hervorgerufen durch geistige Überanstrengung und Aufregung,
erkrankt sei, die nach und nach zu völliger Erblindung und
Lähmung des Körpers führe. Jetzt erst erhielt ich die Erklä=
rung über das plötzliche Nachlassen meines Sehvermögens,
das mich so beunruhigt hatte. M e i n r e ch t e s A u g e
w a r b e r e i t s e r b l i n d e t, o h n e d a ß i ch e s g e =
w u ß t h a t t e.

Es war für mich eine furchtbare Entdeckung. Zum ersten
Male in all' den langen schrecklichen Leidensjahren brach ich
zusammen und vergoß bittere Tränen . . .

Da es mir in Amerika unmöglich war, mein Recht zu
finden oder Genugtuung zu erlangen, schiffte ich mich zu
Ende Mai 1906 mit meiner Familie nach Deutschland ein.
Wenige Tage noch vor meiner Abfahrt wurde mir von einer
Person, die ich vermöge ihrer Stellung für unbedingt zu-
verlässig gehalten, die sich jedoch heimlich mit Washington ins
Einvernehmen gesetzt hatte, ein Teil wichtiger Papiere ent-
wendet und mir die drohende Warnung zugerufen, eine
Untersuchung meiner Angelegenheit in Deutschland zu verlangen. Krank und elend wie ich war, nahm ich davon Abstand, dem Rate Herrn Reinhold Ortmanns, des
neuen Chefredakteurs des Baltimorer „Deutschen Korrespondenten", zu folgen, die Diebin sofort verhaften zu lassen
und ihr den Prozeß zu machen. Ich hatte von amerikanischer Justiz gerade genug gehabt.

Zu Anfang Juni trafen wir in der alten Heimat ein.
Von der Seereise gestärkt und gekräftigt, nahm ich ohne Zaudern von Neuem den Kampf um eine Untersuchung auf.
Ich machte dem Staatssekretär für die Auswärtigen Angelegenheiten, Herrn von Tschirschky, Mitteilung von meiner
Rückkehr und stellte mich dem Auswärtigen Amte zu irgend
welchen Vernehmungen zur Verfügung.

Mein nächstes Bemühen war darauf gerichtet, die
Adresse des früheren deutschen Botschaftspredigers in Rom,
des Pastors Dr. Otto Frommel, zu erfahren. Nach vielen
vergeblichen Schritten wurden meine Bemühungen endlich
von Erfolg gekrönt. Eine Dame des hohen Adels hatte die
Güte, mir mitzuteilen, daß Herr Dr. Otto Frommel in
Gera, Reuß, ansässig sei. Unter Beilegung von Photogra-
phien richtete meine Frau am 18. Febr. 1907 ein Schreiben
an den Geistlichen, worin sie ihn von dem uns widerfah-
renen himmelschreiendem Unrecht in Kenntnis setzte und
ihn beschwor, als Deutscher, als Christ und als Träger des
Namens Frommel der Wahrheit die Ehre zu geben. Auf

diesen Brief ging ihr aus Gera am 19. Febr. das nachstehende Telegramm zu: ·

Eben Brief. Beklage mit Ihnen tiefstens Opfer
schweren Behördenirrtums, lehne aber meinerseits
jede Verantwortung ab, da ich, von amerikanischem Konsulat
aufgefordert, über gewissen Georg Witt, jedoch niemals
über Ihren mir unbekannten Gatten, Aussagen gemacht.
Weiteres brieflich.

Frommel.

Dr. Frommel durfte als loyaler Deutscher nur von
einem „schweren Behördenirrtum" reden. Aber war es
wirklich nur ein schwerer Behördenirrtum, oder war es mehr
als das?

Am Tage darauf traf Herr Pastor Frommel selbst in
meiner Wohnung ein. Er war auf das tiefste empört, daß
man ihn, einen evangelischen Geistlichen, in eine so schmach-
volle Intrigue hineingezerrt und ihm unter falschen
Vorspiegelungen eine eidesstattliche Erklärung abgeschlichen hatte, um mit ihrer Hilfe
einen schuldlosen Mann und dessen Familie zu verderben.
Er versprach, Alles in seiner Macht stehende aufzubieten,
das mir zugefügte Unrecht wieder gut zu machen und mir
zu meinem Rechte zu verhelfen.

Im weiteren Verfolg meiner Sache erwirkte ich mir
von dem Königlichen Polizeipräsidium in Berlin eine amtliche Bescheinigung, daß ich in den Jahren
1892 und 93 ein Bewohner Berlins gewesen war. Ich erhielt sie, sowie auch eine von Herrn Frommel zur Veröffentlichung bestimmte Erklärung. Im Besitze dieser Dokumente
richtete ich nun die folgende Eingabe an Herrn von
Tschirschky:

Charlottenburg, den 24. Mai 1907.
Tegeler=Weg 103.

An
den Herrn Staatssekretär für das Auswärtige Amt
Berlin.

Eurer Exzellenz

erlaube ich mir ganz ergebenst, Folgendes mitzuteilen:

I. Im März 1902 veröffentlichte die Presse, unter an=
derem die „Frankfurter Zeitung" vom 13. und das
„Berliner Tageblatt" vom 14. März 1902, folgende
gleichlautende Meldung aus New=York:

„Die Deutsche Botschaft erklärt, Witte habe
von Holleben mit Ermordung bedroht."

II. In einem Beleidigungsprozesse gegen die „Groß=
New Yorker Zeitung" aus dem Jahre 1902 bezog diese
Material gegen mich von dem Auswärtigen
Amte bezw. von Organen oder Personen, die ihm unter=
stellt sind. Insbesondere wandten sich meine Gegner durch
Vermittelung des früheren Deutschen Kon=
suls in Rom, Herrn Nast=Kolb, an den früheren
Kaiserlichen Botschaftsprediger in Rom, Herrn Pastor
Dr. Frommel, jetzt in Gera.

Die Schreiben des Herrn Direktors Mayer von
der Mergenthaler Setzmaschinen=Fabrik, des Mitbesitzers
jener New=Yorker Zeitung, de dato Berlin, Chausseestraße
17—18, vom 12. Mai 1902 und seines Rechtsanwalts
vom 21. Mai 1902, sowie andere Schriftstücke, welche den
von mir angegebenen Zusammenhang ergeben, liegen
mir vor.

Der Zweck war, von Herrn Pastor Dr. Frommel
Material über einen gewissen „Georg Witt, auch Emil Witt
oder Witte", der vom Juli 1892 bis Anfang 1893 in
Rom als Privatsekretär des Herrn Nast=Kolb verschiedene
Hochstapeleien begangen hatte, zu erlangen und dies

Material gegen mich unter Identifikation meiner Person mit jenem Schwindler zu verwerten.

Dieser Zweck gelang auch vollständig. Ich erkläre nunmehr:

Zu I. Die Behauptung, ich hätte den damaligen Deutschen Botschafter in Amerika, Herrn von Holleben, mit Ermordung bedroht, ist eine aus der Luft gegriffene Erfindung.

Die Unwahrheit dieser Beschuldigung, für die ein Beweis nie versucht worden ist, ergibt sich schon aus dem Mangel irgend eines gegen mich darauf hin eingeleiteten Verfahrens.

Zu II. Ich bin nicht identisch mit dem Hochstapler Georg Witt, der vom Juli 1892 bis Anfang 1893 die Schwindeleien in Rom verübt hat.

Dies ergibt die anliegende Bescheinigung des Königlichen Polizei-Präsidiums vom 9. März 1907, wonach ich, von London kommend, vom 22. August bis zu meinem Verzuge nach Charlottenburg, den 1. Oktober 1893, in Berlin, Puttkammerstraße 14, als Mieter gemeldet gewesen bin.

Vor allem beseitigt aber die hiermit überreichte beglaubigte Erklärung des Herrn Pastors Dr. Frommel vom 12. April 1907 selbst, die zugleich manche eigenartigen Nebenumstände enthält, jeden Zweifel, daß ich das beklagenswerte Opfer einer Verwechselung geworden bin.

Die Folgen dieses ungeheuren Mißgriffs waren die schwersten Nachteile für meine Gesundheit und mein berufliches Fortkommen, die Vernichtung meiner Existenz und die Untergrabung meiner Gesundheit. Gebrandmarkt durch die verleumderischen Gerüchte, beladen mit dem Fluche der Vergangenheit eines Hochstaplers, der obendrein am Deutschen Botschafter sich vergreifen wollte, fand ich alle Pforten zur Ausübung meines Berufs verschlossen, da ich überall Verachtung oder Mißtrauen begegnete. Die furchtbare Notlage, in die ich bei solcher Erschwerung meines Fortkommens samt meiner großen Familie geriet, vereinte sich mit den schweren Aufregungen Jahre lang vergeblicher Kämpfe gegen die verhängnisvolle Verleumdung, deren Ursprung ich lange nicht ermitteln konnte, und die mich um so schrecklicher berühren und zur Verzweiflung bringen mußte, als ich bei der Gewißheit meiner Unschuld das gegen mich zeugende, anscheinend unwiderleglich einwandsfreie Urkundsmaterial nicht zu begreifen vermochte. Alle diese fürchterlichen Aufregungen zogen mir

eine unheilbare Nervenkrankheit,

locomota ataxia, zu, die bereits eine vollständige Erblindung des rechten, eine starke Gefährdung und große Verminderung der Sehschärfe des linken Auges und die teilweise Lähmung der Glieder herbeigeführt hat, eine weitere große Erschwerung meines beruflichen Fortkommens.

Bei dem so folgenschweren mir zugefügten Unrecht halte ich meinen Anspruch auf Genugtuung für berechtigt, und glaube auch die Mitwirkung der in der Angelegenheit mit hineingezogenen Behörden erbitten zu dürfen. Auf ein subjektives Verschulden bestimmter Organe kommt es hier meines Erachtens nicht an; ich unterlasse es daher, vorhandene Verdachtsmomente nach dieser Seite weiter zu verfolgen und zu vervollständigen. Es genügt die objektive Beteiligung. Auch wer in gutem Glauben gehandelt hat, indem er mich tatsächlich für identisch mit dem Schwindler Witt bei dem früheren Konsul Herrn Nast-Kolb in Rom hielt, oder wer die unschuldige Ursache der Verleumdung geworden ist, indem sein Name zur Begründung der Beschuldigung, ich hätte Herrn von Holleben mit Ermordung bedroht, unwidersprochen mißbraucht wurde, kann sich nach meiner Ansicht nicht der Anstandspflicht entziehen, für seinen Teil die gegen mich erhobenen, ebenso ungeheuerlichen wie unwahren Vorwürfe zurückzunehmen oder zu entkräften und für seinen Teil in meinem gerechten Streben nach Gerechtigkeit, nach Wiederherstellung meines schwer verletzten Namens mich zu unterstützen.

Nach unsäglichen Mühen im Kampf um mein Recht ist es mir endlich gelungen, den Sachverhalt aufzuklären, dem Ursprunge und Zusammenhange der gegen mich trotz meiner gänzlichen Unschuld erhobenen furchtbaren Verdächtigungen auf die Spur zu kommen und das erforderliche Beweismaterial zu erlangen. Meine früheren Eingaben in meiner Angelegenheit, vom 5. März 1906, 21. Januar und 18. Februar 1907, haben Eure Exzellenz nicht beantwortet; nur auf meine unter dem 17. April 1907 ausgesprochene Bitte um Rücksendung des meiner Eingabe vom 5. März 1906 beigefügten Schreibens, das der frühere amerikanische Botschafter in Berlin, Herr Andrew White, in günstigem Sinne an mich gerichtet hatte, erhielt ich dies Schreiben durch Bureaunote vom 22. April 1907 zurück.

Ich richte nochmals an Eure Exzellenz die inständige, dringende Bitte, eine Untersuchung und Aufklärung der gegen mich gerichteten schweren Angriffe und Beschuldigungen veranlassen und mir nicht Gerechtigkeit vorenthalten zu wollen. Sollte Grund zu der Annahme bestehen, daß ich Herrn von Holleben mit Ermordung bedroht hätte, so glaube ich, die Mitteilung der angeblichen Beweise oder Verdachtsmomente erbitten zu dürfen. Anderenfalls halte ich mich zu der Erwartung berechtigt, daß von zuständiger Seite

eine Erklärung

abgegeben werde, wonach die Deutsche Botschaft, die angebliche Urheberin der Nachricht, derselben entweder, entgegen der bisher unwidersprochenen Darstellung in der Presse, überhaupt fernstand oder aber die etwa von ihr herrührende Behauptung nunmehr als unwahr bezeichnet.

Sollten Euere Exzellenz noch irgend einer Aufklärung

von mir bedürfen, so bitte ich um hochgeneigte Mitteilung. Andererseits glaube ich, mit Rücksicht auf die schweren, für mich so unheilvollen Kränkungen und Schädigungen, deren Opfer ich schon seit so langen Jahren schuldlos war, die ergebenste Bitte um t u n l i ch e B e s ch l e u n i g u n g m e i n e r A n g e l e g e n h e i t aussprechen zu dürfen.

Ich bitte Eure Exzellenz inständig, die gebührende Gerechtigkeit mir willfahren lassen zu wollen und mich nicht zur äußersten Verzweiflung zu treiben.

Eurer Exzellenz

ergebenster

E. Witte.

A n l a g e I.

K ö n i g l i ch e s P o l i z e i p r ä s i d i u m.

Auf den Antrag vom 1. d. Mts. wird hierdurch zur Vorlage beim Herrn Reichskanzler und beim Auswärtigen Amte zwecks Identitätsnachweises auf Grund amtlicher Feststellungen bescheinigt, daß der am 14. März 1864 zu Wollin geborene Schriftsteller Emil Witte, von London kommend, vom 22. August 1892 bis zu seinem Verzuge nach Charlottenburg, am 1. Oktober 1893, hierselbst Puttkammerstraße 14 als Mieter gemeldet gewesen ist. Ein Registerblatt einer zweiten Person desselben Namens, die in der genannten Zeit in dem genannten Hause gewohnt haben soll, ist nicht ermittelt. Witte wohnt nach eigener Angabe zur Zeit in Charlottenburg, Tegeler Weg 103.

Berlin, den 9. März 1907.

Das Einwohner-Meldeamt des
Königlichen Polizei-Präsidiums.

B e s ch e i n i g u n g
1743. E. 07.   L. S.

Anlage II.

Gera (Reuß), den 12. April 1907.

Erklärung.

Auf Veranlassung des Amerikanischen Konsulates in Leipzig habe ich im Sommer d. J. 1902 vor dortigem Konsulat der Wahrheit gemäß über die Erfahrungen aus= gesagt, die ich als Kaiserl. Botschaftsprediger in Rom mit dem daselbst vom Juli 1892 bis August 1893 sein Un= wesen treibenden Schwindler „Dr." Georg Witt, wie er sich damals nannte, gemacht habe. Man hatte mich um meine Aussage ersucht in der allerdings fälschlichen Annahme, der p. Witt und der Schriftsteller Emil Witte, s. Zt. Journalist in Amerika, jetzt in Charlottenburg, Tegeler Weg 103 wohnhaft, seien ein und dieselbe Person. Ich erkläre hiermit auf Grund persön= lichen Augenscheins sowie amtlicher Infor= mation, daß Herr Emil Witte mit Georg Witt nicht identisch ist noch sein kann. Diese Tatsache hätte sich übrigens den bei dem Prozeß Emil Witte contra „New Yorker Zeitung Publishing und Printing Co." interessierten Persönlichkeiten ohne weiteres ergeben müssen, da ich auf Wunsch des amerikanischen Konsulates in Leipzig diesem die Photographie des Schwindlers Witt nebst eigenhändiger Dedikation und einigen anderen Schrift= stücken, die sich auf Witt bezogen, eingehändigt habe. Diese zur Entlastung des Schriftstellers Emil Witte höchst wichtigen Dokumente sind bis heute, wie es scheint, noch im Besitz des Herrn Thom. F. Smith, Clerk of the City Court of the City of New York, an welchen sie durch das Amerikanische Konsulat in Leipzig gesandt worden waren. Trotz Versprechens der Rückgabe nach Beendigung des Prozesses und persönlicher Bemühungen ist es mir noch

nicht gelungen, in den Besitz meines Eigen=
tums wiederzugelangen.

Dr. O. Frommel, Pastor,
früher K. Botschaftsprediger.

Daß die vorliegende Unterschrift von Herrn Dr. Frommel
hier, früheren K. Botschaftsprediger in Rom, herrührt, wird
hierdurch auf Wunsch des genannten Herrn bescheinigt.

Gera, den 12. April 1907.

Etzold, Pfarrer.

Nach mehreren Wochen erhielt ich folgendes Antwort=
schreiben:

L. S.

Auswärtiges Amt:

2 Anl.

Euer Hochwohlgeboren gehen in der An=
lage die dem gefälligen Schreiben an den
Herrn Staatssekretär des Auswärtigen
Amtes vom 24. Mai beigefügten Schriftstücke
wieder zu.

(Keine Unterschrift.)

Berlin, den 19. Juni 1907.

Herrn

Emil Witte

Hochwohlgeboren

Charlottenburg.

Reichsdienstsache.

Nach meinen früheren Erfahrungen hatte ich keine an=
dere Antwort erwartet und auch nicht erwarten können.
Indem das Auswärtige Amt einfach den Empfang meines
Schreibens bestätigte und die beigefügten Dokumente ohne
weitere Bemerkung zurücksandte, übernahm es die volle
Verantwortung für die in der Geschichte eines Rechtsstaates
ohne Beispiel dastehende Handlungsweise seiner Beamten,

die hinreichend zu qualifizieren ich keinen parlamentarischen Ausdruck finde.

Es ist mir unter den Umständen nichts anderes übrig geblieben, als mich an die große Öffentlichkeit zu wenden und auf diesem Wege

einen inständigen Appell an das deutsche wie an das amerikanische Volk

zu richten, mir zur Herbeiführung einer Aufklärung des Zwischenfalls vom 12. März 1902 und seiner Begleitumstände die Hand zu bieten. Der Friede und die Wohlfahrt beider großer Völker sind durch das gewissenlose Treiben der in diesem Buche bloßgestellten dunklen Ehrenmänner auf das Ernsteste gefährdet und beide stammverwandten Völker haben daher ein gebieterisches Interesse an der endlichen Einleitung der von mir seit Jahren ersehnten Untersuchung.

Es würde traurig um die Grundstützen unseres ganzen öffentlichen Lebens bestellt sein, wenn der Staat, der mir Ehre und Gesundheit geraubt, der meine wirtschaftliche Existenz zerstört hat, mir das Recht auf Untersuchung verweigern wollte. Aber noch halte ich an dem Glauben fest, der das preußische Volk zur Zeit Friedrichs des Großen beseelte und dem erst unlängst, wie in diesen Blättern mitgeteilt, eine amerikanische Zeitung Ausdruck verlieh: Es gibt Richter in Berlin!

* * *

Wie ein Gottesgericht mutet das Schicksal an, das die meisten Darsteller in dem von mir entrollten deutsch-amerikanischen Drama einen nach den andern betrifft: Herr von Holleben gezwungen, unter schimpflichen Umständen die Vereinigten Staaten zu verlassen; Karl Bünz, der Deutsche General-Konsul in New York, zwei Mal unter dem Operationsmesser und dem Tode nahe; ein deutscher Journalist, der mich verleumdete, in Marokko ermordet; der verräterische amerikanische Bundesgeheimdienst-Agent Peeke auf fünf

Jahre ins Zuchthaus gesandt; Paul Haedicke vor der Zeit gestorben; desgleichen der Washingtoner Korrespondent Habercorn, der vereint mit Haedicke heimlich an meinem Ruin gearbeitet hatte; dahingegangen auch F. W. Holls, der intime Freund von Hollebens und Münsterbergs, der die schlimmsten Drohungen wider mich ausgestoßen für den Fall, daß ich mein Recht verlangte; dahingegangen auch Freiherr von Richthofen, an dessen Gerechtigkeitssinn ich vergeblich appelliert hatte! Was wird das Ende sein?